Laurence STERNE,
YORICKS empfindsame Reise
durch Frankreich
und Italien.

DIE ANDERE BIBLIOTHEK.

Herausgegeben
von
Hans Magnus Enzensberger.

LAURENCE STERNE,

YORICKS

empfindsame Reise durch Frankreich und Italien, nebst einer Fortsetzung von Freundeshand.

Aus dem Englischen
von
J. J. Chr. Bode.

Verlegt bei FRANZ GRENO, Nördlingen 1986.

Reinhard Kaiser stellte die Noten am Schluß dieses Bandes zusammen. Die sechs farbigen Tafeln nach Trompe-l'œils und Quodlibets aus dem 18. Jahrhundert besorgte Dietrich Leube.

Der Übersetzer an den Leser.

Gern, sagte ein bekannter deutscher Gelehrter, als ich ihm die Nachricht von *Sternes* Tode brachte, gern hätte ich ihm fünf Jahre von meinem eignen Leben abgetreten, wenn sich das thun liesse, und hätt' ich auch gewiß gewußt, daß mein ganzer Überrest nur zehn oder acht betrüge.... Mit dem Beding aber, daß er hätte schreiben müssen; gleich viel was, *Leben und Meynungen*, oder *Predigten*, oder *Reisen*. . . . Wenn ich den Namen dieses Mannes hersetzte, würde es zwar ein sehr günstiges Vorurtheil für mein Original erwecken, und ein Übersetzer ist oft glücklich genug, wenn man nur die Wahl seines Buches nicht tadelt; allein, dem einem Theile meiner Leser möcht' es scheinen, als ob ich Ihn für mich bestechen wollte, und dem andern, daß ich die Freundschaft dieses Gelehrten blos aus Eitelkeit anführte; und so wenig ich auch dem Publiko bekannt bin, oder durch diese Übersetzung es zu werden wünsche: so ungern möcht ich mir doch diesen doppelten Verdacht zuziehen. Ich scheue den so leicht verdienten Vorwurf der Eitelkeit so sehr, daß ich ihn gern durch das aufrichtige Bekenntniß von mir ablehnen möchte, daß eben vorgedachter Gelehrter, aus Freundschaft für mich, und aus Achtung für den Leser von Geschmack, sich die Mühe gegeben hat, meine Übersetzung durchzusehen; daß, wenn beträchtliche Fehler stehen blieben sind, solche allein auf meine Rechnung kommen. Nur über das Beywort *Empfindsam* für das englische *Sentimental* dieses: ich hatt' es anfangs durch *sittlich* gegeben, und dabey noch andre Ausdrücke, auch Umschreibungen in Vorschlag gebracht; mein Freund aber prägte das Wort, *Empfindsam.* Er hatte dazu bey mir ein unbedingtes Recht, denn sein kritischer Geschmack ist ein gewissenhafter Wardein: doch führte er Gründe dafür an; vielleicht nur einigen Kunstrichtern zu gefallen, deren Sinn ein vorarbeitender Übersetzer selten getroffen hat. Hier sind seine eigne Worte: »Es kömmt darauf an, Wort durch Wort zu übersetzen; nicht eines durch mehrere zu umschreiben. Bemerken Sie sodann, daß *sentimental* ein neues Wort ist. War es *Sternen* erlaubt, sich ein neues Wort zu bilden: so muß es eben darum auch seinem Übersetzer erlaubt seyn. Die Engländer hatten gar kein Adjectivum von *Sentiment:* wir haben von *Empfindung* mehr als eines. *Empfindlich*, *empfindbar*, *empfindungsreich:* aber diese sagen alle etwas anders. Wagen Sie, *empfindsam*! Wenn eine *mühsame* Reise eine Reise heißt, bey der viel Mühe ist; so kann ja auch eine *empfindsame* Reise eine Reise heissen, bey der viel Empfindung war. Ich will nicht sagen, daß Sie die Analogie ganz auf ihrer Seite haben dürften. Aber was die Leser vors erste bey dem Worte noch nicht denken, mögen sie sich nach und nach dabey zu denken gewöhnen.«

Als der erste Band fast abgedruckt war, sagte man mir, daß Herr Weiß, den ich seines Herzens und seiner Talente wegen gleich hochschätze, eben diese Übersetzung unternommen hätte, und ich würde gewiß die meinige in meinem Pulte verschlossen haben, wenn nicht der Verleger durch meine Selbsterkenntniß hätte Schaden leiden müssen....

Doch, wenn man kein Montaigne oder Yorick ist, kann man niemals zu früh aufhören, von sich selbst zu sprechen. Um also für das Vorhergehende Nachsicht zu erhalten, will ich ein Paar Blätter mit einigen unvollkommenen Anekdoten von meines Autors Leben anfüllen, die vermuthlich, bis wir seine umständlichere Lebensbeschreibung aus England erhalten, nicht unangenehm seyn werden.

Sterne, oder wie er sich lieber nannte, *Yorick*, war der Sohn eines Officiers; sein Geburtsort waren die Baracken in Dublin.

Er schien also zum Soldatenstande geboren zu seyn; nichts desto weniger war er ein würdiger Sohn der Kirche, wenn wir dem Urtheile eines gewissen Bischofs über Yoricks Predigten trauen dürfen. Einer von seinen Ältervätern war Erzbischoff, und sein Oheim hatte eine Pfründe an einer Cathedralkirche in England.

Aus der Schule begab sich Yorick nach Cambridge, und blieb daselbst die gewöhnlichen Jahre; las ein wenig, lachte desto mehr, und machte sich zuweilen einen Zeitvertreib, seine Lehrmeister zu verwirren. Er verließ das Collegium mit dem Namen eines besonderen Menschen, in dem kein Arg sey, und dem es gar nicht an Verstande fehle, wenn er ihn brauchen wolle. Nachdem er die Universität verlassen, nahm er ganz ruhig im Schoosse der Kirche seinen Sitz, der zwar mit keinem befranseten Kissen bepolstert, aber auch nicht ganz nackt war. Hier wartete er gelassen, bis Zeit und Glück (welche dahin führen, wo ehemals die Urtheilungskraft den Vorzug hatte) aus ihm machten, was sie gut fänden.

Hier aber lernte er sich, bey einer Streitigkeit, darin er verwickelt wurde, zuerst fühlen; und vermuthlich haben wir dieser Streitigkeit den Tristram zu verdanken.

Unter den Obern seines Ordens entstand ein Zwist, woran Yoricks bester Freund, einer der rechtschaffensten Männer, Antheil hatte. Ein gewisser Geistlicher, der seine sehr gute Stelle, auch noch nach seinem Tode, seiner Frau und seinem Sohne auf eine hinterlistige Weise versichern wollte, fand an Yoricks Freunde einen ernstlichen Widerstand. Indessen konnten keine Vernunftgründe dem Ansehen des andern die Waage halten. Yorick griff also zur Satire, und schrieb die Geschichte eines guten warmen Wachtrockes, dessen gegenwärtiger Besitzer nicht damit zufrieden sey, daß er sich selbst damit bedeckte, sondern auch noch gern einen Unterrock für seine Frau und ein Paar Beinkleider für seinen Sohn herausschneiden wollte.

Dieß wirkte mehr, als alle Gründe von der Welt; der Mann ließ ihm sagen: er wolle von seinem Begehren ablassen, wenn Yorick dieses Blatt nicht drucken lassen wollte. Er unterdrückte seine Satire, und sein Freund ward glücklich.

Um eben diese Zeit ungefähr ereignete sich ein andrer Vorfall, der sehr viel beytrug, Yoricks Witz bekannt zu machen. In einem der vornehmsten Wirthshäuser nemlich, war ein Caffeezimmer, wo diejenigen, welche keine Liebhaber vom Weine waren, und nicht viel verzehren wollten die Zeitungen lesen konnten. Hier saß er, als ein junger Herr, der sich zu viel Freyheiten heraus nahm, und sich ein wichtiger Ansehn geben wollte, als sich für sein Alter schickte, die Gesellschaft beleidigte; Yorick wußte das Gespräch unvermerkt auf seinen Hund zu lenken. Sir, sagte er zu dem Schwätzer, Sie haben in ihrem Leben keinen hübschern Hund gesehen, er ist so treu und wacker, und doch dabey so gutartig, als Sie sich nur vorstellen können; dabey ist er so freundlich und schmeichelnd, daß ihn jedermann leiden mag; aber er hat verdammte Tücke an sich, die alles wieder verderben. Er darf nur einen Geistlichen gewahr werden, so fährt er augenblicklich auf ihn los. Das ist sonderbar, sagte der junge Herr, ist es schon lange her, daß er das thut? So lang er ein Geck ist, Sir, sagte Yorick. . . .

Durch seinen Tristram Shandy breitete sich sein Ruhm in London noch weiter aus. Es ward hierbey keiner von den gewöhnlichen Kunstgriffen angewendet. Keine anpreisende Clique; kein eigennütziger Verleger, der selbst posaunte oder durch seine dienstbaren Journalisten posaunen ließ; kaum ward Tristram, als er im Laden erschienen, kaltsinnig angekündigt, und dennoch macht' er sein Glück.

Das Buch ist auch in Deutschland von vielen gelesen worden. Wie viele es verstanden haben? das ist eine andre Frage. Man wird Leute finden, die es als das unsinnigste Gewäsch verachten, und nicht begreifen können, wie andre, denen sie doch viel Verstand, Witz und Gelehrsamkeit zuschreiben müssen, ganz anders davon denken, und wenn sie einen Band in die Hände bekommen, ihn selten wieder weglegen, bis sie ihn, sollte es auch zum fünften oder sechstenmal seyn, ganz durch gelesen haben. . . . Wer mit den Thorheiten der Welt, vorzüglich mit den Thorheiten der Pedanten, und ganz besonders mit den Thorheiten der Nation, für welche eigentlich *Sterne* schrieb, bekannt ist, wer ungefähr nicht viel weniger gelesen hat, als er, der wird grade an vielen von den Stellen Züge eines Originalgenies finden, wo ein weniger wissender Leser, oder Leserin (denn freylich haben auch Damen *das Leben und die Meynungen des Hrn. Tristram Shandy* gelesen und . . . *beurtheilt*) ausrufen mag, »Das hat er im hitzigen Fieber geschrieben.« In England selbst ward es sehr verschiedentlich beurtheilt, aber fast allgemein gelesen, welches die kurz auf einander gefolgten Auflagen bezeugen. Durch die, im zweyten Bande des Tristrams angebrachte Predigt, hatte er seine Absicht so ziemlich erreicht, seinen übrigen, die er bald darauf unter Yoricks Namen heraus gab, Leser zu schaffen. Diese Predigten, welche in der Schweiz übersetzt worden, verdienen in Jedermanns Händen zu seyn. Es fehlt ihnen vieles, was sie als Canzelreden haben könnten, oder sollten; als moralische Reden aber, wird man sie nicht ohne vieles Vergnügen, und nicht ohne Nutzen lesen. Sterne ward häufig getadelt, daß er diese Predigten unter einem Namen drucken ließ, den er in seinem Tristram aufgeführt hatte. Aber Sterne kannte die Gleichgültigkeit des Publici gegen gewisse Art Schriften, und wie neubegierig es nach andern ist. Er wollte seine Arzeneyen gern gebraucht wissen, und die Titel seiner Schriften brauchte er, nach seinem eignen Ausdrucke, als ein *Vehiculum.* Wie genau er hierin sein Publikum gekannt, erhellet aus der Anzahl Subscribenten auf seine Predigten, deren Namenverzeichniß vor dem dritten Bande vier und zwanzig Octavseiten anfüllet. Man hat ihm vorgeworfen, daß er sich mit *Hitze* um Unterzeichnung bemühet habe; der Vorwurf würde nicht ganz ungerecht seyn, wenn man wüßte, daß Sterne, ohne den billigen Gewinn von seiner Schriftstellerey, hätte hinlänglich leben können; und wenn man nicht die niedrige Raubsucht der Nachdrucker kennte, die in England, wo nicht eben so häufig und so unverschämt, als die Deutschen *Dodsley's*, doch auch nicht völlig ungewöhnlich sind.

Nach der Herausgabe seiner Predigten, setzte er seinen Tristram fort; allein die letztern Theile wurden nicht so häufig verkauft. Ein Schicksal, das fast allen, sonst guten Büchern gemein ist, deren Verfasser keine bestimmte Grenzlinie angezeigt haben.

Er verließ das Familiengemälde, und machte anatomische Zeichnungen vom menschlichen Herzen. Wie glücklich er darin gewesen, wird man aus seiner empfindsamen Reise sehen! Über dieses kleine Buch hat das englische Publikum nur eine Stimme. Die *Monthly Reviewer*, welche Sterne durch ein Paar bittere Sarkasmen gar nicht bestochen hatte, ihn zu loben, preisen gleichwohl seine Reisen als ein wahres Originalwerk an, und (sie schienen zu fühlen, daß man sie auf Veranlassung in einem gewissen Verdachte haben konnte) sagen ausdrücklich, daß die Recension schon geschrieben sey, ehe sie des Verfassers Tod erfahren hätten.

Er starb, wie er gelebt; eben so gelassen und zufrieden mit seinem Schicksale. Man könnte sagen, er habe auch bey dem wichtigsten Schritte, den nur ein Mensch thun kann, eine Prise aus der hornern Dose seines verstorbenen Freundes, des zum Leiden und Dulden gemachten Franciscaners, genommen. Denn man schreibt, daß er seinen Tod etliche Tage gewußt; ohne darüber im geringsten bewegt zu seyn.

Da sich Sterne unter dem Namen Yorick selbst geschildert hat, so wird man vielleicht dieses Gemälde hier nicht ungern finden.

»Das ist alles, was mich in meinem Glauben von Yoricks Abkunft wankelmüthig gemacht hat; so viel ich mich von ihm erinnern kann, und zufolge allen Nachrichten, die ich nur von ihm habe einziehen können, schien er nicht einen einzigen Tropfen dänisches Blut in seiner ganzen Mischung zu haben; in neun hundert Jahren ist es vermuthlich ganz verlaufen. . . . Dem sey aber wie ihm wolle; ohne einen Augenblick länger darüber zu philosophiren, ist so viel gewiß, daß er nichts von diesem kalten Phlegma, nichts von der ängstlichen Regelmäßigkeit des Verstandes und der Laune hatte, die man bey den Leuten von seiner Herkunft zu finden pflegt. Er war vielmehr von so merkurialischer und sublimirter Composition, als man sich ein heteroklitisches Geschöpf, in allen seinen Spielarten, vorstellen kann. Er hatte so viel Lebhaftigkeit, so viel Enthusiasmus, so viel *Gaieté de cœur*, als das mildeste Clima nur immer hätte hervorbringen können. So wohl besegelt, führte dennoch der arme Yorick keine Unze Ballast; er war in der Welt so unerfahren, und wußte im ein und zwanzigsten Jahre eben so wenig, wohin er seinen Lauf richten sollte, als ein einfältiges unbesonnenes Mädchen von dreyzehn. Es war also natürlich, daß er bey seiner ersten Reise des Tags wohl zehnmal durch den raschen Wind seiner Lebensgeister in fremdes Tauwerk verwikkelt wurde. Am meisten hatte er das Unglück, wie man sich leicht vorstellen kann, mit den Ernsthaften und Gemächlichen an einander zu gerathen. Ich bin immer der Meynung, daß eine Mischung von unglücklichem Witze der Grund aller dieser Händel war; denn Yorick hatte, die Wahrheit zu sagen, von Natur einen unbezwinglichen Widerwillen und Abscheu gegen die Ernsthaftigkeit . . . nicht als Ernsthaftigkeit . . . denn er konnte, wenns darauf ankam, Tage und Wochen lang der ernsthafteste Mensch von der Welt seyn . . . der verstellten Ernsthaftigkeit aber, welche der Unwissenheit und Thorheit zum Deckmantel dient, war er so feind, daß er sie allenthalben ohne die geringste Schonung angriff, er mochte sie antreffen, wo er wollte, und wenn sie auch noch so mächtig beschützt war.

Nach seiner ausgelaßnen Art, sich auszudrücken, sagt' er zuweilen: die affektirte Ernsthaftigkeit sey eine herumstreichende Bübin, und setzte noch wohl hinzu . . . von der aller gefährlichsten Art, weil sie so schlau, und daß er überzeugt sey, durch sie würden in einem Jahre mehr redliche und arglose Leute um Gut und Geld gebracht, als durch Beutelschneider und Spitzbuben in sieben. Die unverstellte Gemüthsart, pflegt' er zu sagen, die ein frohes Herz entdeckt, sey niemanden, als sich selbst gefährlich. Das wahre Wesen der affektirten Ernsthaftigkeit sey ein Vorsatz, folglich ein Betrug, und abgefeimter Kunstgriff, sich bey der Welt das Zutrauen zu erwerben, als ob man mehr Verstand und Einsicht habe, als in der That wahr, und ungeachtet dessen, wofür sie gehalten seyn wollte, sey sie doch nichts besser, sondern vielleicht noch ärger, als sie schon vor langer Zeit von einem witzigen Franzosen beschrieben worden, nemlich: *ein geheimnißvolles Bestreben des Körpers, die Unvollkommenheiten des Gemüths zu verstecken.* Diese Beschreibung der Ernsthaftigkeit, pflegte Yorick unverständiger Weise zu sagen, verdiene mit goldnen Buchstaben geschrieben zu werden.

Er war aber, um das Kind beym rechten Namen zu nennen, unerfahren in der Welt, und unversucht; und wenn von Sachen geredet wurde, wobey ein kluger Mann sich wohl zu zwingen pflegt, platzte er unbesonnener Weise heraus: er verschwieg selten oder nie den natürlichen Eindruck, den eine Sache auf ihn machte, ohne dabey auf Person, Zeit oder Ort zu achten. Hörte er eine niedrige unedle Handlung erzählen, so hielt er sich nicht dabey auf, zu überlegen, ob der Urheber derselben ein reicher, ein vornehmer, oder ein mächtiger Mann sey, der ihm schaden könne: sondern, wenn er von seinem schlechten Betragen überzeugt war, nannte er ihn gerade zu einen schlechten Kerl, u. s. w. Und Yoricks Unbescheidenheit war dadurch noch vergrössert, daß seine Commentarien gewöhnlich und unglücklicher Weise auf einen witzigen Einfall hinaus liefen, oder doch wenigstens aus drolligten und launigten Ausdrücken bestunden.

Kurz, er suchte zwar niemals die Gelegenheit, seine Meynung frey von der Leber weg zu sagen; er ließ sie aber auch selten ungenutzt vorbey gehen: und er hatte in seinem Leben nur gar zu viele Versuchungen, seinen Witz, seine Laune, seine Spöttereyen und Satiren auszustreuen. Sie gingen auch nie verloren; es waren immer Personen, die solche aus einer oder der andern Ursache aufsammleten.«

Vielleicht erwarten oder vermuthen einige Leser, daß ich bey Gelegenheit dieser neuen Auflage, meine Nothdurft gegen den strengen Tadel eines Recensenten vorbringen werde. Es liesse sich auch freylich vieles mit Grund erwiedern. Allein, anstatt dem Publico eine Farce zu geben, deren es in unsern Tagen schon bis zum Ekel gesehen, will ich einen Artikel aus meinem kritischen Glaubensbekenntniß aufrichtig hersetzen; nemlich: »Ich glaube, daß ein Recensent eben so wenig unfehlbar sey, als ein Autor oder Übersetzer.« Daß ich diesen Artikel auch praktisch glaube, wird man daraus sehen, daß ich einige Stellen nach den Erinnerungen meines Herrn Recensenten geändert, und andre wider seinen Ausspruch habe stehen lassen.

Ich würde eben die Freunde, die mir bey der Übersetzung ihren gütigen Rath ertheilen, bey diesen Veränderungen um ihr Urtheil gebeten haben, wenn die Entfernung der Örter und andre Umstände es hätten erlauben wollen.

Bey der ersten Ausgabe verschwieg ich die Namen dieser Männer, weil ich die Freundschaft verdienstvoller Gelehrten lieber verdienen, als damit prahlen möchte. Nachdem aber der Herr Verfasser des Hamburgischen Correspondenten für gut gefunden hat, den Namen des Herrn Lessings zu errathen, und öffentlich zu nennen, könnte man mich für eitel und undankbar halten, wenn ich nicht öffentlich bekennte, daß ich das Gute, was man an meiner Übersetzung findet, grössesten Theils denen Herren *Ebert* und *Lessing* zu verdanken habe.

Vielen, wo nicht allen Lesern, ist es unangenehm gewesen, Yoricks Reise so plötzlich abgebrochen zu finden. Einer von *Sternens* vertrauten Freunden hat aus seinen mündlichen Unterredungen, und aus seinen hinterlassenen Papieren Vorrath gesammlet, um Yoricks Feder wieder anzunehmen, und seine Begebenheiten und Empfindungen auf seiner Reise dem engländischen Publico mitzutheilen. Mit wie vielem Yorickischen Geiste, wird der deutsche Leser aus der Übersetzung, die man hiemit nächstens zu liefern verspricht, am besten beurtheilen.

✦

YORICKS

empfindsame Reise

durch

Frankreich

und

Italien.

. . . In Frankreich, sagt' ich, verstehn sie das Ding besser. . . .

. . . Sind Sie in Frankreich gewesen ? fragte der Herr, und wendete sich plötzlich, und mit dem höflichsten Triumpfe von der Welt, zu mir . . . . Wunderbar! sagt' ich, indem ich der Sache bey mir selbst nachdachte, daß eine Seereise von acht Meilen, denn weiter ists nicht einen Schritt von Dover bis Calais, einem Manne so viel Recht geben muß. . . . Ich wills selbst sehn. Und so, ohne ein Wort zu erwiedern, ging ich gerades Weges nach Hause, packte ein halb Dutzend Hemden und ein paar schwarze seidene Beinkleider zusammen, . . . »das Kleid, was ich an habe, sagte ich, und sah auf den Ärmel, ist gut genug,« ... bezahlte einen Platz auf der Doverpost; und da des folgenden Morgens um neun Uhr das Packetboot abging, saß ich schon um drey Uhr, ein Hünerfricassee vor mir aufm Tische, so unleugbar in Frankreich, daß, wäre ich noch dieselbe Nacht an einer Indigestion gestorben, so hätte die ganze Welt den Lauf des *Droit d'aubaine* (*) nicht aufhalten können. ... Meine Hemden und schwarze seidene Beinkleider, ... Mantelsack, und alles, wäre dem Könige von Frankreich angestorben. ... Selbst das kleine Bild, welches ich so lange getragen, und, wie ich dir, *Elisa*, oft gesagt, mit in mein Grab nehmen wollte, hätten sie mir vom Halse gerissen. ... Ungroßmüthig! ... sich der Trümmer eines treuherzigen Reisenden zu bemächtigen, der durch Ihre Unterthanen aus seiner Insel gelockt ist ... Beym Himmel! Sire, das ist gar nicht recht; und es thut mir gar sehr leid, daß ich das dem Beherrscher eines so civilisirten, so höflichen, und wegen seiner Menschlichkeit und seinen Empfindungen so berühmten Volkes sagen muß. ...

Doch, ich habe ja kaum einen Fuß in Ew. Majestät Land gesetzt. ...

(*) Kraft dieses Gesetzes fällt alles, was ein Fremder, (Schweizer und Schottländer ausgenommen) der in Frankreich stirbt, besitzt, dem Könige heim, wenn auch gleich der Erbe gegenwärtig ist. ... Da diese zufälligen Einkünfte verpachtet sind, so ist an keine Erlassung zu gedenken.

Calais.

Als ich mein Mittagsmahl gegessen, und auf die Gesundheit des Königs von Frankreich getrunken hatte, um mich selbst zu überzeugen, daß ich keinen Groll auf ihn hätte, sondern vielmehr eine tiefe Ehrerbietung für die Leutseligkeit seines Gemüths hegte, ... war ich, dieser Aussöhnung wegen, einen Zoll länger, da ich aufstund.

... Nein, ... sagt' ich, ... man nenne mir das bourbonische Haus keineswegs grausam: man kann sie mißleiten, so gut als andre Menschen; sie haben aber eine angeartete Mildigkeit. So wie ich dieses bekannte, fühlte ich, daß sich über meine Wangen eine feinere Röthe ... wärmer und freundschaftlicher gegen das menschliche Geschlecht, ... verbreitete, als der Burgunder (wenigstens solcher nicht, als ich getrunken hatte, die Flasche zu zwey Livres) hätte erzeugen können.

... Gütiger Gott! sagt' ich, und stieß meinen Mantelsack mit dem Fusse beyseite, was sind die Güter dieser Welt, daß sie unser Gemüth so bitter machen, und so manchen von uns gutherzigen Brüdern dahin bringen können, in so menschenfeindliche Klagen auszubrechen, als hin und wieder geschieht?

Wenn der Mensch mit den Menschen Frieden hat, wie viel leichter als eine Feder ist alsdann das schwerste von allen Metallen in seiner Hand! Er zieht seinen Geldbeutel hervor, hält ihn leicht und sorglos in der Hand, sieht um sich her, als ob er einen Gegenstand suchte, dem er mittheilen könne. ... So wie ich dieß that, fühlte ich, daß sich jedes Gefäß in meinem Körper erweiterte. ... Die Arterien schlugen alle ganz munter, und jede Kraft, das Leben durch Bewegung zu erhalten, verrichtete ihr Geschäft mit so weniger Friction, daß es die grösseste *physikalische Precieuse* in Frankreich würde verwirret haben: mit allem ihren Materialismus, hätte sie mich kaum eine Maschine nennen können. . . .

Ich bin sicher, sagt' ich bey mir selbst, ich könnte ihr ihren Glauben benehmen.

Der Zuwachs dieser Idee erhob in diesem Augenblicke, die Natur zu einer solchen Höhe, als sie nur immer erreichen konnte. Mit der Welt hatte ich schon Frieden vorher, und dieses brachte die Traktaten mit mir selbst zum Schlusse.

. . . Wäre ich nun König von Frankreich, rief ich, . . . welch ein Augenblick für eine Waise, die mich um ihres Vaters Mantelsack zu bitten hätte!

DER MÖNCH.

Calais.

Kaum hatte ich das Wort gesagt, als ein armer Franciscaner ins Zimmer trat, mich um ein Almosen für sein Kloster anzusprechen. Niemand hat gern, daß seine Tugenden ein Spiel des Zufalls sind, . . . oder ein Mann ist vielleicht großmüthig, so wie ein Andrer vermögend ist, . . . *sed non quoad hanc* . . . oder wie es sonst seyn mag; . . . denn es giebt noch kein richtiges System über die Ebbe und Fluth unsrer Laune: wer weis, ob sie nicht aus eben den Ursachen entsteht, als das Auf- und Ablaufen des Meeres. . . . Es würde uns oft nicht wenig zu statten kommen, diese Hypothese anzunehmen; mir zum wenigsten würde es in manchen Fällen viel angenehmer seyn, wenn die Welt sagen könnte, »ich hätte einen Handel mit dem Monde gehabt, wobey weder Sünde noch Schande Statt findet,« als daß sie etwas, worin so vieles von beyden war, ganz allein auf meine Rechnung stellen müßte.

. . . Doch, dem sey wie ihm wolle. Den Augenblick, da ich ihn gewahr ward, hatte ich beschlossen, ihm nicht einen Sous zu geben; und so steckte ich meinen Geldbeutel in meine Tasche, . . . knöpfte sie zu, . . . richtete mich ein wenig mehr auf mein Centrum, und ging gravitätisch auf ihn los. Es war, fürcht' ich, etwas Gebietherisches in meinem Blicke: noch diesen Augenblick schwebt mir seine Gestalt vor den Augen, und ich denke, es war Etwas darin, das eine bessere Begegnung verdiente.

So viel ich aus den Spuren der ehemaligen Tonsur urtheilte, . . . (ein paar dünnstehende graue Haare über den Schläfen, war alles, was davon übrig geblieben) mochte der Mönch ungefehr siebenzig Jahr alt seyn. . . .

Nach den Augen aber, und der Art von Feuer, das sie hatten, welches mehr durch freundliche Höflichkeit als durch Alter gemindert zu seyn schien, konnte er nicht mehr seyn, als sechzig. . . . Die Wahrheit mochte in der Mitte stehen. . . . Er war gewiß fünf und sechzig; und seine Mienen und Gesichtszüge überhaupt, ob es gleich schien, daß Etwas noch vor der Zeit Falten hinein gewirkt haben möchte, kamen mit dieser Rechnung überein.

Es war einer von den Köpfen, die *Guido* so oft gemalt hat. . . . Sanft, blaß . . . scharfsichtig, sehr unterschieden von der Idee, die wir uns gewöhnlich von einer fetten ruhigen Unwissenheit machen, die immer mit dem Blicke auf der Erde schleicht. Er blickte vorwärts; er sah aber aus, als ob er nach Etwas jenseits dieser Welt blickte. Wie ein Franciscaner zu diesem Kopfe kam, das weiß der Himmel oben, der ihn auf eines Mönchs Schultern fallen ließ, am besten: er würde aber gewiß einem Braminen gut gestanden haben, und wär ich ihm auf den Gefilden Indostans begegnet, ich hätte ihm Ehrerbietung erwiesen.

Das Übrige seines Umrisses, mag durch ein Paar Züge angedeutet werden: man kann ihn jeder Hand zum Abzeichnen anvertrauen; denn er war nicht weiter elegant, oder sonst etwas, als sofern er durch Charakter und Ausdruck dazu gemacht ward. Es war eine dünne karge Gestalt, etwas über die gewöhnliche Länge, wofern sie nicht auch diese Distinction dadurch verlor, daß sie etwas vorne übergebeugt, stand. . . . Doch dieß war eine bittende Stellung, und wie sie jetzt vor meinem Gedächtnisse steht, gewann sie dadurch mehr, als sie verlor.

Als er drey Schritte ins Zimmer gethan hatte, stund er still, legte seine linke Hand auf seine Brust, (einen langen weissen Stab, an welchem er ging, hielt er in der Rechten.) . . . Als ich nahe zu ihm gekommen war, macht' er seine Anrede mit einer kleinen Historie von den Bedürfnissen seines Klosters, und der Armuth seines Ordens . . . und that es mit einer so ungekünstelten Anmuth . . . und in seiner ganzen Figur und Miene war so viel um Entschuldigung Bittendes . . . ich mußte bezaubert seyn, daß mich nichts rührte. . . .

. . . Eine bessere Ursache war wohl die: ich hatte beschlossen, ihm nicht einen einzigen Sous zu geben.

DER MÖNCH.

Calais.

Wahr genug, sagt' ich, auf einen in die Höhe gerichteten Blick zu antworten, womit er seine Anrede schloß ... Wahr genug ... und der Himmel tröste die, welche keine andere Hülfe wissen, als die Mildthätigkeit der Welt, deren Capital, wie ich fürchte, lange nicht hinreicht, die *grossen Ansprüche*, die unaufhörlich darauf gemacht werden, zu befriedigen.

Wie ich die Worte, *grosse Ansprüche* aussprach, ließ er einen leichten Blick auf den Ärmel seines Ordensgewands fallen. ... Ich fühlte die ganze Stärke dieser Appellation. ... Ich gesteh' es, sagt' ich, ... ein Gewand von so grobem Tuche, und nur alle drey Jahre ein neues, mit magrer Kost ... das macht wenig aus; um desto wunderbarer, da man das mit so geringem Fleisse in der Welt erwerben kann, daß Ihr Orden sich nicht entsiehet, sich zu dem Vorrathe zu drängen, der ein Eigenthum der Blinden, der Lahmen, des Alters und der Schwachen ist, um sich solches zu verschaffen. ... Der Gefangne, der auf seinem harten Lager die Tage seiner Leiden zählt, und wieder zählt, schmachtet gleichfals nach seinem Antheile; und wären sie von dem Orden der *barmherzigen Brüder*, statt des Ordens der Franciscaner ... so arm ich bin, fuhr ich fort, und zeigte auf meinen Mantelsack, mit Freuden hätt' ich ihn zur Befreyung der Unglücklichen geöfnet. ... Der Mönch machte mir eine Verbeugung. ... Aber vor allen Andern, sagte ich weiter, haben unstreitig die Unglücklichen unter unsern eignen Landsleuten das erste Recht; und ich habe in meinem Vaterlande Tausende im Elende hinterlassen. Der Mönch nickte ganz treuherzig mit dem Kopfe, als ob er sagen wollte: Leider!

ist in jedem Winkel der Welt des Elendes genug, so gut, als in unserm Kloster. ... Wir machen einen Unterschied aber, sagt' ich, und legte meine Hand auf den Ärmel seines Gewandes, um seine Appellation zu beantworten, ... wir machen einen Unterschied, mein Ehrwürdiger Pater, unter denen, welche bloß wünschen, das Brod ihres Fleisses zu essen, ... und unter denen, welche andrer Leute Brod verzehren, und keine andre Absicht mit ihrem Leben haben, als solches *um Gotteswillen* in Trägheit und Unwissenheit hinzubringen.

Der arme Franciscaner antwortete nichts. Eine schnelle Röthe schoß durch seine Wangen, doch ohne einen Augenblick anzuhalten. ... Bey ihm schien die Natur ihre Empfindlichkeit abgelegt zu haben; er zeigte keine. ... Er ließ seinen Stab in seinen Arm fallen, drückte mit Unterwerfung beyde Hände auf die Brust, und begab sich hinweg.

DER MÖNCH.

Calais.

So wie er die Thüre zumachte, fühlte ich mein Herz beklommen. . . . Je mags doch! sagte ich zu drey verschiedenen malen, und wollte gleichgültig aussehen, . . . aber es wollte nichts helfen. Eine jede unfreundliche Sylbe, die ich ausgesprochen hatte, drängte sich wieder vor meine Imagination.

Ich überlegte, daß ich über den armen Franciscaner kein ander Recht hatte, als ihm seine Bitte abzuschlagen; und daß eine unerfüllte Erwartung schon an sich, ohne den Zusatz von niederschlagenden Verweisen, Strafe genug sey. . . .

Ich betrachtete seine grauen Haare. . . . Mich dünkte, ich sähe seine gefällige Gestalt wieder herein treten, und mich liebreich fragen, was er mir zu Leide gethan hätte, . . . und, wie ich ihm so hart begegnen könnte? Ich hätte, ich weiß nicht was, für einen Advokaten gegeben. . . . Ich habe mich sehr unartig aufgeführt, sagte ich zu mir selbst; doch, es ist ja meine erste Ausflucht, und ich werde auf meinen weitern Reisen schon mehr Höflichkeit lernen.

DER *DESOBLIGEANT.*

Calais.

Einen Vortheil hat es wenigstens, wenn ein Mann mit sich selbst unzufrieden ist, es setzt nemlich sein Gemüth in die nöthige Fassung, einen Kauf zu schliessen. Da nun zu der Reise durch Frankreich und Italien eine Chaise gehört, . . . und die Natur uns mehrentheils nach unsern Bedürfnissen lenkt; so ging ich nach der Wagenremise, um ein solches Ding zu meiner Bequemlichkeit zu kaufen oder zu miethen. Ein alter *Desobligeant*, (*) der in einer Ecke des Hofes stund, stach mir beym ersten Anblick in die Augen; ich stieg alsobald hinein, und da ich fand, daß er so ziemlich mit meiner Gemüthsfassung übereinstimmte: so befahl ich dem Aufwärter, er sollte Monsieur Dessein, den Herrn des Hotels, rufen. . . . Aber Monsieur Dessein war nach der Vesper gegangen. Den Franciscaner, dem ich itzt nicht Lust zu begegnen hatte, sah' ich an der andern Seite des Hofes, mit einer Dame im Gespräche, die eben im Gasthofe angelangt war. . . . Ich zog also den taffenten Vorhang zwischen uns, und da ich doch Willens war, meine Reise zu schreiben, so zog ich meine Feder und Dinte hervor, und schrieb die Vorrede im *Desobligeant.*

(*) Ein Reisewagen, den man deswegen in Frankreich so nennt, weil nur eine Person darin sitzen kann.

VORREDE

im Desobligeant.

Schon mancher peripatetischer Philosoph muß bemerkt haben, daß die Natur aus ihrer eignen unstreitigen Macht und Gewalt, um das Mißvergnügen des Menschen eine Grenzlinie gezogen hat, die es nicht überschreiten darf. Sie hat ihren Zweck auf die leichteste und bequemste Weise dadurch erreicht, daß sie ihm die fast unüberwindliche Nothwendigkeit auferlegt hat, in seinem Vaterlande beydes, sowohl seine Wohlfart zu befördern, als seine Leiden zu ertragen. Nur allein da hat sie ihn mit den geschicktesten Gegenständen versorgt, die mit ihm sein Glück empfinden, oder einen Theil von der Last auf sich nehmen können, welche in allen Ländern und zu allen Zeiten, für ein einzelnes Paar Schultern zu schwer gewesen ist. Wahr ists, wir sind mit einer unvollkommenen Fähigkeit begabt, zuweilen unsre Glückseligkeit jenseits dieser Grenzlinie zu verbreiten; es ist aber dergestalt geordnet, daß der Mangel an Sprachen, Verbindungen, und Bekanntschaften, und der Unterschied in der Erziehung, den Sitten, Gewohnheiten und Kleidungen, so vielerley Hindernisse sind, unsre Empfindnisse ausser unsrer Sphäre mitzutheilen, daß sie oft eine völlige Unmöglichkeit ausmachen.

Hieraus muß natürlich folgen, daß die Bilance des empfindsamen Comercii allezeit gegen denjenigen ist, der es in fremden Ländern treibt: Er muß kaufen, was er nicht eigentlich bedarf, und findet den Preiß gemacht. . . .

Selten werden die Einheimischen seine Conversation gegen die ihrige verwechseln, ohne ihm einen hohen Disconto zu berechnen . . . und wenn ihn dieses vollends erst dahin bringt, sich gänzlich den Händen der billigern Mäckler anzuvertrauen, um Conversation aufzutreiben so gut sie zu haben ist: so brauchts keinen Wahrsagergeist, um zu errathen, an welcher Seite der Gewinn sey. . . .

Dieß bringt mich zu meinem Punkte; und leitet mich natürlich (wenn ich nur vor dem Schaukeln dieses *Desobligeants* fortfahren kann) zu den wirkenden sowohl als endlichen Ursachen des Reisens. . . .

Wenn geschäftslose Leute ihre mütterliche Heymath verlassen, und mit Grund oder Gründen auf Reisen gehen: so kann man solche aus einer von diesen allgemeinen Ursachen herleiten. . . .

Gebrechlichkeit des Körpers,
Schwachheit des Geistes, oder
Unumgänglicher Nothwendigkeit.

Unter die beiden ersten gehören alle Reisende, zu Wasser und zu Lande, welche an Hochmuth, Neugierde, Eitelkeit oder Milzsucht laboriren; an einem oder an mehrern dieser Gebrechen, nach allen den unendlichen Unterarten derselben, und ihren unendlichen Verbindungen unter einander.

Die dritte Klasse begreift das ganze Heer wandernder Märtyrer in sich; ganz besonders derjenigen, welche *cum beneficio Cleri* ihre Reisen antreten, entweder als Verbrecher, unter der Aufsicht von Hofmeistern, welche die Obrigkeit empfielt . . . oder solche junge Herrn, die von ihren grausamen Ältern oder Vormündern auf Reisen verbannt werden, unter der Aufsicht von Hofmeistern, welche die Universitäten Oxford, Aberdeen und Glasgow empfehlen.

Es giebt eine vierte Klasse; ihre Anzahl ist aber so geringe, daß sie keine besondre Abtheilung verdiente, wenn nicht die Nothwendigkeit in einem solchen Werke, wie dieses, die grösseste Genauigkeit und Richtigkeit erforderte um alle Verwirrung in den Charakteren zu vermeiden. Und diese Männer, von denen ich rede, sind solche, welche übers Meer gehen und sich in einem fremden Lande aufhalten, mit der Absicht, aus verschiedenen Gründen, und unter verschiedenem Vorwande, Geld zu sparen: allein, da sie sowohl sich, als andern ehrlichen Leuten einen grossen Theil unnöthiger Mühe ersparen können, wenn sie ihr Geld zu Hause sparen wollten ... und da ihre Gründe fürs Reisen einfacher sind, als aller übrigen Emigranten: so nenne ich diese Herren

Simple Reisende.

Dergestallt kann man den ganzen Zirkel von Reisenden unter folgende wenige Rubriquen bringen.

Müssige Reisende,
Neugierige Reisende,
Lügende Reisende,
Aufgeblasene Reisende,
Eitele Reisende,
Milzsüchtige Reisende.

Dann folgen die Reisenden aus Nothwendigkeit.

Der seiner Sündenschuld wegen Reisende,
Der unglückliche und unschuldige Reisende,
Der simple Reisende.

Und ganz zuletzt (wenn Sies nicht übel nehmen wollen!) der

Empfindsame Reisende,

(womit ich mich selbst meyne) der ich gereiset bin, und nun sitze und davon Rechenschaft ablegen will ... und eben so gut aus Nothwendigkeit, und *besoin de voyager* gereiset bin, als irgend einer aus der Klasse.

Ich sehe dabey gar wohl ein, daß, da sowohl meine Reisen als Bemerkungen, von den Reisen und Bemerkungen aller meiner Vorgänger sehr verschieden seyn werden, ich darauf hätte bestehen können, für mich allein eine eigne Nische einzunehmen. . . . Jedoch, ich möchte dem *eitlen* Reisenden ins Gehege kommen, wenn ich eher wünschte Aufmerksamkeit auf mich zu ziehen, bis ich bessere Gründe dazu habe, als die blosse *Neuheit meines Vehiculums.*

Genug, daß mein Leser, wenn er selbst gereiset ist, durch ernstliche Überlegung des vorigen, fähig werden kann, sich seinen eignen Rang und Platz in dem Verzeichnisse anzuweisen. . . . Das wird ein Schritt zu seiner Selbsterkenntniß seyn; denn man kann Zehn gegen Eins verwetten, daß er bis auf diese Stunde noch einen kleinen Anstrich, noch eine kleine Ähnlichkeit von dem an sich behalten, was er mit auf Reisen genommen, oder davon zu Hause gebracht hat.

Der Mann, welcher zuerst die burgundische Traube auf das Vorgebirge der guten Hofnung verpflanzte, (man beliebe zu merken, daß er ein Holländer war,) ließ sichs nicht träumen, daß er denselben Wein auf dem Cap trinken wollte, den eben die Traube auf den französischen Hügeln giebt . . . dazu war er zu phlegmatisch. . . . Aber unstreitig erwartete er ein weinartiges Getränk zu trinken; ob indessen gut, schlecht, oder ziemlich . . . so viel wußte er nun wohl von dieser Welt, daß solches nicht von seinem Gefallen abhing, sondern daß das, was man gewöhnlich *Glück* nennt, den Ausschlag geben würde: Indessen hoffte er das Beste; und in dieser Hoffnung, bey einem ungemessenem Vertrauen zu der Stärke seines Kopfes und der Grösse seiner Enthaltsamkeit, konnte *Myn Heer* in seinem neuen Weinberge leicht beydes zu Boden trinken; und dann, wenn er seine Blösse sehen ließ, seinen Leuten was zu Lachen machen.

Gerade so gehts mit dem armen Reisenden, der sich von Boots- und Postknechten durch die gesitteten

Königreiche dieses Erdbodens schleppen läßt, um Kenntnisse und Wissenschaften zu erlangen.

Wissenschaften und Kenntnisse sind allerdings zu erlangen, wenn man die Reisen mit Boots- und Postknechten zu diesem Endzwecke anstellt; ob aber nützliche Kenntnisse und wahre Wissenschaften, das ist eine blosse Lotterie. . . . Und auch dann noch, wenn der Spieler ein gutes Loos zieht, muß die erlangte Summe mit Behutsamkeit und Mässigung angewendet werden, um Nutzen davon zu ziehen. . . . Da aber, sowohl in Ansehung des Erlangens als des Anwendens, immer viel weniger Treffer als Nieten sind: so bin ich der Meynung, daß ein Mann noch eben so weise handeln würde, wofern er es über sich erhalten könnte, wenn er ohne ausheimische Kenntnisse, ohne ausheimische Wissenschaften zufrieden lebte, zumal in einem Lande, wo es an beyden nicht völlig mangelt. . . . Und in Wahrheit! es hat mir oft und vielmal im Herzen wehe gethan, wenn ich bemerkt habe, wie manchen tiefen Weg der neugierige Reisende hat durchwaten müssen, um Auftritte zu sehen, und in Entdeckungen zu gukken; welches alles, wie Sancho Pansa zum Don Quichotte sagt, sie hätten im Trocknen daheime sehen können. Wir leben in einem Jahrhunderte so voller Licht, daß schwerlich ein Land oder Winkel in Europa seyn wird, dessen Strahlen nicht mit andern vermischt sind. . . . Die Gelehrsamkeit in den meisten ihrer Theile, und in den meisten Geschäften, ist wie eine Gassenmusik in einer italiänischen Stadt. Man braucht nicht zu bezahlen, um Theil daran zu nehmen. . . .

Nun aber ist keine Nation unter der Sonne . . . und Gott ist mein Zeuge, (vor dessen Richterstuhl ich eines Tages kommen, und auch von diesem Buche Rechenschaft ablegen muß) daß ich es nicht aus Ruhmredigkeit sage . . . nun ist aber keine Nation unter der Sonne, die mehr und verschiedenere Arten von Gelehrsamkeit aufzuweisen hat ... wo man sich besser um Wissenschaften bewerben, und sichrer sie erwerben kann, als hier ... wo die Künste so aufgemuntert werden, und so bald empor kommen ... wo die Natur (im Ganzen genommen) so wenig zu verantworten hat ... und woselbst, mit einem Worte, mehr Witz und abwechselnde Charaktere zur Unterhaltung des Geistes sind. ... Meine lieben Landsleute, wohin gehn Sie denn? ...

... Wir besehen nur diese Chaise, sagten sie ... Ihr gehorsamer Diener, sagte ich, indem ich aus dem Wagen sprang und den Huth abnahm. ... Wir konnten nicht begreifen, sagte der eine, der, wie ich fand, ein *neugieriger Reisender* war ... woher es käme, daß sie sich so bewegte. ... Es war, sagt ich kaltsinnig, die Bewegung vom Vorrede schreiben. ... Nun hab' ich doch in meinem Leben, sagte der andre, der ein *simpler Reisender* war, noch von keiner Vorrede gehört, die in einem *Desobligeant* geschrieben wäre! ... Ja, in einem *Vis-à-vis* wärs wohl besser gewesen, sagte ich.

... *Weil ein Engländer nicht deswegen reiset, um Engländer zu sehen*, so ging ich nach meinem Zimmer.

Als ich über den Gang zu meinem Zimmer ging, merkte ich mehr Schatten, als ich allein machte; es war auch wirklich Monsieur Dessein, der Herr des Hotels, der eben aus der Vesper gekommen war, und mit dem Huthe unterm Arme, mir sehr höflich nachfolgte, um mich zu erinnern, daß ich einen Wagen nöthig hatte. Ich hatte mir die Grille zum *Desobligeant* so ziemlich aus dem Kopfe geschrieben, und da Monsieur Dessein mit Achselzücken davon sprach, als ob er gar nicht für mich wäre: so fiel mirs alsobald ein, daß er irgend einem *unschuldigen Reisenden* gehören müsse, welcher ihn bey seiner Rückreise dem ehrlichen Monsieur Dessein anvertrauet hätte, um ihn, so gut als möglich, zu verkaufen. Vier Monate waren verflossen, nachdem er seine Laufbahn durch Europa in einem Winkel des Monsieur Desseins Hofe vollendet hatte, und da er beym Antritte derselben bloß von neuem versohlet und aufgefärbt war, so hatte er, ungeachtet er am Berge Senis zweymal umgebauet worden, bey allen seinen erlebten Begebenheiten doch wenig gewonnen. ... Bey keiner indessen weniger, als bey der Letztern, da er so viele Monate ohne alle Barmherzigkeit in Monsieur Desseins Hofe einen Winkel unter der Dachtraufe hüten mußte. ... Freylich konnte man nicht viel zu seinem Besten sagen. ... Etwas aber doch ... und wenn ein Paar Worte ein Elend lindern können, so hasse ich den Mann, der damit knickern kann.

... Sehn Sie, wenn ich der Herr dieses Hotels wäre, sagt' ich, und legte die Spitze meines Zeigefingers auf Monsieur Desseins Brust, so würde ich gewiß mein Möglichstes thun, diesen armen *Desobligeant* an Mann zu bringen. ... So oft Sie vorüber gehen, wackelt er Ihnen Vorwürfe zu.

Mon Dieu, sagte Monsieur Dessein. ... Was gehts mich an? ... Erlauben Sie! Monsieur Dessein, versetzte ich, Personen von einer gewissen Denkungsart geht ihr eignes Gefühl schon etwas an. ... Ich bin überzeugt, daß einem Manne, der sowohl für andre als für sich selbst fühlt, ... leugnen Sie es, so viel Sie wollen, eine jede regnichte Nacht muß ihr Gemüth beunruhigen. ... Monsieur Dessein, Sie leiden so viel als die Maschine. ...

Ich habe allezeit angemerkt, wenn in einem Complimente eben so viel Saures als Süsses ist; so weiß ein Engländer niemals, ob ers verstehn, oder nicht verstehen soll. Ein Franzos hilft sich gleich: Monsieur Dessein machte mir einen Bückling.

C'est bien vrai, sagt' er. ... In diesem Falle aber würde ich nur eine Unruhe mit der andern vertauschen, und dabey verlieren. Bedenken Sie selbst, mein werthester Herr, wenn ich Ihnen eine Chaise gäbe, die auf dem halben Wege nach Paris in Stücken fiele. ... Bedenken Sie selbst, wie viel ich leiden würde, einem so rechtschafnen Manne eine böse Meinung von mir beygebracht zu wissen! Ich verliere zu ungern die Achtung *d'un homme d'esprit*.

Die Pille war genau nach meinem eigenen Recepte gemacht; ich konnte also nicht umhin, sie hinunter zu schlucken. ... Ich gab Monsieur Dessein seinen Bückling zurück, und ohne fernere Casuisterey gingen wir zusammen nach seiner Remise, um sein Magazin von Chaisen zu besehen.

IN DER GASSE.

Calais.

Es muß gewiß eine feindselige Art von Welt seyn, worin der Käufer (wäre es auch nur von einer lumpichten Postchaise) nicht mit dem Verkäufer über die Gasse gehen kann, um den Handel zu schliessen, ohne in eben dieselbe Gemüthsfassung zu fallen, oder seinen Mann mit eben solchen Augen anzusehen, als ob er mit ihm auf dem Wege nach Hydepark wäre, sich da zu duelliren. Ich meines Theils, der ich ein schlechter Fechter und dem Monsieur Dessein auf keine Art gewachsen bin, ich fühlte bey mir selbst alle die verschiedenen Bewegungen, welche eine solche Situation hervor zu bringen pflegt. ... Ich betrachtete Monsieur Dessein, als ob ich ihn durchsehen wollte. ... Ich faßte ihn, so wie er ging, aufs Korn, bald *en profil* ... bald *en face* ... dachte, er säh' aus, als ein Jude, dann, als ein Türke ... konnte seine Perücke nicht ausstehn ... fluchte auf ihn ... wünschte ihn zum Henker. ...

... Und alles das muß in dem Herzen auflodern, wegen eines Bettels von drey oder vier Louisd'ors? Denn das ist doch das Höchste, was ich dabey übersetzt werden kann. ... Niedrige Leidenschaft! sagt' ich, und drehte mich herum, wie man bey einer plötzlich veränderten Empfindung zu thun pflegt ... niedrige, unmenschliche Leidenschaft! Deine Hand ist gegen Jedermann und Jedermanns Hand gegen dich! ... Das verhüte der Himmel! sagte sie, und fuhr mit ihrer Hand zu ihrer Stirne, denn ich hatte gerade gegen die Dame Fronte gemacht, die ich mit dem Mönch hatte reden sehn. ... Sie war uns gefolgt, ohne daß wirs gewahr geworden. ... Das verhüte der Himmel freylich! sagt' ich, und bot ihr meine Hand. ... Sie trug ein Paar schwarze seidene Handschuh, die nur am Daumen und den beyden Foderfingern offen waren: also nahm sie solche ohne Weigerung an ... und ich führte sie nach der Thüre zur Wagenremise.

Monsieur Dessein hatte mehr als funfzigmal über den Schlüssel diablirt, ehe er ausfindig machte, daß er einen unrechten ergriffen und mitgebracht hatte. Wir waren eben so ungeduldig, als er, nach der Eröfnung: und so aufmerksam auf das Hinderniß, daß ich beständig ihre Hand hielt, fast ohne es zu wissen; dergestalt, daß uns Monsieur Dessein, ihre Hand in der meinigen, mit unsern Gesichtern gegen die Remisenthüre gekehrt, verließ, und sagte, in fünf Minuten wolle er wieder da seyn.

Nun ist eine Unterredung von fünf Minuten in einer solchen Situation, eben so viel werth, als eine von eben so vielen Jahrhunderten, da man mit den Gesichtern nach der Gasse gekehrt steht: in dem letztern Falle, nimmt man die Materie des Gesprächs von Sachen und Begebenheiten ausser uns. ... Wenn man aber die Augen auf eine todte Wand geheftet hat ... nimmt man solche bloß aus sich selbst her. Ein Stillschweigen von einem einzigen Augenblicke, da uns Monsieur Dessein verließ, wäre der Situation fatal gewesen. ... Die Dame hätte sich unfehlbar herumgekehrt. ... Also fing ich die Conversation augenblicklich an. ... Was mich aber dazu antrieb, (da ich nicht schreibe, die Schwachheiten meines Herzens auf dieser Reise zu vertheidigen ... sondern zu erzählen) ... soll eben so ungeschminkt beschrieben werden, als ich solches damals fühlte.

DIE REMISENTHÜRE.

Calais.

Als ich dem Leser sagte, daß ich deswegen nicht gern aus dem *Desobligeant* steigen wollen, weil ich den Mönch in einem ämsigen Gespräche mit einer eben angekommenen Dame begriffen sahe: . . . da sagte ich ihm die Wahrheit; aber die völlige Wahrheit sagt' ich ihm nicht; denn es war eben so sehr die Gestalt und das Ansehen der Dame, mit der er sprach, was mich zurück hielt. Ein Argwohn flog mir durchs Gehirn, und sagte, er erzähle ihr, was zwischen uns vorgegangen sey. Darüber war in meinem Gemüthe eine Saite falsch geworden. . . . Ich wünschte ihn in sein Kloster.

Wenn das Herz vor dem Verstande zufährt, so erspart es der Urtheilskraft unglaublich viel Mühe. . . . Ich war gewiß, sie sey von einer bessern Art Geschöpfen. . . . Gleichwohl dachte ich nicht mehr an sie, sondern fuhr fort meine Vorrede zu schreiben.

Der Eindruck ward wieder rege, als ich sie auf der Gasse abermals antraf; eine anständige Freymüthigkeit, womit sie mir ihre Hand gab, zeugte, wie mich dünkte, von ihrer guten Lebensart und von ihrem Verstande; und so wie ich sie führte, fühlte ich in ihrem Wesen eine so liebliche Biegsamkeit, daß es über alle meine Geister Ruhe und Heiterkeit verbreitete.

. . . Gütiger Gott! Wie gern sollte ein Mann ein Geschöpf, wie dieses, mit sich durch die ganze Welt führen! . . .

Ich hatte ihr Gesicht noch nicht gesehen. . . . Das war nicht wesentlich; denn das Gemählde ward den Augenblick angelegt, und lange vorher, ehe wir zu der Remisenthüre gekommen, hatte Mademoiselle Phantasie den ganzen Kopf vollendet, und freuete sich eben so sehr darüber, daß er ihrer Göttin so gut stand, als wenn sie ihn aus dem Grunde der *Tiber* gehohlt hätte. . . . Aber du bist ein betrogner und betrügerischer Affe; und ob du uns gleich des Tages siebenmal mit deinen Bildern und Gemählden hintergehst, so thust du es doch mit so vieler Anmuth, und du weißt deinen Portraits solche Engel des Lichts Gestalten zu geben, daß man dir mit Ehren nicht böse werden kann.

Als wir zu der Remisenthüre gekommen waren, zog sie ihre Hand von der Stirne weg, und ließ mich das Original sehen. . . . Es war ein Gesicht von ohngefehr sechs und zwanzig . . . eine helle durchsichtige Brünette, ungekünstelt im Putze, ohne Schminke und ohne Puder. . . . Es war nicht nach den Regeln der Critik schön, aber es hatte das, was mich in der Gemüthsfassung, worin ich war, viel mehr reitzte; es hatte eine anziehende Miene. Mich deuchte es trüge die Merkmale eines Wittwenblicks, und zwar in dem Stande des Abnehmens, wenn die beyden ersten Anfälle von Betrübniß vorüber, und sie nun gelassen anfängt, mit Ruhe an ihren Verlust zu denken. . . . Doch hätten auch tausend andre Arten von Kummer dieselbigen Linien ziehen können; ich wünschte zu wissen, von welcher Art sie eigentlich gezogen worden . . . und war bereit mich zu erkundigen, (hätte es derselbe *Bon Ton* erlaubt, der zu Esdras Zeiten Mode war.) . . . »*Was fehlet dir? und warum bist du so bekümmert? und warum ist deine Seele beunruhigt?*« . . . Mit einem Worte, ich fühlte ein Wohlwollen gegen sie; und beschloß, auf eine oder die andre Art mein Schärflein Ergebenheit . . . wo nicht wirkliche Dienstgeflissenheit . . . für sie anzulegen.

Das wars, was mich antrieb . . . und in dieser Fassung, diesen Trieben Raum zu geben, ließ man mich allein mit der Dame, ihre Hand in der meinigen, und mit unsern beyden Gesichtern gegen die Remisenthüre gekehrt, näher, als unumgänglich nothwendig war.

DIE REMISENTHÜRE.

Calais.

Gewiß, schöne Dame, sagt' ich, und hob ihre Hand, so wie ich begann, ein wenig leicht in die Höhe, dieß ist eine von den seltsamen Fügungen des Glücks. Zwey völlig Unbekannte bey ihren Händen zu nehmen ... von verschiedenem Geschlechte, und vielleicht aus entlegenen Winkeln der Erde, und sie in einem Augenblicke in eine so herzlich vertraute Situation zu setzen, als selbst die Freundschaft nicht hätte zuwege bringen können, hätte sie auch einen ganzen Monat darauf gesonnen. ...

... Und Ihre Betrachtung darüber Monsieur, zeigt, wie sehr Sie durch diesen Zufall in Verlegenheit gesetzt sind. ...

Wenn eine Situation ist, wie wir sie wünschen, so ist nichts so übel angebracht, als Anspielungen auf die Umstände, wodurch sie es wird. ... Sie danken dem Glücke, fuhr sie fort ... Sie hatten Recht. ... Das Herz wußte es, und war zu frieden: und Niemand, als ein brittischer Philosoph würde dem Verstande Nachricht davon gegeben haben, um das Urtheil abändern zu lassen.

Wie sie dieß sagte, zog sie ihre Hand mit einem Blicke zurück, den ich für eine hinlängliche Erklärung des Textes hielt.

Es ist ein armseliges Gemählde, welches ich hier von der Schwachheit meines Herzens aufstelle, indem ich gestehen muß, daß es eine Betrübniß fühlte, welche würdigere Veranlassungen nicht hätten erzeugen können. ... Ich war bekümmert über den Verlust ihrer Hand, und die Art, wie ich sie verloren hatte, goß weder Wein noch Öl in die Wunde; nie in meinem Leben war ich so einfältig verlegen, und so jämmerlich beschämt über meine Verlegenheit gewesen.

Die Triumphe eines wahren weiblichen Herzens sind über dergleichen Niederlagen kurz. In sehr wenig Secunden legte sie ihre Hand auf den Aufschlag meines Kleides, um ihre Antwort fortzusetzen; und also, auf eine oder die andre Art, Gott weiß, wie? gewann ich meine Situation wieder.

... Sie hatte nichts hinzu zu fügen.

Ich dachte augenblicklich auf eine andre Unterredung für die Dame; denn aus dem Inhalte sowohl, als der Moral des vorigen, schloß ich, daß ich mich in ihrem Charakter geirret haben müßte. Wie sie aber ihr Gesicht zu mir wandte, war der Geist, wovon ihre Antwort beseelt wurde, verflogen ... die Muskeln gesunken, und ich sah wieder eben den arglosen Blick des Kummers, der mich für sie einnahm.... Traurig, daß auf einem so seelenvollen Gesichte Kummer wohnen soll! ... Ich bedaurete sie vom Grunde meiner Seelen; und obs einem dickhäutigen Herzen gleich lächerlich genug vorkommen mag ... ich hätte sie in die Arme nehmen und ihr auf der Gasse vor den Leuten liebkosen können, ohne darüber zu erröthen.

Der lebhafte Tackt der Pulsadern längst meinen Fingern, welche sich um die ihrigen schmiegten, sagte ihr, was in mir vorging: Sie sah zur Erden.... Es folgte ein Stillschweigen von etlichen Augenblicken.

Ich muß in dieser Pause einiges leichtes Bestreben geäussert haben, ihre Hand fühlbarer zu drücken, wie ich von einer subtilen Bewegung, die ich in meiner eignen Hand empfand, fürchtete.... Nicht als ob sie die ihrige wegzog ... sondern als ob sie darauf dächte: ... und ich hätte sie unfehlbar zum zweytenmale verloren, hätte nicht mehr Instinkt als Vernunft mir das letzte Hülfsmittel in dergleichen Gefahren an die Hand gegeben ... sie loser zu halten, so als ob ich sie alle Augenblick von selbst los lassen würde. Auf diese Art ließ sie es gut seyn, bis Monsieur Dessein mit dem Schlüssel zurück kam; und in der Zeit überlegte ich, wie ich die schlimmen Eindrücke wieder auslöschen könnte, welche die Historie des armen Mönchs, wenn er ihr solche erzählet hätte, wider mich in ihre Brust gepflanzt haben müßte.

DIE TABAKSDOSE.

Calais.

Der gute alte Mönch war nur sechs Schritte von uns, als mir der Gedanke an ihn durch den Kopf fuhr; und näherte sich uns, nicht völlig gerade zu, als zweifelhaft, ob er uns anreden sollte, oder nicht? ... Er stand gleichwohl, sobald er an uns kam, mit völliger Freymüthigkeit stille; er hatte eine Schnupftabaksdose von Horn in der Hand, die er mir offen vorhielt. ... Sie sollen meinen versuchen ... sagt' ich, indem ich meine Dose hervor zog (es war eine kleine Schildpattne), und sie ihm in die Hand gab. ... Er ist sehr schön, sagte der Mönch; so thun Sie mir den Gefallen, versetzte ich, und behalten die Dose mit dem Taback, und wenn Sie zuweilen eine Prise daraus nehmen, so erinnern Sie sich, daß Sie solche von einem Manne zum Versöhnungszeichen angenommen, der Ihnen einst unfreundlich begegnet hat, obgleich nicht von Herzen.

Der arme Mönch ward so roth als Scharlach. *Mon Dieu!* sagt' er, und schlug die Hände zusammen. ... Sie haben mir nie unfreundlich begegnet. ... Ich sollte ihm das nicht zutrauen, sagte die Dame. Nun erröthete ich, über was für Bewegungen aber, das mögen die wenigen beurtheilen, welche ihre Empfindungen zu zergliedern wissen. ... Verzeihen Sie, Madame, versetzte ich. ... Ich begegnete ihm sehr hart; und ohne Ursache. ... Das ist unmöglich, sagte die Dame. ... Mein Gott! rief der Mönch mit einer Hitze der Betheurung, die ihm nicht natürlich zu seyn schien: die Schuld lag an mir, und in der Unbesonnenheit meines Eifers ... Die Dame widersprach dem, und ich behauptete mit ihr, es wäre unmöglich, daß ein Mann von so gesetztem Gemüthe, als das seinige, jemanden beleidigen könnte.

Ich wußte nicht, daß Streit zu einer so angenehmen und wollüstigen Sache für die Nerven gemacht werden könnte, als ich hierbey fühlte. . . . Wir schwiegen eine Zeitlang, ohne das geringste von der närrischen Ängstlichkeit zu fühlen, welche sich einstellt, wenn man in Gesellschaften sich zehn Minuten einander angafft, ohne ein Wort zu sagen. Während dieser Stille rieb der Mönch seine hornene Dose auf dem Ärmel seines Gewandes, und sobald sie von dem Reiben eine Art Glanz bekommen hatte . . . machte er eine tiefe Verbeugung, und sagte: Es wäre zu spät, zu sagen, ob es Güte oder Schwachheit unsrer Gemüthsart sey, die uns in diesen Zwist verwickelt . . . doch, das bey Seite. . . . Er bitte, wir möchten mit den Dosen tauschen. . . . So wie er dieses sagte, hielt er mit der einen Hand die seinige her, und nahm mit der andern die meinige; und nachdem er solche geküsst . . . steckte er sie mit einem Strome von Gutherzigkeit in den Augen, in seinen Busen . . . und nahm Abschied.

Ich betrachte diese Dose, wie ich die sichtbaren Mittel meiner Religion betrachte, meinen Geist zu etwas Höherm zu leiten: in der That lege ich sie selten von mir; und sehr oft habe ich durch diese Dose den sanften gelassenen Geist ihres vorigen Besitzers hervorgerufen, um den meinigen, bey den in der Welt zu kämpfenden Kämpfen in Fassung zu erhalten. Dem seinigen hatten sie vollauf zu schaffen gemacht, wie ich aus seiner Geschichte erfahren, bis er, da er für geleistete militairische Dienste schlechten Lohn fand, und zu gleicher Zeit in der zärtlichsten Leidenschaft unglücklich war, in seinem fünf und vierzigsten Jahre ungefähr, dem Degen und dem schönen Geschlechte entsagte, und nicht sowohl in seinem Kloster, als in sich selbst, Ruhe suchte.

Mein Herz ist mir beklommen, da ich hinzufügen muß, daß ich bey meiner letztern Reise durch Calais, als ich mich nach dem Pater Lorenzo erkundigte, erfuhr, daß er schon fast seit drey Monaten gestorben sey, und daß er nicht in seinem Kloster, sondern auf sein Verlangen auf einem dem Kloster gehörigen Kirchhofe, eine Stunde vor der Stadt, begraben läge. . . . Ich hatte ein grosses Verlangen, zu sehn, wo sie ihn hingelegt hätten. . . . Als ich bey seinem Grabe saß, die kleine hornene Dose herauszog, und eine oder zwey Nesseln zum Kopfe desselben, die da nichts zu suchen hatten, ausriß . . . so wirkte das alles so gewaltsam auf meine Empfindungen, daß ich in einen Strom von Thränen ausbrach. . . . Doch ich bin so weichherzig, als ein Weib; und ich bitte die Welt, nicht zu lächeln, sondern mich zu bedauren.

DIE REMISENTHÜRE.

Calais.

Die ganze Zeit über hatte ich die Hand der Dame nicht fahren lassen, und hatte sie so lange gehalten, daß es unanständig gewesen seyn würde, sie fahren zu lassen, ohne sie vorher an meine Lippen zu drücken. Blut und Lebensgeister, die sich nach den äussern Theilen des Körpers gezogen hatten, fuhren ihr plötzlich nach Aug' und Wangen, da ichs that.

Als die beyden Reisenden, die mit mir im Hofraume gesprochen, von ungefähr, gerade in diesem wichtigen Augenblicke vorbey gingen, und unser freundschaftliches Betragen bemerkten, so setzten sie sich natürlicher Weise in Kopf, daß wir wenigstens *Mann und Frau* seyn müßten. Sie stunden also stille, so bald sie an die Thüre kamen, und einer von ihnen, der neugierige Reisende, fragte uns: ob wir den folgenden Morgen nach Paris gehen würden ? Ich könnte es bloß für mich bejahen, sagte ich; und die Dame fügte hinzu: Sie ginge nach Amiens. ... Da haben wir gestern zum Mittag gegessen, sagte der simple Reisende. ... Sie gehen gerade durch die Stadt, fügte der andre hinzu, auf Ihrem Wege nach Paris. Ich war im Begriff ihm tausend Dank für die Nachricht zu sagen, daß *Amiens auf dem Wege nach Paris läge;* allein, da ich eben meines armen Mönchs hornene Schnupftabaksdose heraus zog, um eine Prise zu nehmen, so machte ich ihm eine gelassene Verbeugung und wünschte ihm eine gute Fahrt nach Dover. ... Sie verliessen uns. ...

Was wäre denn nun wohl Böses dabey, sagte ich zu mir selbst, wenn ich diese betrübte Dame ersuchte, die Hälfte meiner Chaise anzunehmen ? ... und was für ein grosses Unglück könnte daraus entstehen ?

Eine jede unedle Leidenschaft und böse Neigung in meiner Natur kam in Empörung, als ich den Vorschlag überlegte. . . . Es wird dich nöthigen, noch ein drittes Pferd zu nehmen, sagte der *Geitz*, und das wird dir zwanzig Livres aus dem Beutel locken. . . . Du weißt nicht wer sie ist, sagte der *Argwohn*. . . . Oder in was für Ungelegenheiten der Schritt dich führen könnte, flisterte die *Furchtsamkeit*.

Glaube mir Yorick! sagte die *Bedächtlichkeit*, man wird sagen, du seyst mit einer Maitresse durchgegangen, und es sey eine Verabredung, die dich nach Calais gebracht. . . .

. . . Du darfst hernach, schrie die *Heucheley* ganz laut, keinem Menschen gerade in die Augen seh'n. . . . Oder, sagte die *Eigenliebe*, jemals in der Kirche empor zu kommen hoffen. . . . Noch etwas mehr werden, sagte der *Stolz*, als ein elender Dorfpfarrer.

. . . Es wäre aber doch höflich, sagte ich . . . und da ich gewöhnlich meinen ersten Bewegungen folge, und daher selten diesen Cabalen Gehör gebe, die meines Wissens zu nichts dienen, als das Herz mit einer demantnen Rinde zu überziehen . . . so wendete ich mich alsobald gegen die Dame. . . .

. . . Allein, sie war, während daß über die Sache gestritten wurde, unvermerkt weggegangen, und unter der Zeit, daß ich zum Schlusse gekommen, hatte sie schon zehn bis zwölf Schritte in die Gasse gethan.

Ich ging ihr also mit grossen Schritten nach, um ihr mit der besten Art, die mir möglich, das Anerbieten zu thun. Allein da ich bemerkte, daß sie mit dem Kopf in die Hand gelehnt, ging . . . mit dem langsamen kurzen Schritte des Tiefsinns . . . die Augen beständig zu Boden, so fiel mir es aufs Herz, daß sie vielleicht selbst die nämliche Sache untersuchte. Gott steh' ihr bey! sagt' ich, sie hat eine Schwiegermutter oder eine tartüffische Tante, oder sonst ein zudringliches dummes altes Weib, die sie eben sowohl erst zu Rathe nehmen muß, als ich. Da ich also den Lauf des Processes nicht hemmen wollte, und es für galanter hielt, durch Accord als durch Überrumpelung zu erobern, so macht' ich linksum, und ging etlichemal vor der Remisenthüre auf und ab, indessen daß sie an der Seite in Gedanken spazirte.

IN DER GASSE.

Calais.

Beym ersten Anblicke der Dame hatte ichs in meinen Gedanken festgesetzt: »daß sie von der bessern Art Geschöpfe sey.« ... Als ein zweytes, eben so unwidersprechliches Axioma nahm ich an, daß sie eine Wittwe sey, und die Zeichen der Betrübniß im Gesichte trüge. ... Weiter ging ich damals nicht; das war mir genug für die Situation die mir gefiel. ... Und wäre sie bis Mitternacht an meinem Arme feste geblieben, so hätte ich mich treulich an mein System gehalten, und sie nur unter dieser allgemeinen Idee betrachtet.

Kaum aber war sie zwanzig Schritte von mir entfernt, als etwas in mir um eine nähere Nachricht anfoderte. ... Es machte den Gedanken einer fernern Trennung rege. ... Ich möchte sie vielleicht gar nicht wieder sehen ... das Herz nimmt gern alles, was es bekommen kann; und ich wollte doch wissen, auf was für Wege meine Wünsche zu ihr gelangen könnten, im Fall ich sie selbst niemals wieder antreffen sollte: Mit einem Worte, ich wünschte ihren Namen ... den Namen ihrer Familie ... ihren Stand zu kennen; wohin sie ging, wußte ich; aber ich hätte auch gerne gewußt, woher sie kam, und ich sah' nicht, wie ich das erfahren wollte. Ein Hundert kleiner Delikatessen standen mir im Wege. Ich machte wohl ein Schock verschiedener Plane. ... Wie ein Mensch sie gerade zu fragen könnte ... das war ganz unmöglich.

Ein kleiner, freundlicher, französischer Capitain, welcher die Gasse herunter getanzt kam, zeigte mir, daß in der Welt nichts leichter sey, als das. Denn als die Dame eben wieder nach der Remisenthüre zurück kam, stand er zwischen uns inne, und suchte meine Bekanntschaft; noch ehe er kaum sich angemeldet hatte, bat er, ich möchte ihm die Ehre erzeigen, und ihn der Dame vorstellen. ... Ich war selbst nicht vorgestellet worden. ... Also wendete er sich zu ihr, und verrichtete es selbst eben so gut; indem er sie fragte: Ob sie von Paris käme? ... Nein; sie ginge des Weges, sagte sie. ... *Vous n'étes pas de Londres?* ... Das wäre sie nicht, antwortete sie. ... So müssen Madame durch Flandern gekommen seyn. ... *Apparamment vous étes Flamande?* sagte der Capitain. Sie wär's, sagte die Dame. ... *Peut-étre de Lille?* ... Sie wäre nicht von Lille. ... Aus Arras? ... Aus Cambray? ... Aus Gent? ... Aus Brüssel? Sie versetzte, sie wäre aus Brüssel.

Er habe die Ehre gehabt, sagte er, dabey zu seyn, als es im letztern Kriege bombardirt wurde. ... Es habe, *pour cela*, eine schöne Lage ... und sey voller Noblesse gewesen, als die Kaiserlichen durch die Franzosen daraus getrieben worden. (Die Dame machte einen kleinen Knicks.) Darauf erzählte er ihr die Affaire, und wie viel Antheil er daran gehabt; dann bat er um die Ehre ihren Namen zu wissen, ... und machte seinen Reverenz.

... *Et Madame a son Mari?* ... sagt' er, indem er zurück sahe, da er schon etliche Schritte fort war; ... und ohne eine Antwort zu erwarten ... fort hüpfte er.

Ich würde ihm das nicht nachgethan haben, hätte ich auch sieben Lehrjahre bey der feinen Lebensart ausgestanden.

DIE REMISE.

Calais.

Als uns der kleine französische Capitain verlassen, langte Monsieur Dessein mit dem Schlüssel an, und führte uns alsobald in sein Wagenmagazin.

Das erste was meine Augen auf sich zog, so wie Monsieur Dessein die Thüre öfnete, war ein anderer alter geflickter *Desobligeant:* und ob es gleich eine sehr ähnliche Copey von dem war, der mir, eben vor einer Stunde im Hofe, so sehr in die Augen gestochen hatte . . . so machte doch jetzt sein blosser Anblick unangenehme Empfindungen in mir rege; und ich dachte, es müßte ein filziges Thier gewesen seyn, in dessen Herz zuerst der Einfall kommen können, eine solche Maschine zu bauen; nicht viel liebreicher war ich gegen den gesinnt, der's übers Herz bringen könnte, Gebrauch davon zu machen.

Ich bemerkte, daß die Dame eben so wenig darein verliebt war, als ich: Monsieur Dessein führte uns also zu ein Paar Chaisen, die gegen einander über stunden, indem er uns zu ihrer Empfehlung sagte, daß sie von Mylord *A* und *B* zu ihrer *grand tour* gekauft wären, daß sie aber nicht weiter, als bis Paris gekommen, und also in allem Verstande so gut als neu wären. . . . Sie waren zu gut: . . . so wendete ich mich zu einer dritten, die dahinter stund, und fragte sogleich nach dem Preise. . . . Aber, sagt' ich, indem ich die Thüre aufmachte und hinein stieg, es können kaum zwo Personen darin sitzen. . . .

Haben Sie die Güte hinein zu steigen, Madame, sagte Monsieur Dessein, und reichte ihr seinen Arm. . . . Die Dame bedachte sich eine halbe Secunde, und stieg hinein. Da in diesem Augenblicke der Hausknecht dem Wirthe ein Zeichen gab, daß er ihm was zu sagen hätte: so schlug er die Thüre zu, und ließ uns sitzen.

DIE REMISE.

Calais.

C'est bien comique, es ist sehr drollicht, sagt' die Dame lächelnd, in Betrachtung, daß dieses das zweytemal war, daß wir durch ein Paar närrische Zufälle, allein beysammen gelassen wurden.

... *C'est bien comique*, sagte sie.

... Um es vollends dazu zu machen, sagte ich, fehlt nichts, als der komische Gebrauch, wozu es die Galanterie eines Franzosen anwenden würde. ... Den ersten Augenblick verliebt zu thun, und den zweyten seine Person anzutragen. Darinn sind sie stark; versetzte sie.

... Man sagt's ihnen wenigstens nach ... und wie es zugegangen ist, fuhr ich fort, weiß ich nicht; es ist aber gewiß, daß sie den Ruhm haben, als ob sie die Liebe besser kennen, und sich auf Liebeshändel besser verstehen, als irgend eine Nation auf dem Erdboden; ich aber, für mein Theil, halte sie für wahre Pfuscher, und für die schlechtesten Schützen, an welchen sich jemals Cupido müde gelehrt hat.

Wie können sie sich einkommen lassen, die Liebe durch *Sentiments* zu betreiben?

Eben so gut könnte ich mir einkommen lassen, ein hübsches Kleid aus übrig gebliebenen Schnitzen zu machen. ... Und noch dazu ... Knall und Fall ... bey dem ersten Anblicke durch eine Erklärung: ... das heißt den Antrag und sich selbst, mit allen den POURS und CONTRES, einem nicht erhitzten Verstande ins Sieb liefern.

Die Dame merkte auf, als ob sie erwartete, daß ich fortfahren sollte.

Bedenken Sie nur, Madame, fuhr ich fort, indem ich meine Hand auf die ihrigen legte. ...

Daß ernsthafte Leute die Liebe des Namens wegen hassen. . . .

Leute von Eigenliebe, ihrer selbst wegen. . . .

Heuchler, des Himmels wegen. . . .

Und wir also alle, so wohl Alte als Junge, zehnmal mehr durch die bloße Nachricht in Furcht gesetzt werden, als uns die Sache selbst schadet. . . . Was für einen Mangel an Einsicht in diesen Zweig des Commercii, verräth es nicht bey einem Manne, der das Wort eher über seine Lippen fahren läßt, als ihm das Stillschweigen desfalls, wenigstens ein oder zwey Stunden, zur Quaal geworden. Eine Reihe kleiner, ruhiger aufmerksamer Gefälligkeiten . . . nicht so deutlich, daß sie Besorgnisse erregen . . . nicht so versteckt, daß sie verkannt werden könnten . . . dabey zuweilen einen Blick der Liebe, und wenig oder gar nichts davon gesprochen . . . erlaubt die Natur für eine Geliebte, und sie nimmts und deutet es für sich.

So muß ich, sagte die Dame, und ward roth . . . feyerlichst erklären, daß Sie mir diese ganze Zeit über, ihre Liebe zu verstehen gegeben.

DIE REMISE.

Calais.

M*onsieur Dessein* kam zurück; uns aus der Chaise zu lassen, und brachte der Dame die Nachricht, daß ihr Bruder, der Herr Graf von L. . . . eben im Hotel angekommen wäre. Ob ich gleich unendlich viel Wohlwollen für die Dame hatte, so kann ich doch nicht sagen, daß ich mich in meinem Herzen über den Zufall freu'te. . . . Und ich konnte nicht umhin, ihr das zu sagen. . . . Denn es vernichtet einen Vorschlag, Madame, sagte ich, den ich Ihnen eben thun wollte.

. . . Sie brauchen mir nicht zu sagen, worinn er bestund, sagte sie, und legte ihre Hand auf meine beide, indem sie mich unterbrach. Ein Mann, mein Herr, wird selten einem Frauenzimmer ein gütiges Anerbieten vortragen können, daß sie nicht einige Minuten vorher Ahndung davon haben sollte.

Damit waffnete sie die Natur zu ihrem unmittelbaren Schutze, sagte ich. Aber ich denke doch nicht, sagte sie, und sah mir in die Augen, daß ich von Ihnen was böses zu befürchten hätte. . . . Und, um aufrichtig gegen Sie zu seyn, ich war entschlossen, es anzunehmen. . . . Wenn ich es angenommen hätte . . . so glaube ich . . . (Sie hielt einen Augenblick inne) Ihr guter Wille würde mir eine Historie abgelockt haben, welche das Mitleiden zur einzigen gefährlichen Sache auf dem Wege gemacht haben würde.

Wie sie dieses sagte, litte sie, daß ich zweymal ihre Hand küßte; und mit einem gerührten Blicke, mit Betrübniß vermischt, stieg sie aus der Chaise, . . . und sagte adieu.

IN DER GASSE.

Calais.

Ich habe nie in meinem Leben einen Handel von zwölf Guinees so kurz abgethan: meine Zeit schien mir, nach dem Verluste der Dame, eine drückende Last. Und da ich fand, daß jede Minute so gut als zwo seyn würden, bis ich mich in Bewegung setzte: . . . so bestellte ich stehenden Fußes die Postpferde, und ging nach dem Hotel.

Himmel! sagt' ich, da ich die Stadtglocke vier schlagen hörte, und überlegte, daß ich wenig über eine einzige Stunde in Calais gewesen wäre. . . .

. . . Welch eine Menge von Begebenheiten kann der Mann mit seiner kleinen Lebensspanne umfassen, der sein Herz an allem Theil nehmen läßt, und der, da er Augen hat, zu sehen, was ihm Zeit und Gelegenheit, so wie er seinen Weg fortsetzet, ohn' Unterlaß darbieten, nichts unberührt läßt, woran er seine Hände *mit Ehren* legen darf. . . .

Wenn das eine nichts hervor bringt . . . So wirds das andere thun. . . . Es schadet nichts. . . . Es ist ein Versuch über die menschliche Natur. . . . Ich fasse Wasser in ein Sieb . . . Genug. . . . Das Vergnügen des Experiments hat meine Sinne und den bessern Theil meines Blutes wachend erhalten, und den gröbern eingeschläfert.

Ich bedaure den Mann, der von *Dan* bis *Berseba* reisen und ausrufen kann: Es ist alles dürre und öde. . . Doch so ist es; und so ist die ganze Welt dem, welcher der Früchte nicht warten und pflegen will, die sie hervor bringt. Ja, ich bezeuge, sagt' ich, und schlug freudig meine Hände zusammen, daß, wäre ich in einer Wüsten, ich auch in der Wüste etwas finden würde, das meine Neigung auf sich zöge. . . . Fänd ich nichts bessers, so wollte ich sie auf einen süßen Myrthenbaum heften, oder irgend eine melancholische Cypresse suchen, mit der ich mich einlassen könnte. . . . Ich würde ihren Schatten besingen, und für ihren Schutz sie freundlichst grüssen. . . . Meinen Namen schnitt' ich in ihre Rinde, und schwöre, die lieblichsten Bäume in der ganzen Wüsten wären sie. Wenn ihre Blätter welkten, wollt' ich mich zum Trauren gewöhnen: und Freude jauchzete mit ihnen mein Herz, wenn sanfter Thau sie erquickte.

Der gelehrte *Smelfungus* reisete von Boulogne nach Paris . . . von Paris nach Rom . . . und so weiter . . . Aber mit Spleen und Gelbsucht ging er aus, und jeder Gegenstand, wo er vorbey kam, war entstellt, verbleicht und verzerret. . . .

Er schrieb davon einen Bericht; allein, es war nichts als der Bericht von seinen unglückseligen Empfindungen.

Ich begegnete dem Smelfungus im grossen Portal des Pantheons. . . . Er trat eben heraus. . . . *Es ist nichts als eine ungeheure Gaukelbude*, sagt' er. (*) . . . Ich wünschte, Sie hätten nicht noch etwas Schlimmers von der Mediceischen Venus gesagt, versetzt' ich. . . . Denn, wie ich durch Florenz kam, ward mir erzählt, daß er die Göttin gelästert, und sie ausgehunzt hätte, wie ein gemeines Gassenmensch, ohne daß er durch irgend etwas dazu gereitzet worden.

In Turin stieß ich abermals auf den Smelfungus, auf seiner Heimreise; und er hatte eine betrübte Geschichte von jammervollen Begebenheiten zu erzählen, »worinn er von beweglichen Zufällen zu Wasser und zu Lande sprach, und von den Cannibalen, welche einander verschlingen: die Antropophagi.« . . . Er war

(*) Siehe S..s Reisen.

bey lebendigem Leibe von Wanzen gefressen, und geröstet und gebraten, und in jedem Gasthofe, wo er eingekehrt, ärger gemißhandelt, als St. Bartholomäus. . . .

. . . Ich will's der Welt erzählen, rief Smelfungus. Sie thäten besser, versetzte ich, wenn Sie's Ihrem Arzte erzählten.

Mundungus that, mit unermeßlichem Reichthume, die grosse Reise; er ging von Rom nach Neapolis, . . . von Neapolis nach Venedig . . . von Venedig nach Wien . . . nach Dresden, nach Berlin, ohne daß er von einer einzigen uneigennützigen Verbindung oder zärtlichen Anekdote zu erzählen hatte. Er war aber schnurstracks fort gereiset, ohne weder zur Rechten noch zur Linken zu sehen, damit nicht Liebe oder Mitleid ihn von seinem Wege locken möchte.

Friede sey mit ihnen! wenn er für sie zu finden ist; aber dem Himmel selbst, wenn's möglich wäre, mit solchen Gemüthern hinein zu kommen, würde es an Gegenständen gebrechen, ihn zu bewirken. . . . Jeder selige Geist würde ihnen auf den Flügeln der Liebe entgegen schweben, ihre Ankunft zu begrüssen. . . . Die Seelen des Smelfungus und des Mundungus würden nichts hören, als neue jubilirende, lebhafte Entzückungen der Liebe, nichts als laute Zurufungen über ihre gemeinschaftliche Seligkeit. . . . Herzlich bedaure ich sie. . . . Sie haben keine Fähigkeit zu diesem Geschäfte mitgebracht; und wären Smelfungus und Mundungus auch in die glückseligste Wohnung des Himmels versetzt, Smelfungus und Mundungus würden dennoch so weit von aller Glückseligkeit entfernt seyn, daß ihre Seelen vielmehr daselbst bis in alle Ewigkeit büssen würden.

Montreuil.

Einmal hatte ich meinen Mantelsack hinten von der Chaise verlohren, zweymal war ich im Regen ausgestiegen, und einmal davon bis an die Kniee in Morast getreten, dem Postillion zu helfen, ihn fest zu binden, und konnte doch nicht ausfindig machen, wo der Fehler steckte. . . . Bis ich nach Montreuil kam, und der Wirth mich fragte, ob ich nicht einen Bedienten brauchte? da fiel mirs ein, daß das gerade mein Bedürfniß wäre.

Einen Bedienten! leider, brauche ich einen! sagt' ich. . . . Nun so ist, Monsieur, sagte der Wirth, ein sehr hübscher junger Mensch hier, der sehr stolz auf die Ehre seyn würde, einem Engländer zu dienen. . . . Aber, warum lieber einem Engländer, als einem andern? . . . Sie sind großmüthig, sagte der Wirth. . . . Ich will nicht ehrlich seyn, sagte ich zu mir selbst, wenn mich das nicht noch diesen Abend ein Livre kostet. . . . Aber sie haben auch, wovon sies thun können, Monsieur; setzte er hinzu. . . . Auch hierfür ein Livre mehr angesetzt, dacht' ich. . . . Noch vorigen Abend war's, sagte der Wirth, *qu'un Mylord Anglois presentoit un ecû à la fille de chambre . . . Tant pis, pour Madlle. Jeannette,* sagt' ich.

Da nun Jeanette des Wirths Tochter war, und mich der Wirth für nicht stark im Französischen hielt, nahm er sich die Freyheit mich zu belehren, daß ich nicht hätte sagen sollen *tant pis* . . . sondern, *tant mieux. Tant mieux, toujours, Monsieur,* sagt' er, wenn es was abwirft. *Tant pis,* wenn nichts abfällt. Es läuft auf eins hinaus, sagt' ich. *Pardonnez-moi,* sagte der Wirth.

Ich kann keine schicklichere Gelegenheit ergreifen, um ein für allemal anzumerken, daß, weil *tant pis* und *tant mieux* zwey von den grossen Angeln sind, worauf sich die französische Conversation bewegt, ein Fremder sehr wohl thun würde, ihren richtigen Gebrauch zu merken, bevor er nach Paris kömmt.

Ein voreiliger französischer Marquis fragte an der Tafel des englischen Ministers den Herrn H***, ob er H*** der Dichter wäre? Nein, sagte H*** ganz gelassen. . . . *Tant pis* versetzte der Marquis.

Es ist H***, der Geschichtschreiber, sagte ein andrer. *Tant mieux*, sagte der Marquis. Und Herr H***, der ein Mann von vortrefflichem Herzen ist, sagt' ihm Dank für beydes.

Als mich der Wirth in dieser Sache zurechte gewiesen hatte, rufte er La Fleur herein; so hieß der junge Mensch, den er mir empfohlen hatte . . . sagte aber erst, daß er sich nicht unterstünde, von seinen Geschicklichkeiten etwas zu erwähnen. . . . Monsieur könnte am besten urtheilen, was ihm anstünde. Aber für die Treue des La Fleur wollte er mit allem, was er im Vermögen hätte, Bürge seyn.

Der Wirth sagte dies mit einer Art, die meine Gedanken alsobald zu dem Geschäfte lenkte, das ich vorhatte. . . . Und La Fleur, welcher draussen in derjenigen beklommenen Erwartung aufpaßte, welche wir alle vom Weibe Geborne zu seiner Zeit empfunden haben, kam herein.

Ich kann sehr leicht für alle Art Leute beym ersten Anblicke eingenommen werden; aber niemals leichter, als wenn ein armer Teufel einem andern so armen Teufel, als ich bin, seine Dienste anbietet: und da ich diese Schwäche kenne, so erlaube ich allezeit meinem Verstande, eben dieser Ursache wegen, sich ein wenig zu entfernen. Und zwar mehr oder weniger, je nach dem *Modo* oder *Casu*, darin ich stehe, . . . und ich mag wohl hinzufügen, das *Genus* der Person nicht ausgenommen, die ich regieren soll.

Wie La Fleur ins Zimmer trat, so entschied, nach jedem Abzuge, den ich meiner Seele wegen machen konnte, das ehrliche Gesicht und Ansehn des Menschen, die Sache auf einmal zu seinem Vortheil. Erst also miethete ich ihn . . . und hernach fieng ich an, mich zu erkundigen, wozu er brauchbar wäre. Doch ich werde seine Fähigkeiten schon entdecken, sagt' ich, so wie ich sie nach und nach brauche. . . . Überdem kann ein Franzose ja alles.

Aber der arme La Fleur verstund in der Welt nichts, als eine Trommel zu schlagen, und ein oder zwey Märsche auf der Querpfeife zu blasen. Ich war entschlossen, seine Fähigkeiten hervor zu ziehen, und muß gestehn, meine Schwachheit ist nie von meiner Klugheit so herum genommen worden, als bey dem Versuche.

La Fleur hatte früh in seiner Jugend, so edelmüthig, als die meisten Franzosen pflegen, damit angefangen, ein Paar Jahre seinem Könige zu dienen. Nach Verlauf derselben, da er dies *Sentiment* befriediget, und überdem gefunden hatte, daß die Ehre, eine Trommel zu schlagen, wahrscheinlicher Weise ihr eigner Lohn seyn würde, da sie ihm keinen Pfad zu fernerm Ruhm eröfnete, . . . so begab er sich *auf sein Landgut*, und lebte *comme il plaisoit à Dieu* . . . das heißt, vom Winde.

. . . So! sagte die Klugheit, da hast du nun einen Kerl gemiethet, um dich auf deiner Reise durch Frankreich und Italien zu begleiten, dessen ganze Kunst darinn besteht, daß er auf der Trommel wirbeln kann! Mags doch! sagt' ich, und geht nicht die Hälfte unsers Adels auf weitläuftigere Reisen, mit einem wirblichten *Compagnon de voyage*, und muß noch den Pfeifer und allen Henker dazu bezahlen? . . . Wenn sich ein Mann aus einem so ungleichen Handel durch ein Wortspiel herauswickeln kann, . . . so kömmt er eben so übel noch nicht weg. . . . Aber, er kann doch sonst noch was, La Fleur? . . . *O qu'oui*. . . . Er könnte Stiefeletten machen, und ein Bischen auf der Geige spielen. . . . Ey schön! sagte Klugheit. . . . Nun, ich spiele selbst die Baßgeige, sagt' ich, das soll recht gut gehn. . . . Er kann den Bart scheeren, und ein wenig die Peruken zurecht machen, La Fleur? . . . Dazu habe er allen möglichen guten Willen. . . . Mit diesem, sagte ich, begnügt sich ja der Himmel! Und ich sollte mich nicht damit begnügen?

Als hierauf das Abendessen aufgesetzt ward, und ich an der einen Seite meines Stuhles einen lustigen englischen Jagdhund, und einen französischen *Valet*, mit so viel Munterkeit im Gesichte, als je die Natur in eins gemalt hat, auf der andern hatte, so war ich recht von Herzen mit meinem Reiche zufrieden; und wenn die Monarchen wüßten, was sie eigentlich wollten, so könnten sie eben so zufrieden seyn, als ich war.

Montreuil.

Da La Fleur die ganze Reise durch Frankreich und Italien mit mir gemacht hat, und er noch oft auftreten wird: so muß ich den Leser ein wenig mehr für ihn einnehmen, indem ich ihm sage, daß ich niemals weniger Ursache hatte die Triebe, nach welchen ich gewöhnlich handle, zu bereuen, als bey diesem Burschen. . . .

Es war eine so unschuldige, treue, dienstwillige Seele, als nur je den Fersen eines Philosophen nachgetreten ist: und ungeachtet seine, an sich sehr löblichen Talente, im Trommeln und Stiefeletten machen, mir sehr wenig zu Statten kommen konnten: so ward ich doch täglich und stündlich durch die Heiterkeit seines Gemüths belohnt. . . . Das ersetzte allen Mangel. . . .

Seine Blicke waren meine beständige Zuflucht, in allen meinen eignen Beschwerlichkeiten und Bekümmernissen. . . . Ich hätte bald gesagt, auch in den seinigen: aber La Fleur ließ dergleichen nicht an sich kommen; denn, was ihm auch auf unserm Herumreisen begegnete, Hunger, oder Durst, oder Kälte, oder Blöße, oder Wachen, oder irgend andre Schläge des widrigen Glücks, fand sich doch niemals in seiner Physiognomie ein Index, der sie nachgewiesen hätte. . . . Er war immer und ewig derselbe; so daß, wenn ich ein Stück von einem Philosophen bin, . . . welches mir der Satan wohl dann und wann in den Kopf setzt, . . . es immer den Stolz dieser Einbildung sehr demüthigt, wenn ich nachdenke, wie viel ich der Complexionalphilosophie dieses armen Schluckers zu danken habe, daß sie mich zu einem von der bessern Gattung gezischt hat.

Bey alle dem hinkte La Fleur ein wenig nach dem

Gecken. ... Er schien aber beym ersten Anblick mehr ein Geck der Natur, als Kunst, und eh' ich noch drey Tage mit ihm in Paris gewesen war, ... schien er ganz und gar kein Geck mehr zu seyn.

Montreuil.

Als La Fleur den folgenden Morgen seinen Posten antrat, überlieferte ich ihm den Schlüssel zu meinem Mantelsacke mit dem Inventario von meinem halb Dutzend Hemden und dem Paar seidener Beinkleider, und befahl ihm, alles auf die Chaise zu packen, ... die Pferde anspannen, ... und den Wirth mit der Rechnung kommen zu lassen.

C'est un garçon de bonne fortune, sagte der Wirth, und zeigte durchs Fenster auf ein halb Dutzend Dirnen, die sich um La Fleur versammlet hatten, und indessen, daß der Postillion die Pferde holte, sehr freundlich Abschied von ihm nahmen. La Fleur küßte ihnen allen in die Runde etlichemal die Hände; dreymal wischte er sich die Augen, und dreymal versprach er allen, ihnen Ablaß von Rom mitzubringen.

Der junge Bursche, sagte der Wirth, ist in der ganzen Stadt beliebt, und es wird schwerlich ein Winkel in Montreuil seyn, wo er nicht vermißt wird. Ein einziges Unglück hat er in der Welt, fuhr er fort, »er ist immer verliebt.« Das ist mir herzlich lieb, sagt' ich, ... das erspart mir die Mühe, alle Nächte meine Beinkleider unters Kopfkissen zu nehmen. Indem ich dieses sagte, hielt ich nicht sowohl eine Lobrede auf La Fleur, als auf mich selbst; denn ich bin mein ganzes Leben durch beständig in eine oder die andre Prinzessin verliebt gewesen, und ich hoffe, das soll bis an mein seliges Ende so fortgehen; denn ich bin fest überzeugt, daß, wenn ich irgend eine niedrige Handlung begehe: so ist es gewiß zu der Zeit, wenn eine Liebe aus ist, und noch keine andre wieder angefangen hat. So lange ein solches Interregnum währt, spüre ich immer, daß mein Herz unterm Schlosse liegt. Ich kann keinen Groschen für einen Bettler herausbringen; derohalben such' ichs so kurz zu machen, als nur möglich, und den Augenblick, da ich wieder angeglommen, bin ich wieder eben so großmüthig und gutherzig, als vorhin; und kann für oder mit Jedermann alles in der Welt thun, wenn man mich nur zu überzeugen vermag, daß keine Sünde dabey ist.

... Aber hiermit ... wahrhaftig, lobe ich die Liebe ... nicht mich.

Quodlibet mit Spielkarten, Theaterzetteln, Kupfern von J. Callot etc. (aquarellierter Kupferstich, England, 2. Hälfte 18. Jh.)

EIN FRAGMENT.

Die Stadt Abdera, oblgeich Demokritus sich darin aufhielt, und alle Stärke der Ironie und des Lachens anwendete, sie zu bekehren, war die niederträchtigste und gottloseste Stadt in ganz Thrazien. Was für Giftmischerey, Verschwörungen, Meuchelmorde. . . . Schmähschriften, Pasquille und Tumulte! bey hellem Tage war man auf der Gasse nicht sicher . . . des Nachts wars' noch ärger.

Nun begab sichs, als der Gräuel aufs höchste gestiegen, daß man zu Abdera die Andromeda des Euripides vorstellte; sie gefiel allen Zuschauern; aber von allen Stellen, welche dem Volke gefielen, wirkte keine stärker auf seine Imagination, als die zärtlichen Züge der Natur, welche der Dichter in die rührende Rede des Perseus verwebt hatte:

»O Cupido, der Götter Herr, und Herr der Menschen.«

Die ganze Welt sprach den folgenden Tag in Jamben, und von nichts, als der rührenden Anrede des Perseus. »O Cupido, der Götter Herr, und Herr der Menschen«, in jeder Gasse von Abdera, in jedem Hause. . . . »O Cupido! O Cupido!« . . . In jedem Munde, gleich den natürlichen Tönen eines gefälligen ungekünstelten Gesanges, die uns auch wider unsern Willen, in Gedanken schweben, und sich Luft machen. . . . Nichts als, »O Cupido! O Cupido! der Götter Herr, und Herr der Menschen.« . . . Das Feuer griff um sich, und die ganze Stadt, gleich dem Herzen eines einzigen Mannes, öfnete sich der Liebe.

Kein Drogist konnte einen Scrupel Niesewurz los werden. . . . Kein Waffenschmidt hatte das Herz, ein einziges Werkzeug des Todes zu schmieden. . . . Freundschaft und Tugend begegneten und küßten sich auf den Gassen. . . . Das goldne Alter kehrte zurück, und schwebte über der Stadt Abdera. — Jeder Abderit nahm sein Haberrohr, und jede Abderitin verließ ihr Purpurgewebe, und setzte sich keusch, und horchte auf den Gesang.

Kein anderer Gott, sagt' das Fragment, als der, dessen Macht sich vom Himmel zur Erden, und selbst zu den Tiefen des Meeres erstreckt, hätte dies auszurichten vermocht.

Montreuil.

Wenn alles fertig, und jeder Artikel im Gasthofe bezankt und bezahlt ist, so bleibt (wofern man nicht durch den letzten Auftritt zu mürrisch geworden,) noch immer vor der Thüre etwas auszumachen übrig, ehe man in den Wagen kommen kann; und das ist mit den Söhnen und Töchtern der Armuth, welche einen umringen. Niemand sage, »laßt sie an den Galgen gehn,« ... das ist ein sehr saurer Gang für etliche wenige Elende, und sie haben ohne dem Leiden genug gehabt. Ich halt' es immer für besser, etliche Sous in die Hand zu nehmen; und ich möchte jedem feinen Passagier rathen, es eben so zu machen; er braucht nicht so genau aufzuschreiben, aus was Gründen und wofür er sie ausgegeben, ... es wird schon anderwärts zu Buche gebracht.

Was mich selbst betrift, so giebt kein Mensch so wenig, als ich; denn ich kenne fast niemand, der so wenig zu geben hätte; da dieses gleichwohl die erste öffentliche Handlung meiner Mildthätigkeit in Frankreich war, so schien sie mir desto merkwürdiger.

Wie wird das gehn! sagt' ich; ich habe nur acht Sous zu vergeben, hierbey rüttelte ich solche in der Hand, und davon wollen acht arme Männer und acht arme Frauen was haben.

Ein armer zerlumpter Mann, der kein Hemde auf dem Leibe hatte, ließ seinen Anspruch dadurch fahren, daß er sich zwey Schritte aus dem Zirkel zurück zog, und durch einen Bückling zu verstehen gab, daß er für sich nichts verlange. Hätte das ganze Parterr einstimmig geschrieen: *place aux Dames!* so hätte solches das Gefühl der Achtung für das zärtere Geschlecht nicht mit solcher Wirkung ausgedrückt.

Gerechter Himmel! Aus was für weisen Ursachen

hast du es so geordnet, daß Bettelarmuth und gesittete Lebensart, welche in andern Ländern so weit getrennt sind, hier den Weg ausfindig gemacht haben, in einer Hütte beysammen zu wohnen!

Ich bestand darauf, daß er einen Sous zum Geschenke annehmen möchte, blos seiner *Politesse* wegen.

Ein armer, kleiner, lebhafter Knirps vom Kerl, der gegen mir über im Kreise stund, zog, indem er erst etwas unter den Arm nahm, das ehedem ein Huth gewesen war, seine Dose aus der Tasche, und bot ganz freygebig zu beyden Seiten eine Prise herum. Es war keine kleine Gabe, und wurde mit Bescheidenheit abgelehnt. . . . Das arme kleine Männchen nöthigte sie mit einem gutherzigen Kopfnicken . . . *Prenez-en* . . . *Prenez-en*, sagt' er, und sah anderwärts hin; also nahm ein jeder. . . . Jammer, wenn deine Dose jemals leer seyn sollte! sagt' ich bey mir selbst, und drückte ein Paar Sous hinein, . . . indem ich eine kleine Prise herausnahm, um dadurch den Werth der Gabe zu erhöhen. . . . Er fühlte das Gewicht der zwoten Verbindlichkeit stärker als der ersten, . . . dadurch erzeigte ich ihm eine Ehre, . . . durch das erste bloß eine Wohlthat, . . . und er machte mir dafür einen Bückling bis zur Erden.

Da! sagt' ich zu einem alten Soldaten mit einer Hand, den die vielen Feldzüge völlig abgemergelt hatten, und der nun verabschiedet war, da hat er ein Paar Sous. . . . *Vive le Roi!* sagte der alte Soldat.

Itzt hatt' ich nur noch drey Sous übrig: einen gab ich bloß *pour l'amour de Dieu* weg, denn auf diese Art bat sies. . . . Das arme Weib hatte eine verrenkte Hüfte, also konnt' es wohl nicht gut aus andern Gründen seyn.

Mon cher & très charitable Monsieur! . . . Dem widerstehe, wer da kann! sagt' ich.

Mylord Anglois! . . . Der blosse Schall ist das Geld werth, . . . also gab ich meinen letzten Sous dafür hin.

Aber in der Hitze des Gebens hatte ich einen *Pauvre*

honteux übersehen, der niemand hatte, für ihn um einen Sous zu bitten, und der, wie ich dachte, lieber verhungert wäre, als daß er selbst hätte ansprechen sollen. Er stund bey der Chaise, ein wenig ausser dem Kreise, und wischte eine Thräne von einem Gesichte, das, nach meiner Meinung, bess're Tage gesehn hatte. ... Gütiger Gott! sagt' ich. ... Und ich habe nicht einen einzigen Sous mehr übrig, den ich ihm geben könnte. ... Aber, du hast ja tausende! schrie in mir die Natur mit allen Stimmen, ... und so gab ich ihm ... es thut nichts, was ... Itzt schäme ich mich zu sagen, *wie viel*, ... damals schämt' ich mich zu denken, *wie wenig*. Wenn also der Leser sich ohngefehr einen Begriff von meiner Disposition machen kann, so mag er, da ich ihm diese zwey feste Punkte angegeben habe, binnen ein oder zwey Livres, urtheilen, wie viel es eigentlich gewesen.

Den übrigen konnte ich nichts geben, als ein *Dieu vous benisse ... Et le bon Dieu vous benisse encore*, sagte der alte Soldat, der Zwerg, u. s. w. Der *Pauvre honteux* konnte nichts hervor bringen. ... Er zog ein kleines Schnupftuch heraus, und wischte die Augen, wie er sich weg wandte, ... und ich dachte, er dankte mir mehr, als alle Übrigen.

DAS BIDET.

Nachdem ich alle diese kleinen Geschäfte abgethan hatte; setzte ich mich mit mehr Ruhe in meine Postchaise, als ich mich in meinem Leben in eine Postchaise gesetzt habe; und als La Fleur einen grossen Courierstiefel auf die linke Seite eines kleinen Bidets (*) und einen andern an die Rechte gebracht hatte, (denn seine Beine kann ich für nichts rechnen) zuckelte er vor mir hin, eben so glücklich und eben so gerade im Sattel, als ein Prinz.

... Aber was ist Glück! was ist Hoheit auf dieser abgemalten Scene des Lebens! Ein todter Esel, noch ehe wir eine halbe Meile zurück gelegt hatten, hielt den La Fleur plötzlich in seiner schönen Laufbahn auf. ... Sein Bidet wollte nicht vorüber. Es erhub sich ein Streit zwischen Reiter und Thier, und der arme Kerl ward durch den ersten Satz aus seinen Courierstiefeln gehoben.

La Fleur ertrug seinen Fall wie ein französischer Christ; es entfuhr ihm kein Wort weiter, als, *Diable!* Drauf rafte er sich geschwind zusammen, und that einen neuen Versuch, nachdem er das Bidet wieder zwischen die Stiefeln genommen, und nun drauf schlug, als ob's eine Trommel gewesen wäre.

Das Bidet flog von einer Seite des Weges zur andern, dann rückwärts ... dann hier hin, ... dann dort hin, kurz, allenthalben hin, nur nicht den todten Esel vorbey. ... La Fleur bestund auf seinem Kopfe. ... Und das Bidet bäumte und sträubte sich.

Was hat er mit seinem Thiere vor, La Fleur? sagt' ich. Monsieur, sagt' er, *c'est le cheval le plus opiniâtre du monde.* Weis er was? wenn es eigensinnig ist, versetzte ich, so laß er's sich seinen Gang scheren. ... Also

(*) Ein Postpferd.

stieg La Fleur ab, und da er ihm einen derben Hieb mit der Peitsche versetzte, faßte mich das Bidet beym Worte, und machte linksum nach Montreuil.... *Peste!* sagte La Fleur.

Es ist nicht *mal à propos* hiebey anzumerken, daß obgleich La Fleur sich bey diesem Unfalle nur zwey verschiedener Ausrufungen bediente, ... nemlich *Diable!* und *Peste!* es dem ohngeachtet drey dergleichen in der französischen Sprache giebt. Gleich dem *positivo*, *comparativo* und *superlativo*, wird die eine oder die andre, bey jeder unerwarteten Anzahl Augen, welche die Würfel im Leben bringen, gebraucht.

Le Diable! welches der erste, und *gradus positivus* ist, wird meistentheils bey gewöhnlichen Bewegungen des Gemüths gebraucht, wenn geringfügige Dinge anders ausfallen, als wir erwarteten. ... Als etwa ... wenn man Dubletten wirft, da man nur mit einzelnen Steinen zumachen kann. ... La Fleurs Burzelbaum vom Pferde, und dergleichen. Aus derselben Ursache ist bey der Hahnreyschaft allemal ... *Le Diable!*

Bey Fällen aber, wo der Wurf ein wenig ärgerlich ist, wie z. E. da das Bidet hernach gar davon lief, und La Fleur mit seinen Courierstiefeln auf Gottes Erdboden liegen ließ, ... ist es der zweyte Grad.

Und dann heißt es, *Peste!*

Und die Ausrufung des dritten ...

Hier aber ist mein Herz von Bedauren und Mitleiden ganz beklommen, wenn ich bedenke, wie vieles Elend sein Looß, und was es, für ein so verfeinertes Volk, für bitteres Leiden gewesen seyn müsse, um es dahin zu bringen, sich ihrer zu bedienen.

Begünstigt mich, o ihr Mächte, die ihr in Noth die Zunge mit Beredsamkeit begeistert! ... Mein Wurf mag noch so widrig fallen, begünstigt mich nur mit ehrbaren Worten, darüber ausrufen zu können: so will ich meiner Natur den Lauf lassen.

Doch, da man die in Frankreich nicht haben konnte: so beschloß ich, ein jedes Übel zu nehmen, wie michs träfe, ohne irgend eine Ausrufung.

La Fleur, der keinen solchen Bund mit sich selbst gemacht hatte, folgte dem Bidet mit den Augen, bis es ihm aus dem Gesichte gekommen. ... Und dann, mögen Sie sich einbilden, wenn's Ihnen beliebt, mit was für einem Worte er die Geschichte beschloß.

Da ich keine Möglichkeit sahe, wie ein scheu geword'nes Pferd, zu Fuße, in Courierstiefeln einzuholen wäre: so blieb keine andere Wahl über, als La Fleur hinten auf, oder in den Wagen zu nehmen....

Ich wählte das letztere, und in einer halben Stunde langten wir im Posthause zu Nampont an.

NAMPONT.

Der todte Esel.

Und das, sagt' er, indem er den Rest von einer Rinde in sein Felleisen steckte. . . . Und das sollte dein Bissen gewesen seyn, sagt' er, hättest du gelebt, und es mit mir theilen können. Aus dem Tone, womit er's sagte, schloß ich, es wäre sein Kind, das er anredete; allein, es war sein Esel, und gerade der Esel, den wir todt auf dem Wege gefunden, und der dem La Fleur den Unfall zugezogen hatte. Der Mann schien ihn sehr zu beklagen; und es erinnerte mich auf der Stelle, an des Sancho Klaglieder um den seinigen; er that es aber mit wahrern Tönen der Natur.

Der Leidtragende saß auf einer steinern Bank vor der Thüre, mit des Esels Sattelküssen und Zaum an der einen Seite, welche er zuweilen in die Höhe hob, dann wieder niederlegte . . . dann ansah, und den Kopf schüttelte. Drauf zog er wieder seine Brodtrinde aus dem Felleisen hervor, als ob er sie essen wollte; hielt sie eine Weile in der Hand . . . hernach legte er sie auf das Gebiß, das sein Esel im Maule gehabt . . . sah mit trübem Ernste auf die kleine Anstalt, die er gemacht hatte . . . und stieß einen Seufzer aus.

Seine unverstellte Traurigkeit zog verschiedene Leute um ihn herum, und La Fleur war unter der Zahl, indeß daß die Pferde herbey geschaft wurden. Ich war in der Chaise sitzen geblieben, und konnte, was vorfiel, sehen und hören.

. . . Er sagte, er käme zuletzt von Spanien, wohin er von den fernsten Gränzen des Frankenlandes gereiset; und so weit wäre er auf seiner Heimreise gewesen, als sein Esel gestorben. Jedermann schien begierig, zu wissen, was für Geschäft' einen so armen alten Mann hätten zu einer so weiten Reise verleiten können.

Dem Himmel hätte es gefallen, sagt' er, ihn mit drey Söhnen zu segnen, den feinsten Knaben in ganz Deutschland; da er aber die beyden ältesten davon in einer Woche an den Blattern verlohren, und der jüngste gleichfals damit befallen wurde: so fürchtete er, er möchte aller dreyen beraubt werden, und that ein Gelübde, wenn ihm der Himmel diesen lassen wollte, eine Wallfarth nach St. Jago in Spanien zu thun.

Als der Trauermann in seiner Geschichte bis an diese Stelle gekommen, hielt er inne, um der Natur ihren Zoll zu bezahlen . . . und weinte bitterlich.

Er sagte, der Himmel habe den Vergleich angenommen; und er hätte mit diesem armen Thiere, das ein geduldiger Gefährte seiner Pilgrimschaft gewesen, die Reise von seiner Hütte angetreten. . . . Daß es auf dem ganzen Wege einerley Brodt mit ihm gegessen, und daß es ihm gewesen, als ein Freund.

Ein jeder, der dabey stund, hörte den armen Mann mit Kummer. . . . La Fleur bot ihm Geld. . . . Der Klagende sagte, er bedürfe es nicht. . . . Es wäre nicht der Preis des Esels, . . . sondern sein Verlust. . . . Er war überzeugt, sagt' er, der Esel liebte ihn . . . und hiebey erzählte er ihnen eine lange Geschichte, von einem Unfalle, der ihnen begegnet, als sie über die pyrenäischen Gebirge gegangen, und der sie drey Tage lang von einander getrennt hatte; während dieser Zeit hatte der Esel ihn eben so ämsig gesucht, als er den Esel, und beyde hatten fast Essen und Trinken vergessen, bis sie sich wieder gefunden.

Er hat wenigstens einen Trost, Freund, sagt' ich, bey dem Verluste seines armen Viehes; Er ist gewiß ein gelinder Herr gegen dasselbe gewesen. . . . Ach sagte der Leidtragende, da er noch lebte, glaubt' ichs… nun er aber gestorben ist, find' ichs anders. . . . Ich fürchte, die Last meiner Betrübniß und mein eignes Gewicht zugleich, war zu schwer für ihn. . . . Das hat dem armen Geschöpfe seine Tage verkürzt, und ich besorge, ich habe es auf der Seele! . . . Schande um die Welt! sagt' ich bey mir selbst, . . . liebten wir nur einander, als dieser arme Kerl seinen Esel liebte . . . so wär's doch noch Etwas. . . .

N A M P O N T.

Der Postillon.

Die Betrübniß, worin mich die Geschichte des armen Mannes versetzte, erforderte einige Schonung: der Postillon bekümmerte sich nicht im geringsten darum, sondern fuhr auf einem Steinpflaster in vollem Gallop los.

Die durstige Seele in der sandigsten Wüste Arabiens, konnte nicht mehr nach einem Labetrunk kalten Wassers lechzen, als die meinige nach langsamen ruhigen Bewegungen; und ich würde eine hohe Meynung von dem Postillon gefaßt haben, wäre er mit mir in einem tiefsinnigen Schritte fortgeschlichen. Aber gar nicht! sondern sobald der Leidtragende seine Klagen endigte, peitschte der Kerl ohn' alles Gefühl auf seine Thiere, und jagte, mit einem Geprassel, das die Ohren betäubte, davon.

Ich rief ihm, so laut, als ich konnte, er sollte um Gottes Willen langsamer gehen lassen, . . . und je lauter ich rief, je unbarmherziger jagt' er zu. . . . Hohl' ihn der Henker, mit samt seinem Jagen, . . . sagt' ich. . . . Er wird so lange jagen, und meine Nerven zerreissen, bis er mich in Ärger gebracht hat: und dann wird er langsamer gehen lassen, damit ich ihn ja recht nachschmekken kann.

Der Postillon machte auch das Ding, wie ein rechter Tausendkünstler: unter der Zeit, daß er bis an den Fuß eines steilen Hügels, eine viertel Meile von Nampont, gekommen, . . . hatte er mich gegen sich aufgebracht, . . . drauf gegen mich selbst, daß ich mich hätte aufbringen lassen.

Nunmehr hätte mein Casus ganz verschieden tractirt werden müssen; und ein guter rasselnder Gallop wäre mir sehr heilsam gewesen. . . .

... O, fahr zu, ich bitte, guter Schwager, fahr zu, sagt' ich....

Der Postillon wies mit der Peitsche nach dem Hügel.... Ich versuchte also, wieder in die Geschichte des armen Deutschen und seines Esels zurück zu kehren. ... Aber ich hatte den Faden zerrissen. ... Und konnte eben so wenig wieder hinein kommen, als der Schwager in den Trab.

... Hier hat, Gott sey bey uns! der Teufel sein Spiel, sagt' ich! da sitz ich, und bin so geneigt, wie nur jemals ein lebendiger Mensch gewesen ist, alles von der guten Seite zu nehmen, und alles muß mir in die Queere gehn.

Wenigstens ist noch ein sanftes Lindrungsmittel gegen viele Übel, das uns die Natur darbietet: ich nahm es also willig aus ihrer Hand, und schlief ein; und das erste Wort, was mich weckte, war *Amiens*. O, ho! sagt' ich, und rieb mir die Augen. ... Das ist ja gerade die Stadt, wohin meine arme Wittwe kommen wird.

AMIENS.

Kaum war mir das Wort aus dem Munde, als die Postchaise des Grafen L*** mit seiner Schwester an der Seiten, schnell vorbey fuhr: Sie hatte nur eben so viel Zeit, sich gegen mich auf eine solche Art zu bücken, welche zu verstehen gab, daß sie mich wieder kannte . . . und daß sie mir noch was zu sagen hätte.

Sie hielt, was ihr Blick versprochen; denn, noch eh' ich mit meinem Abendessen fertig war, kam ihres Bruders Bedienter mit einem Billet in die Thüre, in welchem sie sagte, sie hätte sich die Freyheit genommen, mich mit einem Briefe zu beschweren, welchen ich den ersten Morgen, an dem ich in Paris nichts bessers zu thun hätte, der Madame de Rambouillet übergeben möchte. Es war weiter nichts hinzugefügt, als, es thäte ihr Leid, aus was *penchant* hätte sie aber nicht untersucht, daß sie verhindert worden, mir ihre Geschichte zu erzählen; . . . Daß sie sie mir indessen schuldig bleiben wollte; und daß, wenn jemals mein Weg durch Brüssel ginge, und ich alsdann den Namen der Madame de L*** noch nicht vergessen hätte . . . so würde Madame de L*** sich ein Vergnügen daraus machen, ihre Schuld abzutragen.

Zu Brüssel also find ich dich wieder, schöne Seele! sagt' ich. . . . Ich darf ja nur von Italien, durch Deutschland nach Holland, und so über Flandern nach Hause gehen. . . . Laß das zehn Stationen aus dem Wege seyn: und wenn's auch tausend wären! Mit was für einem moralischen Vergnügen wird es meine Reise krönen, wenn ich von den rührenden Zufällen einer Erzählung hingerissen werde, die mir eine solche Kreuzträgerinn erzählt? Sie weinen zu sehen! Und ob ich gleich den Quell ihrer Thränen nicht verstopfen kann, was für eine innige Empfindung ist gleichwohl nicht dabey, diese Thränen von den Wangen der Ersten und Schönsten unter den Töchtern Evens weg zu wischen, so wie ich, mit dem Tuche in der Hand, bey nächtlicher Stille auf ihre Lippen horchen werde!

Es war nichts Böses bey dieser Vorstellung; und dennoch machte ich auf der Stelle meinem Herzen darüber die bittersten und kränkendsten Vorwürfe.

Es hat beständig, wie ich dem Leser gesagt, eine von den sonderbaren Glückseligkeiten meines Lebens ausgemacht, daß ich fast keine Stunde weiß, da ich nicht in Eine oder die Andre, bis über die Ohren, verliebt gewesen. Und da sichs traf, daß meine letzte Flamme, so wie ich einst plötzlich um eine Ecke trat, durch einen Stoßwind von Eifersucht ausgeblasen ward: so hatte ich solche, vor ungefehr drey Monaten, bey der reinen Lampe meiner Elisa wieder angezündet ... und wie ich's that, schwur ich, sie sollte auf der ganzen Reise nicht verlöschen. ... Warum sollte ich aus der Sache ein Geheimniß machen? Ich hatte ihr eine ewige Treue geschworen. ... Sie hatte ein Recht auf mein ganzes Herz ... Meine Leidenschaft theilen, hieß sie mindern ... Sie blos stellen, hieß sie auf die Wage setzen; wo man was wagt, da kann man verlieren; ... Und, Yorick! was wirst du einem Herzen antworten können, das so voller Treue ist? ... so voller Zutrauen, so gut, so liebreich, so völlig Nachsicht?

... Ich will nicht nach Brüssel gehn, sagt' ich, indem ich mich selbst unterbrach. ... Aber meine Einbildungskraft ging ihren Weg fort. ... Ich erinnerte mich des Blickes, in dem wichtigen Augenblicke unserer Trennung, da Kein's von uns beyden vermögend war, das Lebewohl auszusprechen. Ich sah auf das Bild, das sie an einem schwarzen Bande um meinen Hals gehängt hatte ... und erröthete, da ich's ansah. ... Ich hätte, ich weiß nicht was darum gegeben, es küssen zu dürfen. ... Aber ich war beschämt. ... Und soll diese zarte Blume, sagt' ich, und drückt' es mit meinen Händen . . . soll sie bis an die Wurzel abgesichelt werden? und abgesichelt von dir, Yorick, der du versprochen, ihrer in deinem Busen zu pflegen?

Ewiger Quell aller Seligkeit! sagt' ich, und knieete zur Erden . . . Sey du mein Zeuge, . . . und jeder reiner Geist, der aus dir trinkt, sey mein Zeuge gleichfalls, . . . ich möchte nicht nach Brüssel reisen, es ginge dann Elisa mit mir, und wenn der Weg mich auch nach dem Himmel leitete.

In Entzückungen von dieser Art, sagt das Herz, trotz dem Verstande, immer zu viel.

DER BRIEF.

Amiens.

Madame Fortuna hatte den La Fleur nicht angelächelt; denn seine Ritterschaft war unglücklich abgelaufen ... und kein einziger Vorfall hatte sich dargeboten, seinen Eifer für meinen Dienst zu bezeigen, seitdem er in denselben getreten, welches beynahe vier und zwanzig Stunden war. Der arme Tropf brannte vor Ungeduld. Da die Ankunft des Bedienten des Grafen L*** mit dem Briefe, die erste schickliche Gelegenheit schien; so hatte sie La Fleur ergriffen: und, um seinem Herrn Ehre zu machen, hatte er ihn in ein Hinterzimmer des Wirthshauses geführt, und ihn mit ein oder zwey Gläser des besten Picardonweins bewirthet; und der Bediente des Grafen L***, aus Dankbarkeit, und um nicht unhöflicher zu seyn, als La Fleur, hatte ihn wieder mit nach seines Herrn Hotel genommen.

La Fleurs einnehmendes Wesen, (denn sein blosser Blick war ein Empfehlungsschreiben) hatte ihm bald die vertrauliche Bekanntschaft aller Bedienten in der Küche erworben; und da ein Franzmann sich niemals lange nöthigen läßt, seine Geschicklichkeit zu zeigen, sie bestehe worin sie wolle: so hatte La Fleur, in weniger als fünf Minuten, schon seine Queerpfeife hervor gezogen, und indem er bey der ersten Note den Ball selbst öffnete, ließ er *Fille de chambre*, *Maitre d'hôtel*, Koch, Kutscher, Stallknecht, die ganze Haushaltung, Hunde und Katzen, einen alten grisgramigen Affen nicht ausgenommen, tanzen: ich glaube, seit der Sündfluth hat man keine lustigere Küche gesehen.

Madame de L***, welche von ihres Bruders Zimmer nach dem ihrigen ging, und das fröhlige Gelag unten hörte, klingelte ihrer Kammerjungfer, um darnach zu fragen; und da sie vernahm, es wäre der Bediente des engländischen Herrn, der mit seiner Pfeife das ganze Haus in diesen lustigen Gang gebracht hätte: so befahl sie, daß er zu ihr kommen sollte.

Der arme Kerl wollte nicht mit leerer Hand vor ihr erscheinen, er hatte sich also, so wie er die Treppen hinauf stieg, mit einer Menge Complimenten von seinem Herrn an Madame de L*** bepackt. Fügte eine untergeschobene lange Liste von Erkundigungen nach dem Befinden der Madame de L*** hinzu. . . . Sagte ihr, Monsieur, sein Herr, wäre *au desespoir* um ihre Erholung von den Fatiguen der Reise. . . . Und zum Beschluß, daß Monsieur den Brief erhalten, womit Madame ihn beehret . . . Und er hat mir die Ehre erzeigt, unterbrach Madame de L*** den La Fleur, mir ein Paar Zeilen Antwort zu schicken?

Madame de L*** hatte dieses mit einem so zuverläßigen Tone gesagt, daß La Fleur nicht das Vermögen hatte, ihre Erwartung zu vereiteln . . . Er zitterte für die Ehre seines Herrn . . . Und möglich ist's, daß er auch die seinige ein wenig mit im Spiele verwickelt hielt, als ein Mann, der fähig wäre, einem Herrn anzugehören, der es *en egard vis-à-vis d'une femme* ermangeln lassen könnte; dergestalt, daß, als Madame de L*** La Fleur fragte: ob er ein Billet gebracht . . . La Fleur antwortete, *O qu'oui;* warf seinen Hut auf die Erde, griff mit der linken Hand nach der rechten Rocktasche, und hielt die Patte, indessen daß er mit der Rechten suchte . . . drauf umgekehrt . . . *Diable!* Darnach sucht' er in allen Taschen . . . Tasche vor Tasche, nach der Reihe, Beinkleider nicht vergessen . . . *Peste!* La Fleur kramt aus, auf den Boden . . . eine schmutzige Halsbinde . . . ein Schnupftuch, . . . einen Kamm . . . eine Peitschenschnur . . . eine Nachtmütze . . . drauf sucht er im Hute . . . *Quelle etourderie!* Er hatte das

Billet im Wirthshause aufm Tische liegen lassen ... Er wollte laufen und es holen, in drey Minuten wär' er wieder da.

Ich war eben mit meinem Abendessen fertig, als La Fleur herein trat, und mir sein Abentheuer erzählte: Er brachte die Sache ohne Umschweif vor, wie sie war, und fügte blos hinzu: daß, wenn Monsieur *(par hazard)* vergessen hätte, der Dame auf ihren Brief zu antworten, so gäbe ihm dieses *arrangement* Gelegenheit, den *faux pas* wieder gut zu machen ... wo nicht? So bleibe die Sache noch immer, wie sie gewesen.

Ich war freylich in meiner Etiquette nicht allzugewiß, ob ich hätte schreiben müssen, oder nicht? Aber wär' ichs auch gewesen ... ein Teufel selbst hätt' es nicht übel nehmen können; es war blos die geschäftige Sorgsamkeit eines wohlmeynenden Geschöpfs, für meine Ehre; und ob er gleich den rechten Weg verfehlt ... oder mich damit in Verlegenheit gesetzt haben möchte ... sein Herz hatte keine Schuld. ... Ich war ja nicht gezwungen, zu schreiben ... Und was völlig den Ausschlag gab ... er sah' nicht aus, als ob er Unrecht gethan hätte.

... Es ist ganz gut, La Fleur, sagt' ich ... Dies war hinlänglich. Wie ein Blitz flog La Fleur aus dem Zimmer, und kam wieder mit Feder, Dinte und Papier; brachte es zum Tische, und legte es mit solch einem vergnügten Gesichte vor mir nieder, daß ich nicht umhin konnte, die Feder zu ergreifen.

Ich fing an, und abermal an; und ob ich gleich Nichts zu sagen hatte, und dieses Nichts, in ein Halb Dutzend Zeilen ausgedruckt werden konnte: so machte ich doch ein halb Dutzend verschiedener Eingänge, und konnte mir nichts zu Danke machen.

Kurz, ich war nicht aufgelegt zum Schreiben.

La Fleur ging, und brachte ein wenig Wasser im Glase, die Dinte zu verdünnen ... Dann holte er Streusand und Siegellack . . . Es half nichts: ich schrieb, und strich aus, und zerriß, und verbrannte . . . und schrieb wieder. . . . *Le Diable l'emporte!* sagte ich halb zu mir selbst. . . . Ich werde mit dem närrischen Briefe nicht fertig; und so wie ichs sagte, warf ich voller Verzweiflung die Feder nieder.

So bald ich sie nieder geworfen, kam La Fleur, mit dem ehrerbietigsten Gange näher zum Tische, und nachdem er tausend Entschuldigungen für die Freyheit, die er sich nehmen würde, vorgebracht hatte, sagt' er mir, daß er einen Brief in der Tasche hätte, den ein Trommelschläger seines Regiments an die Frau eines Corporals geschrieben, welcher, wie er sich zu sagen getraute, auf die Gelegenheit sich schicken würde.

Ich hatte Lust, dem armen Kerl seinen Willen zu lassen . . . Also sagt' ich: laß Er doch einmal sehen.

Flugs zog La Fleur eine kleine, schmutzige, von kleinen Briefen und übel zugerichteten *Billetsdoux* vollgekramte Brieftasche heraus, legte sie auf den Tisch, und, nachdem er den Riemen, der alles zusammen hielt, gelöset, lief er sie alle einzeln durch, bis er endlich an den rechten Brief kam . . . *La voila!* sagt' er, und schlug in die Hände: drauf entfaltete er ihn erst, breitete ihn dann vor mir aus, und entfernte sich drey Schritte, indes daß ich ihn las.

DER BRIEF.

MADAME,

Je suis penetré de la douleur la plus vive, & reduit en même tems au desespoir par ce retour imprevû du Corporal, qui rend notre entrevûe de ce soir la chose du monde la plus impossible.

Mais vive la joie! & toute la mienne sera, de penser à Vous.

L'amour n'est rien sans sentiment.

Et le sentiment est encore moins sans amour.

On dit qu'on ne doit jamais se desesperer.

On dit aussi, que Monsieur le Corporal monte la garde Mêcredi: alors ce sera mon tour.

Chaçun a son tour.

En attendant ... vive l'amour! & vive la bagatelle!

Je suis,

Madame,

avec tous les sentiments les plus respectueux & les plus tendres tout à Vous,

Jaques Roque.

Ich durfte nur den Corporal in den Grafen umtaufen ... Wenn ich nichts vom auf die Wache ziehen der Mittewoche sagte ... so war der Brief so uneben nicht. ... Um also dem armen Schlucker einen Gefallen zu thun, der für meine Ehre, für die seinige und für die Ehre seines Briefes zitterte ... flössete ich sauber die Sahne davon, und quirlte es auf meine Manier ... Ich drückte mein Pettschaft auf, schickt' ihn damit zu Madame de L*** ... und den folgenden Morgen setzten wir unsern Weg fort nach Paris.

PARIS.

Wenn ein Mann die Sache mit der Schärfe seiner Equipage vertheidigen, und mit einem halben Dutzend Laquayen und etlichen Köchen daher rauschen, und alles vor sich weg reissen kann . . . so befindet er sich an einem Orte, wie Paris, an der rechten Stelle . . . Er kann, von welcher Seite er will, in eine Gasse hinein fahren. Ein armer Prinz aber, der schwach an Cavallerie ist, und dessen ganze Infanterie sich nicht über einen Mann erstreckt, thut am besten, wenn er das Feld räumt, und sich lieber im Cabinette signalisirt, wenn er hinauf hinein kommen kann. . . . Ich sage, *hinauf hinein* . . . Denn es läßt sich nicht so perpendiculär hinunter zwischen sie steigen, mit einem »*me voici! mes enfans*« hier bin ich . . . Was auch mancher denken mag.

Ich gestehe, mein erstes Gefühl, so bald ich in meinem eignen Zimmer, im Hotel einsam und allein gelassen wurde, war lange nicht so schmeichelhaft, als ich mirs vorgebildet hatte.

Ich ging mit langsamen Schritten, mit meinem bestäubten schwarzen Rocke, nach dem Fenster, und sah' durchs Fenster die ganze Welt in Gelb, Blau und Grün nach dem Ringe des Vergnügens rennen. . . . Die Alten mit gebrochnen Lanzen, und mit Helmen, wovon das Visir verlohren gegangen . . . die Jungen in Waffen schimmernd wie Gold, bebuscht mit allen buntfarbigten Federn beyder Indien . . . Alle . . . alle stiessen darauf zu, wie die Ritter mit verbundenen Augen in den alten Turnierspielen um Ruhm und Liebe. . . .

Ach, armer Yorick! rief ich, was willst du hier machen? Der erste Angriff von allem diesem schimmernden Getöse wird dich zu Staube zermalmen . . . Such' . . . such' irgend eine krummlinigte Allee, welche an den

Enden mit Umläufen verwahrt ist, worin nie ein Wagen gerasselt, noch jemals eine Fackel ihre Stralen geschossen ... Da magst du deine Seele aufhellen, dich mit irgend einem gutherzigen Nymphchen in süsse Gespräche einlassen, und in dergleichen Kränzchen Zutritt finden. . . .

Mag mir diese Nase abfallen! wenn ich das thue, sagt' ich, und zog den Brief aus der Tasche, den ich an Madame de Rambouillet zu übergeben hatte ... Mein erster Gang soll zu dieser Dame seyn. Ich rief also La Fleur, mir so gleich einen Barbier zu schaffen ... und wieder zu kommen, mein Kleid auszubürsten.

DIE PERÜCKE.

Paris.

Als der Barbier kam, weigerte er sich platterdings, das Geringste mit meiner Perücke zu schaffen haben; es war entweder unter oder über seiner Kunst. Mir blieb nichts übrig, als eine bereits fertige, auf seine eigne Empfehlung, zu nehmen.

... Aber ich fürchte, mein Freund, sagt' ich, diese Locke wird nicht stehn. ... Sie können sie, versetzte er, in den Ocean tauchen, und sie muß doch stehn. ...

Wie doch in dieser Stadt alles in die Höhe geschraubt ist! dacht' ich. ... Der höchste Schwung der Ideen eines engländischen Perückenmachers hätte nicht weiter reichen können, als: »Stecken Sie sie in einen Eymer Wasser« ... Welch ein Unterschied! Er verhält sich wie die Zeit zur Ewigkeit.

Ich gestehe, ich hasse so wohl alle frostige Ausdrücke, als die magern Ideen, wodurch sie erzeugt werden; und werde gemeiniglich von den grossen Werken der Natur dergestalt gerührt, daß, wofern ichs zwingen könnte, ich kein Gleichniß machen würde, das geringer wäre, als ein Berg.

Alles, was man gegen das französische Erhabene bey diesem Beyspiele sagen kann, ist, ... die Grösse liegt *mehr* im *Worte*, und *weniger* in der *Sache*. Freylich, füllt der Ocean die Seele mit grossen Ideen; da aber Paris so tief im festen Lande liegt: so war's nicht wahrscheinlich, daß ich so manche Meile reisen würde, den Versuch anzustellen ... Der parisische Barbier dachte eigentlich nichts. ...

Der Wassereymer, wenn er beym weiten Meere zu stehen kömmt, macht unstreitig in der Rede eine armselige Figur. ... Doch kann man einwenden ... er hat einen Vorzug . . . er steht im nächsten Zimmer bey der Hand, und die Güte der Locke kann ohne Umstände in einer Minute geprüft werden.

Ganz einfältig die Wahrheit zu sagen, und nach einer unpartheiyschen Untersuchung der Sache: *Der französische Ausdruck verspricht mehr, als er leistet.*

Ich halte dafür, daß ich die wahren und unterscheidenden Merkmale der Nationalcharaktere, besser in diesen närrischen Kleinigkeiten sehen kann, als in den wichtigsten Staatsgeschäften; wobey die grossen Männer aller Nationen sich einander so ähnlich handeln und wandeln, daß ich nicht fünf Groschen für die Freyheit geben möchte, einen darunter auszusuchen.

Es dauerte so lange, eh' ich unter meines Barbiers Händen weg kommen konnte, daß es zu spät ward, daran zu denken, denselben Abend noch mit meinem Briefe zu Madame de Rambouillet zu gehn. Wenn man aber einmal völlig zum Ausgehn angekleidet ist: so kann man mit seinen Gedanken nicht viel anfangen. Also merkte ich mir den Namen des Hotels de Modene, wo ich abgetreten, und ging aus, ohne den geringsten Vorsatz, wohin? . . . Unterwegs, sagt' ich, will ich darauf denken.

DER PULS.

Paris.

Heil euch, liebe kleine Gefälligkeiten des Lebens, denn ihr macht seinen Pfad eben und sanft! Gleich der Grazie und der Schönheit, welche beym ersten Anblick unser Herz zur Liebe neigen, seyd ihr es, welche diese Pforte öffnet, und den Fremdling bewillkommt.

. . . Ich bitte, Madame, sagt' ich, haben Sie doch die Güte, mir zu sagen, wo ich am besten nach der Opera comique gehen soll: . . . Von Herzen gern, Monsieur, sagte sie, und legte ihre Arbeit weg. . . .

Ich hatte, so wie ich vorbey ging, einen Blick in ein halb Dutzend Läden geworfen, um ein Gesicht zu finden, das so aussähe, als ob es sich bey einer solchen Unterbrechung nicht in Falten legen würde; bis endlich dieses meine Gelegenheit zu seyn schien, und ich hinein trat.

Sie saß im Raume des Ladens, der Thüre gegen über, auf einem niedrigen Stuhle, und stickte an einem Paar Manschetten.

. . . *Tres volontiers;* von Herzen gern, sagte sie, und legte ihre Arbeit auf einen Stuhl bey sich nieder, stund aus dem niedrigen Armstuhle, worin sie saß, mit einer so lebhaften Bewegung und einer so freundlichen Miene auf, daß, wenn sie auch funfzig Louisd'ors von mir gelöset hätte, ich doch gesagt haben würde: »Diese Frau ist dankbar.«

Halten Sie sich nur, Monsieur, sagte sie, indem sie mit mir an die Thüre des Ladens ging, und mit der Hand die Gasse hinunter zeigte, die ich gehen mußte . . . halten Sie sich nur erst linker Hand . . . *Mais prenez garde* . . . Da kommen zwey Gassen, und seyn Sie so gütig, die zweyte zu nehmen ... Dann, wenn Sie ein Weilchen gegangen sind, werden Sie eine Kirche sehen; und wenn Sie die vorbey sind, so bemühen Sie sich nur gleich rechts, so kommen Sie an Pont neuf, wo Sie über müssen ... und wenn Sie dort sind, wird sich jedermann das Vergnügen machen, Sie hin zu weisen. ...

Sie wiederholte ihren Unterricht dreymal; das letztemal mit eben so freundlicher Geduld, als das erste; und wenn *Ton* und *Manier* eine Bedeutung haben, welches sie gewiß haben, es sey denn bey Herzen, die ihnen die Thüre verschlossen halten ... so schien ihr wirklich daran gelegen zu seyn, daß ich mich nicht verirrte.

Ich will nicht voraus setzen, daß es die Schönheit dieser Frau war, (ob sie gleich, wie mich dünkte, eine von den hübschesten Ladenhüterinnen war, die ich gesehen,) welche sich mit in die Dankbarkeit für ihre Gefälligkeit mischte; so viel erinnere ich mich nur, daß ich ihr sehr tief in die Augen sah, als ich ihr sagte, wie sehr ich ihr verbunden wäre, ... und daß ich meine Danksagung eben so oft wiederholte, als sie ihren Unterricht wiederholt hatte.

Ich war noch keine zehn Schritte von ihrer Thüre, als ich fand, daß ich alles, was sie gesagt, bis auf den letzten Tittel vergessen hatte ... Ich kehrte mich also um, und da ich gewahr ward, daß sie noch vor der Thüre stund, als ob sie sehn wollte, ob ich auch recht ginge ... kehrte ich zurück, sie zu fragen, ob ich rechts oder links gehen müßte ... weil ichs platterdings vergessen hätte ... Ist das möglich! sagte sie, halb lachend. ... Das ist sehr möglich, versetzte ich; wenn ein Mann mehr auf eine Lehrmeisterinn, als auf ihre Lehren denkt.

Da dies eine feste Wahrheit war ... so nahm sie es, wie jedes Frauenzimmer dergleichen Wahrheiten nimmt, mit einer leichten Verneigung ... *Attendez!* sagte sie, und legte ihre Hand auf meinem Arm, mich aufzuhalten, dieweil sie einen Burschen rufte, der im Hinterladen ein Päckchen Handschuh zurecht machte. Eben, sagte sie, wollte ich ihn mit einem Packen nach der Gegend der Stadt schicken, und wenn Sie die Gefälligkeit haben wollen, so lange herein zu treten: so wird ers in einem Augenblicke gethan haben, und er soll Sie an Ort und Stelle bringen ... Ich ging also mit ihr in den Ladenraum, und indem ich die Manschette, die sie auf den Stuhl gelegt hatte, in die Hand nahm, als ob ich Lust hätte, mich zu setzen, setzte sie sich in ihren Armstuhl, und ich setzte mich den Augenblick an ihre Seite.

... Er wird in einer Minute fertig seyn, Monsieur, sagte sie. ... Und in dieser Minute, versetzte ich, möchte ich ihnen gar zu gern für alle Ihre Gefälligkeiten recht was verbindliches sagen. Alle Menschen können eine gelegentliche Handlung eines guten Herzens verrichten; eine Reihe von solchen Handlungen aber, zeigt, daß das Temperament Theil daran hat. Und gewiß, fügte ich hinzu, wenn es dasselbe Blut ist, das vom Herzen kömmt, was zu den äussern Theilen fließt: (hier faßte ich ihre Hand über dem Gelenke) so bin ich sicher, sie müssen den besten Puls irgend eines Frauenzimmers in der Welt haben ... Fühlen Sie ihn, sagte sie, und hielt den Arm her. Ich legte also meinen Huth nieder, nahm ihre Finger in meine Hand, und die beiden Forderfinger der andern legte ich an die Arterie....

Wollte der Himmel! mein liebster Eugenius, du wärest vorbey gegangen, und hättest mich in meinem schwarzen Rocke, und mit meinem O-Jemineesgesichte sitzen gesehen, wie ich alle Schläge, einen bey einem, mit eben so vieler Ämsigkeit zählte, als ob ich auf die critische Ebbe und Fluth ihres Fibers gelauscht hätte. ... Wie würdest du über meine neue Profeßion gelacht und moralisirt haben! ... Und ich hätte dich lachen und moralisiren lassen ... Glaube mir, mein liebster Eugenius, ich würde gesagt haben: »Es giebt schlimmre Beschäftigungen in der Welt, als *an eines Frauenzimmers Puls greifen.*« ... Aber einer Ladennymphe! würdest du gesagt haben, ... und in einem offnen Laden, Yorick! ... Desto besser: denn wenn ich nichts Böses meyne, Eugenius, so mags meinetwegen die ganze Welt sehen, daß ich ihn anfühle.

DER EHEMANN.

Paris.

Ich hatte zwanzig Pulsschläge gezählt, und näherte mich den Vierzigen, als ihr Ehemann ganz unerwartet aus einem Hinterzimmer in den Laden trat, und mich ein wenig aus meiner Rechnung brachte. ... Er wäre nur ihr Mann, sagte sie. ... Damit fing ich ein neues Steige an. ... Monsieur ist so gütig, sagte sie, da er eben vorbey geht, sich zu bemühen, meinen Puls zu fühlen. ... Der Mann zog seinen Huth ab, machte einen Kratzfuß, und sagte, ich erzeigte ihm sehr viel Ehre, ... und so wie er das gesagt, setzte er seinen Huth wieder auf, und ging fort.

Hilf Himmel! sagt' ich bey mir selbst, als er ging.... Und kann dieses der Ehemann von dieser Frau seyn?

Ich bitte die Wenigen, welche wissen, worauf sich diese Ausrufung gründen mußte, sich nicht zu ärgern, wenn ichs denen erkläre, die es nicht wissen.

In London scheint ein Ladenkrämer und eines Ladenkrämers Frau, von einerley Bein und einerley Fleisch zu seyn; die verschiedensten geistlichen und leiblichen Gaben besitzt zuweilen das Eine, zuweilen das Andere, so daß die meiste Zeit ihr *Debet* und *Credit* gegen einander aufgeht, und sie sich in einander fügen, wie Mann und Frau schuldig sind.

In Paris sind kaum zwey verschiedenere Dinge zu finden; denn, da die legislative und executive Macht des Ladens nicht auf dem Manne ruhet, so kommt er auch selten hinein. ... In einem dunkeln, traurigen Hinterzimmer sitzt er, den Kopf in seiner wollenen Nachtmütze, ohne allen Umgang. Eben derselbe rohe Sohn der Natur, als ihn die Natur gelassen.

Da das Genie eines Volks, bey dem das *salische*

Gesetz auf nichts, als auf die Monarchie geht, dieses Departement, nebst verschiedenen andern, gänzlich den Weibern übertragen hat, ... so haben sie, durch das unaufhörliche Schachern mit Kunden von allerley Stande und Figur, vom Morgen bis zum Abend, gleich den rohen Bachkieseln, welche lange in einem Korbe gerüttelt worden, durch freundschaftliches Verkehr, ihre höckerichten Ecken abgeschliffen, und sind nicht allein glatt und eben geworden, sondern einige unter ihnen nehmen sogar eine Politur an, wie ein Brillant. ... *Monsieur le Mari* ist wenig mehr werth, als der Stein, womit man pflastert.

... Fürwahr ... Fürwahr, Mensch! es ist nicht gut, daß du allein sitzest. ... Du wurdest zum geselligen Leben und gefälligen Umgange geschaffen; mein unumstößlicher Beweis ist: unsere Naturen werden dadurch gebessert.

... Und, wie schlägt er, Monsieur? sagte sie. ... Völlig so gutartig, sagt' ich, und sah ihr ruhig in die Augen, als ichs erwartet habe. ... Sie wollte eben eine höfliche Antwort heraus bringen, als der Bursche mit den Handschuhen hereintrat. ... *A propos*, sagt' ich, ich habe selbst einige Paar nöthig.

DIE HANDSCHUHE.

Paris.

Die hübsche Krämerfrau stund auf, wie ich das sagte, ging hinter den Tresen, holte ein Pack herunter, und machte es auf. Ich ging, und stellte mich ihr gegen über: sie waren alle zu groß. Die schöne Krämerfrau maß ein Paar nach dem andern über meine Hand. . . . Aber sie blieben, wie sie waren. . . . Sie bat, ich möchte nur ein Paar ausprobiren, welches die engsten zu seyn schienen. Sie hielt sie mir offen vor. . . . Meine Hand fuhr auf einmal hinein. . . . Es geht nicht, sagt' ich, und schüttelte den Kopf ein wenig. . . . Nein, sagte sie, und that dasselbige.

Es giebt gewisse zusammengesetzte Blicke der ungekünstelten Feinheit, . . . worin Possen und Weisheit, und Ernsthaftigkeit und Thorheit so durch einander geflochten ist, daß wenn alle Sprachen, die bey dem Thurm zu Babel entstanden, auf einmal losgelassen würden, sie es doch nicht ausdrücken könnten. . . . Sie werden so plötzlich mitgetheilet und aufgefangen, daß man kaum sagen kann, wer den andern angesteckt. Ich überlasse es unsern wortreichen Männern, ganze Seiten davon anzufüllen. . . .

Gegenwärtig ist es genug, noch einmal zu sagen: Mit dem Handschuh ging es nicht. Wir schlängelten also unsre Hände in unsre Arme, und lehnten uns über den Tresen. . . . Er war schmal, und zwischen uns war nur eben Raum genug für das Pack Handschuh.

Die schöne Krämerfrau sah zuweilen auf die Handschuh, dann zur Seite, nach dem Fenster, dann auf die Handschuh . . . und dann nach mir. Ich war nicht geneigt, das Stillschweigen zu unterbrechen. . . . Ich folgte ihrem Beyspiele, und sah auf die Handschuh, dann nach dem Fenster, dann nach ihr . . . und wechselweise immer so fort.

Ich fand, daß ich bey jedem Angriffe merklich einbüßte. . . . Sie hatte ein schnelles schwarzes Auge, und schoß unter so langen und seidenen Wimpern mit einem so durchdringenden Blicke hervor, daß sie mir bis in Herz und Nieren sah. . . . Dies mag fremd klingen; aber ich konnte fühlen, daß es geschah. . . .

. . . Es thut nichts, sagt' ich, und nahm etliche Paar, die mir in die Hand fielen, und steckte sie zu mir.

Es war mir empfindlich, daß die schöne Krämerin kaum mehr als ein einziges Livre über den Preis vorgeschlagen hatte. . . . Ich wünschte, sie hätte noch ein Livre mehr gefordert, und zerbrach mir den Kopf, wie ichs einlenken sollte . . . Glauben Sie, mein werthester Herr, sagte sie, indem sie meine Verlegenheit unrecht auslegte, daß ich von einem Fremden, einen *Sous* zu viel fodern könnte . . . und von einem Fremden, der mehr aus Politesse, als weil er Handschuh braucht, mir die Ehre erzeigt, sich auf mich zu verlassen? . . . *M'en croyez-vous capable?* . . . Wahrhaftig nicht! sagt' ich; und wenn Sies könnten, so wäre mirs lieb. . . . Hiemit zählte ich ihr das Geld in die Hand, und mit einer tiefern Verbeugung, als man gewöhnlicher Weise einer Frau, der man Handschuh abkauft, zu machen pflegt, ging ich weg, und ihr Bursche, mit seinem Pack Handschuh folgte mir.

DIE ÜBERSETZUNG.

Paris.

In der Loge, worein man mich wies, war niemand, als ein alter freundlicher französischer Officier. Ich liebe diesen Charakter nicht allein deswegen, weil ich den Mann ehre, dessen Sitten durch eine Profession gemildert sind, welche böse Menschen ärger macht; sondern, weil ich ehedem einen kannte, ... denn er ist nicht mehr! ... Und warum sollte ich nicht eine Seite vom Untergange erretten, dadurch, daß ich seinen Namen darauf schreibe, und der Welt sage, es war Capitain Tobias Shandy, der Theureste meiner Gemeinde und meiner Freunde, an dessen menschenfreundliches Herz ich niemals denke, ob es gleich schon lange her ist, daß er gestorben, ... ohne daß meine Augen von Thränen überfliessen. ... Seinetwegen bin ich allen alten Officieren gewogen; also schritt ich über die zwo hintersten Reihen Bänke, und setzte mich neben ihn.

Der alte Officier saß mit einer grossen Brille, und las aufmerksam in einem kleinen Büchelchen, welches vielleicht die Oper war. Sobald ich mich niedergesetzt, nahm er seine Brille ab, legte sie in ein chagrinen Futteral, und steckte es mit dem Buche in die Tasche. Ich stund halb auf, und bückte mich gegen ihn.

In was für eine bekannte Sprache von der ganzen Welt es auch übersetzt wird, ... so ist der Sinn dieser:

»Der arme Mensch, der hier in der Loge kömmt, ist fremd, ... es scheint, daß er niemand kennt; und würde, wenn er auch zehn Jahre in Paris bliebe, niemand kennen lernen, wenn ein jeder, dem er sich nähert, seine Brille auf der Nase behalten wollte, ... das hiesse ihm die Thüre der Conversation vor der Nase zu schlagen, ... und ärger mit ihm umgehen, als ein Holländer mit einem westphälischen Muff.«

Der französische Officier hätte es eben so gut laut sagen können; und hätte er das gethan, so hätte ich den Bückling, den ich ihm machte, eben sowohl ins Französische übersetzt und zu ihm gesagt, »ich erkennte seine gütige Höflichkeit, und sagte ihm dafür tausend Dank.«

Kein Geheimniß befördert den Fortgang der Geselligkeit so sehr, als die fleißige Übung in diesen Abbreviaturen, und die Fertigkeit, die verschiedenen Bewegungen der Blicke und Glieder, mit allen ihren Zeichnungen und Wendungen, in klare Worte zu übertragen. Was mich betrift, so ist es mir aus einer langen Gewohnheit so mechanisch geworden, daß ich beständig translatire, wenn ich in London durch die Gassen gehe; und mehr als einmal bin ich in grossen Gesellschaften gewesen, wo nicht drey Worte gesprochen wurden, und ich doch wol zwanzig verschiedene Dialogen mit hinweg nahm, die ich recht gut hätte niederschreiben und beschwören können.

In Meyland ging ich eines Abends nach dem Martinischen Concerte, und wollte eben in die Thüre des Saals treten, als die Marquisinn von F*** mit einer Art von Eile heraus kam. . . . Sie war mir ganz nahe auf dem Leibe, eh' ich ihrer gewahr ward. Ich wich also geschwind an eine Seite, um ihr Platz zu machen. . . . Sie hatte das nemliche gethan, und zwar nach der nemlichen Seite; wir liefen also mit den Köpfen zusammen: Sie wendete sich augenblicklich nach der andern Seite, um hinaus zu kommen: ich war gerade so unglücklich als sie gewesen; denn ich war nach der Seite gesprungen, und verrannte ihr wieder den Weg. . . . Wir flogen beyde nach der andern Seite, und dann zurück, . . . und wieder so. . . . Es war lächerlich; wir wurden beyde entsetzlich roth; endlich that ich zuletzt, was ich gleich anfangs hätte thun sollen. . . . Ich stund still, und die Marquisinn hatte freyen Weg. Ich konnte unmöglich eher in den Saal gehn, bis ich sie, als aus einer Art von Genugthuung, mit den Augen bis ans Ende der Gallerie begleitete. ... Sie sah sich zweymal um, und hielt sich immer an die Seite, als ob sie einem jeden, der die Treppen herauf käme, Platz machen wollte, vorbey zu kommen. ... Nein, sagt' ich, ... das ist elend übersetzt, ... die Marquisinn hat ein Recht auf die beste Entschuldigung, die ich ihr nur machen kann; und diese Öffnung wird mir gelassen, um solche anzubringen. ... Damit lief ich; und bat um Verzeihung für die Verlegenheit, worin ich sie gesetzt hätte, und sagte, daß meine Meynung gewesen, ihr Platz zu geben. Sie antwortete, dieselbe Meynung hätte sie gegen mich geleitet. ... Also dankten wir einander. Sie war bis an die Treppen gekommen, und da ich keines Cicisbeo um sie gewahr ward, so bat ich um die Erlaubniß, sie an den Wagen führen zu dürfen. ... Wir gingen also die Treppen hinunter, und auf jedem vierten Tritte stunden wir stille, um von dem Concerte und dem Abendtheuer zu reden. ... Auf mein Wort, Madame, sagt' ich, als ich ihr in den Wagen geholfen, sechs verschiedene male hab' ich mich bestrebt, Sie heraus zu lassen. ... Und ich, versetzte sie, bestrebte mich sechsmal, Sie hinein zu lassen. ... Wollte der Himmel, Sie möchten es zum siebentenmale thun, sagt' ich. ... Von Herzen gerne, sagte sie, und machte Raum, ... das Leben ist zu kurz, um lange Complimente zu machen. ... Ich war also ohne Zaudern hinein, und sie nahm mich mit sich nach Hause. ... Und was aus dem Concerte geworden, das weis die heilige Cäcilia, die vermuthlich darin gewesen ist, besser, als ich.

Ich will nur noch hinzusetzen, daß die Bekanntschaft, die aus dieser Übersetzung entstand, mir mehr Vergnügen verschafft hat, als irgend eine andere, die ich in Italien zu machen, die Ehre gehabt habe.

DER ZWERG.

Paris.

Ich hatte die Anmerkung in meinem Leben nicht gehört, ausgenommen von Einem; und wer der Eine gewesen, das wird wahrscheinlich dieses Capitel zeigen. Da ich also wenig oder gar nicht vorher eingenommen war: so müssen für die Verwunderung, die mich den Augenblick überfiel, da ich meine Augen aufs *Parterre* warf, wohl Gründe gewesen seyn. . . . Und zwar war es über das unerklärbare Spiel der Natur, in der Bildung einer solchen Menge von Zwergen . . . Sie spielt freylich zu gewissen Zeiten fast in allen Winkeln der Welt; in Paris aber hat sie in ihren *Amusemens* kein Ende gefunden . . . die Göttin scheint hier beynahe eben so kurzweilig, als sie weise ist.

Da ich meine Idee aus der Opera Comique mit mir nahm, so maß ich darnach einen jeden, den ich auf der Gasse gehn sah . . . Welch eine traurige Anwendung; besonders, wenn die Länge so ausserordentlich kurz, das Gesicht ausserordentlich dunkel . . . die Augen schnell . . . die Nase lang . . . die Zähne weiß . . . die Kinnlade hervorstehend . . . so viele Unglückliche zu sehen, die von der Gewalt der Zufälle aus ihrer eigenthümlichen Classe bis zum äussersten Rande einer andern getrieben worden, die ich nicht ohne Widerwillen niederschreiben kann . . . Allzeit der dritte Mann ein Pygmäe! . . . Etliche durch faßdicke Köpfe und emporstehende Rücken . . . Andere durch krumme Beine . . . Eine dritte Gattung von der Hand der Natur in ihrem sechsten oder siebenten Jahre des Wachsthums angehalten . . . Eine vierte, in ihrem vollkommnen und natürlichen Zustande, ist, gleich den Zwergbäumchen, von der ersten Zaser des Keims ihrer Existenz an, niemals bestimmt gewesen, höher zu wachsen.

Ein medicinischer Reisender möchte sagen, das kömmt von dem unzeitigen Einwickeln ... ein Milzsüchtiger, vom Mangel der Luft ... und ein neugieriger Reisender, um das System zu unterstützen, mag messen, wie hoch ihre Häuser ... wie eng ihre Gassen, und in wie wenig Quadratfuß Raum im sechsten und siebenten Stockwerke eine so grosse Anzahl von der *Bourgeoisie* zusammen isset und schläft; ich aber erinnere mich, daß Herr Shandy der Ältere, der immer über alles seine eigne Meynung für sich hatte, eines Abends, da er über diese Dinge sprach, behauptete, daß Kinder sowohl als andere Thiere, zu einer beliebigen Grösse aufgezogen werden könnten, vorausgesetzt, daß sie recht auf die Welt kämen. Das Unglück aber wäre, daß die Bürger in Paris so auf einander gepackt wohnten, daß sie wirklich nicht Raum genug hätten, welche zu erzielen ... Ich nenne es nicht, Etwas erzielen, sagt' er ... Es heißt Nichts erzielen ... Ja, fuhr er fort, wie er durchs Sprechen wärmer ward, es ist etwas schlimmers erzielen, als Nichts, wenn alles, was man erzielt, nachdem man zwanzig oder fünf und zwanzig Jahre, die zärtlichste Sorgfalt und die nahrhaftesten Speisen drauf verwendet hat, nicht einmal so hoch gewachsen ist, als mein Kniee. Da nun Herr Shandy sehr kurz von Person war: so konnte man sich wohl nicht stärker ausdrücken.

Da gegenwärtiges Werk nichts mit der Naturforschung zu thun hat, so lasse ich die vorige Auflösung in ihrem Werth und Unwerth beruhen, und begnüge mich mit der bloßen Wahrheit der Anmerkungen, welche in jeder Gasse und Nebengasse in Paris bestätigt wurden. Ich ging die hinunter, welche vom Caroussel nach dem Palais Rojal führt, und da ich einen kleinen Knaben gewahr ward, der an der Seite der Gosse mitten in der Strasse stund, und sich ängstigte: so reichte ich ihm die Hand, und half ihm über. Als ich ihm darauf näher ins Gesicht sah, merkte ich, daß er ungefähr ein Vierziger war. . . . Es schadet nichts, sagt' ich; Irgend ein gutherziger Mensch wird mirs einmal wieder thun, wenn ich neunzig bin.

Ich fühle in meinem Inwendigen einige kleine Grundsätze, welche mich geneigt machen, gegen diesen armen verwelkten Theil meiner Mitmenschen, welche weder Grösse noch Stärke haben, in der Welt aufzukommen, sehr hülfreich zu seyn . . . Ich kanns nicht ansehn, daß man einen davon unter die Füsse tritt: und kaum hatt' ich mich bey meinem alten französischen Officier niedergesetzt, als dieses Misvergnügen dadurch gereitzt ward, daß sich der Fall gerade unter der Loge, in welcher wir sassen, zutrug.

Am Ende des Orchesters bis zur ersten Seitenloge ist ein schmaler Platz gelassen, wohin, wenn das Haus voll ist, Personen von allerley Stande zu gehn pflegen. Ob man gleich stehn muß, wie im Parterre, so muß man doch eben so viel bezahlen, als im Orchester. Ein armes wehrloses Ding, von eben gedachter Classe, war auf eine oder die andre Art, an diesen unglücklichen Ort gerathen. . . . Der Abend war sehr warm, und er war von Geschöpfen umringt, die drittehalb Fuß über ihn wegragten. Das Zwerglein litte von allen Seiten unaussprechlich; was ihm aber die meiste Unbequemlichkeit verursachte, war ein langer starker Engländer, (*) von fast sieben Fuß hoch, der gerade zwischen ihm und aller Möglichkeit stund, daß er Theater oder Akteurs zu sehen kriegen könnte. Der arme Zwerg that sein möglichstes, ob er nicht durch irgend eine kleine Öffnung zwischen des Engländers Arm und Leibe ein bischen nach dem hingucken könnte, was vorging; Er versuchte es erst an der einen, dann an der andern Seite; aber der Engländer stund viereckt in der aller unnach-

(*) Versehen kann es wohl nicht seyn, daß *German* hier durch Engländer übersetzt ist.

gebendsten Stellung, die man sich nur einbilden kann ... Der Zwerg hätte eben so gut auf dem Boden des tiefsten Ziehbrunnens in Paris gestanden. Er hob also ganz höflich seine Hand in die Höhe bis zu des Engländers Ärmel, und klagte ihm seine Noth ... Der Engländer kehrte den Kopf herum, und sah auf ihn herab, wie Goliath auf den kleinen David ... und unbarmherziger Weise setzte er sich wieder in seine vorige Stellung.

Dies geschah, da ich eben eine Prise Taback aus meines Mönchs kleiner hornenen Dose nahm ... Und wie würde dein weiches gefälliges Gemüth, mein theurester Mönch! so geschaffen zum *Leiden und Dulden!* ... wie gütig würde es den Klagen dieser armen Seele sein Ohr geliehen haben!

Der alte französische Officier, der bemerkte, daß ich, wie ich diese Apostrophe sagte, ganz bewegt meine Augen in die Höhe hob, nahm sich die Freyheit, mich zu fragen, was mir fehlte. Ich erzählte ihm die Sache mit drey Worten, und fügte hinzu, wie unmenschlich es wäre.

Unter dieser Zeit war der Zwerg aufs Äusserste gebracht, und in den ersten Aufwallungen, welche gewöhnlich unvernünftig sind, hatte er dem Engländer gesagt, er wollte ihm mit seinem Messer seinen langen Zopf abschneiden. ... Der Engländer sah sich ganz kaltblütig um, und sagte: Er sollts nur thun, wenn er hinanreichen könnte.

Eine Beleidigung, die durch hochmüthigen Trutz noch bittrer wird, sie treffe wen sie wolle, bringt jeden rechtschaffnen Mann in Harnisch. Ich hätte aus der Loge springen mögen, um dem Unterdrückten beyzustehn. ... Der alte Officier that es mit weit weniger Umständen; denn, indem er sich ein wenig vorwärts lehnte, winkte er einer Schildwache, und zeigte zugleich mit dem Finger nach dem Orte des Jammers. ...

Die Schildwache nahm ihren Weg dahin. ... Es bedurfte keines Vorbringens der Nothdurft; ... die Sache redete von selbst: der Soldat stieß also den Engländer mit der Muskete zurück, ... faßte den armen Zwerg bey der Hand, und stellte ihn vor ihm hin. ... Das ist edel! sagt' ich, und schlug meine Hände zusammen. ... In England, sagte der alte Officier, würde man gleichwohl so was nicht erlauben.

... In England, mein Herr, sagt' ich, *sitzen wir alle ganz gemächlich.*

Der alte Officier würde mir wieder in meinen Ton geholfen haben, im Falle ich heraus gewesen wäre, ... indem er sagte, es sey ein *Bon mot*, ... und weil in Paris ein *Bon mot* allemal etwas werth ist: so bot er mir eine Prise Taback an.

DIE ROSE.

Paris.

Itzt kam die Reihe an mich, den alten französischen Officier zu fragen: »was vorginge?« Denn ein Geschrey, »*Haussez les mains, Monsieur l'Abbé!*« welches von einem Dutzend verschiedener Stellen im Parterre widerschallte, war mir eben so unverständlich, als meine Apostrophe an den Mönch ihm gewesen war.

Er sagte mir, es wäre ein armer Abbe in einer von den obern Logen, der sich vermuthlich verstohlner Weise hinter ein Paar Nymphchen gepflanzte hätte, um die Opera zu hören, und das Parterre, welches ihn ausgespähet haben müßte, bestünde darauf, er sollte während der Vorstellung beyde Hände sehn lassen. ... Und kann man glauben, sagt' ich, daß ein Geistlicher dem Frauenzimmer die Taschen bestehlen möchte? Der alte französische Officier raunte mir etwas ins Ohr, und öffnete mir das Verständniß über eine Sache, wovon ich nicht den geringsten Begriff hatte. ...

Himmel! sagt' ich, und ward blaß vor Erstaunen. ... Ist es möglich, daß ein Volk, welches über und über voller Sentiments ist, zu gleicher Zeit so unsauber, und sich selbst so ungleich seyn kann? ... *Quelle grossiereté!* setzt' ich hinzu.

Der französische Officier sagte, es wäre eine unartige Satyre über die Geistlichkeit, welche sich im Theater noch von der Zeit herschriebe, da Moliere seinen Tartüffe vorgestellt hätte, ... die aber, gleich andern Überbleibseln von den gothischen Sitten, anfinge, sich zu verlieren. ... Eine jede Nation, fuhr er fort, hat ihre *Raffinemens* und ihre *Grossieretés*, die sie sich wechselsweise einander mittheilen und abgewöhnen. ... Er wäre in verschiednen Ländern gewesen, aber niemals in einem, wo er nicht gewisse Delicatessen gefunden, welche andern zu fehlen schienen. *Le* POUR *& le* CONTRE *se trouvent en chaque nation.* Es findet sich allenthalben, sagt' er, ein Gleichgewicht von Gutem und Bösem; und nichts, als die Überzeugung, daß dem also ist, kann die eine Hälfte der Welt von den Vorurtheilen befreyen, die sie gegen die andre gefaßt hat. . . . Der Nutzen des Reisens, in Absicht auf das *savoir vivre*, bestünde darin, sowohl viele Menschen als Sitten kennen zu lernen; es lehre uns gegenseitige Toleranz; und gegenseitige Toleranz, beschloß er, indem er sich gegen mich bückte, lehre uns gegenseitige Liebe.

Der alte französische Officier brachte dieses mit einem so aufrichtigen und vernünftigen Anstande vor, als genau zu meinen ersten günstigen Eindrücken von seinem Charaktere paßte. . . . Ich dachte, ich liebte den Mann; . . . ich fürchtete aber, ich irrte im Gegenstande . . . Es war meine eigne Art zu denken. . . . mit dem Unterschiede, daß ichs nicht halb so gut hätte ausdrücken können.

Es ist unbequem, sowohl für den Reiter, als für sein Thier, wenn das letztere immer mit gespitzten Ohren geht, und längst dem Wege, vor jedem Gegenstande, den es noch nicht gesehn hat, stutzig wird. . . . Ich habe so wenig von dieser Plage an mir, als irgend eine lebendige Creatur; und dennoch muß ich aufrichtig bekennen, daß mich im ersten Monate manches Ding beunruhigt hat, und daß ich bey manchem Worte erröthet bin, . . . welches ich im zweyten ohne Bedeutung, und vollkommen unschuldig befunden habe.

Madame de Rambouillet erzeigte mir, nachdem ich ohngefähr sechs Wochen mit ihr bekannt gewesen, die Ehre, mich in ihrem Wagen ungefähr zwey Meilen mit sich aus der Stadt zu nehmen. . . . Ich kenne keine züchtigere Frau, als Madame de Rambouillet; und wünsche keine mit mehr Tugenden und reinerm Herzen zu sehen. ... Als wir zurück fuhren, bat mich Madame de Rambouillet, die Schnur anzuziehen. ... Ich fragte, ob ihr was fehlte? ... *Rien que pisser*, sagte Madame de Rambouillet. ...

Siehe nicht scheel, geneigter Reisender, daß Madame de Rambouillet p-ss-n muß. ... Und ihr, schönen mystischen Nymphen! geht jede hin, und *pflückt eure Rose*, und streut sie auf euren Gang, ... denn Madame de Rambouillet that nichts mehr. ... Ich hob Madame de Rambouillet aus dem Wagen, und wär' ich der Priester der keuschen Castalia gewesen, ich könnte an ihrem Brunnen mit keinem ehrfurchtsvollerm Anstande gedient haben.

DAS KAMMERMÄDCHEN.

Paris.

Was der alte französische Officier über das Reisen gesagt hatte, erinnerte mich an den Rath, den Polonius über eben die Materie seinem Sohne ertheilet ... und das erinnerte mich an Hamlet ... und Hamlet an die übrigen Werke vom Shakespear; also gieng ich, im nach Hause gehen, durch den *Quai de Conti*, um die letztern zu kaufen.

Der Buchhändler sagte, er habe kein einziges Exemplar. ... *Comment?* sagt' ich, und nahm einen Band von dem, das ich auf der Auslage vor mir sahe. ... Er sagte, er habe solches nur für jemand binden lassen, und müßte es Morgen Früh an den Grafen de B*** nach Versailles senden.

So? sagt' ich, liest der Graf de B*** den Shakespear? *C'est un esprit fort*, versetzte der Buchhändler ... Er liebt die englischen Bücher; und was noch mehr zu seiner Ehre gereicht, Monsieur, er liebt auch die Engländer ... Was sie da sagen, ist so verbindlich, erwiederte ich, daß es hinlänglich ist, einen Engländer zu vermögen, daß er einen oder ein Paar Louisd'or in Ihrem Laden anlegt. ... Der Buchhändler neigte sich, und war im Begriff zu antworten, als ein junges ehrbares Mädchen, von ungefähr zwanzig Jahren, das, nach seinem Anzuge und Betragen, Kammermädchen bey irgend einer andächtigen vornehmen Dame zu seyn schien, in den Laden kam, und *les Egarements du Cœur & de l'Esprit* verlangte. Der Buchhändler holte ihr gleich das Buch hervor; sie zog einen kleinen grünen atlassnen Beutel, der mit Band von derselben Farbe eingefaßt war, aus der Tasche, griff mit einem Finger und dem Daumen hinein, holte Geld heraus, und bezahlte es. Da ich im Laden nichts mehr zu verrichten hatte, so giengen wir zugleich aus der Thüre.

. . . Und was haben Sie mit den *Verirrungen des Herzens* zu schaffen, meine liebe Jungfer? sagt' ich: Sie wissen ja wohl kaum, daß Sie ein Herz haben: und werdens auch nicht eher sicher erfahren, bis es ihnen die Liebe sagt, oder bis solches die Untreue irgend eines Schäfers beseufzet. . . . *Le Dieu m'en garde!* sagte das Mädchen . . . Mit Recht, sagt' ich; denn wenn es ein gutes ist, so ists Schade, daß es gestohlen werden soll; es ist Ihnen ein kleiner Schatz, und giebt ihrem Gesichte eine grössere Zierde, als wenns mit Perlen geschmückt wäre.

Die junge Dirne horchte mit einer folgsamen Aufmerksamkeit, und hielt beständig ihren atlassnen Beutel am Bande in der Hand. . . . Er ist sehr klein, sagt' ich, und faßte ihn beym Boden an . . . sie hielt ihn mir her . . . und es ist auch sehr wenig darin, mein Kind; aber sey nur so gut, als Du schön bist, so wird ihn der Himmel schon voll machen. Ich hielt etliche Kronen in der Hand, wofür ich den Shakespear kaufen wollen; und als sie den Beutel ganz los ließ, steckte ich eine davon hinein, machte das Band in eine doppelte Schleife, und gab ihn ihr wieder.

Der Knicks, den mir das Mädchen machte, war mehr ehrerbietig, als tief . . . Es war eine von jenen ruhigen, dankbaren Senkungen, wobey sich die Seele selbst neiget . . . Der Körper thut dabey nichts, als daß ers nur anzeigt. . . . In meinem Leben habe ich keinem Mädchen eine Krone gegeben, das mir halb so viel Vergnügen gemacht hätte.

Mein Rath, mein liebes Kind, sagt' ich, wäre Ihnen nicht einen Nadelknopf werth gewesen, wenn ich dies nicht mit dabey gegeben hätte: nun aber wird er Ihnen beyfallen, wenn Sie das Stück Geld ansehen . . . Verthun Sie es also nicht in Bändern.

Mein Herr, auf mein Wort, sagte das Mädchen ganz ernsthaft, ich bin nicht fähig ... Indem sie das sagte, gab sie mir, wie es bey solchen kleinen Ehrenversicherungen gebräuchlich ist, die Hand ... *En verité, Monsieur, je mettrai cet argent à part*, sagte sie.

Wenn zwischen Mann und Weib eine tugendhafte Verabredung geschlossen ist, so heiligt das ihre geheimsten Gänge; also, ob es gleich in der Dämmerung war, machten wir uns doch kein Gewissen, weil wir beyde einerley Weg hatten, längst dem *Quai de Conti* zusammen zu gehen.

Sie machte mir, als wir anfiengen zu gehen, einen zweyten Knicks, und ehe wir noch zwanzig Schritte von der Thüre entfernt waren, machte sie, als ob sie vorher noch nicht genug gethan hätte, einen kleinen Halt, um mir nochmals zu sagen ... daß sie mir dankte.

Es wäre ein kleiner Tribut, sagt' ich, welchen ich nicht umhin gekonnt, der Tugend zu bezahlen, und um alles in der Welt, wollte ich mich nicht in der Person geirret haben, die ihn empfangen hat ... Aber mein liebstes Kind, ich seh' Unschuld auf deinem Gesichte ... und wehe dem Manne, der ihr jemals Fallstricke legt!

Das Mädchen ward, auf eine oder die andre Art, von dem, was ich sagte, gerührt ... sie holte einen tiefen Seufzer ... Ich fand, daß ich gar nicht berechtigt war, darnach zu fragen ... also sagt' ich nichts weiter, bis ich an die Ecke der *Rue de Nevers* kam, wo wir uns trennen sollten.

Aber ist dieses der Weg, mein Kind, sagt' ich, nach dem *Hotel de Modene?* Er wär' es, sagte sie ... oder, ich könnte auch durch die folgende Gasse, *Rue de Guineygaude* gehn. ... So will ich durch die *Rue de Guineygaude* gehn, mein Kind, sagt' ich: und zwar aus zwo Ursachen; erstlich mir selbst zu gefallen; und zweytens Sie auf Ihrem Wege durch meine Gesellschaft so lange zu schützen, als ich kann. Das Mädchen erkannte meine Höflichkeit . . . und sagte, sie wünschte, das *Hotel de Modene* wäre in der *Rue de St. Pierre* . . . Wohnen Sie da? sagt' ich . . . Sie sagte, sie wäre Kammermädchen bey Madame de Rambouillet . . . Himmel! sagte ich, das ist eben die Dame, an die ich einen Brief aus Amiens mitgebracht habe . . . Das Mädchen sagte mir, sie glaubte, Madame de Rambouillet erwartete einen Fremden mit einem Briefe, und wäre ungeduldig, ihn zu sehen. . . . Also bat ich das Mädchen, mich der Madame de Rambouillet zu empfehlen, und ihr zu sagen, daß ich ihr unfehlbar den andern Morgen aufwarten würde.

Während daß dieses vorgieng, stunden wir an der Ecke der *Rue de Nevers* still. . . . Wir hielten uns einen Augenblick auf, um es mit ihren *Egarements du Cœur &c.* bequemer einzurichten, als solche in der Hand zu tragen . . . Es waren zween Bände; also hielt ich den zweyten so lange, bis sie den ersten in ihre Tasche gesteckt hatte; dann hielt sie mir die Tasche auf, und ich steckte den andern dazu hinein.

Es ist süß, zu fühlen, bey was für feingesponnenen Fäden unsre Neigungen zusammen gezogen werden.

Wir giengen von neuem weiter, und beym dritten Schritte legte das Mädchen ihre Hand in meinen Arm . . . Ich wollt' ihr solchen eben anbieten . . . Sie that es aber mit dieser unüberlegten, sorglosen Zuversicht, welche bezeugte, daß es ihr nicht einfiel, daß wir uns zum erstenmale sähen. Ich für mein Theil, fühlte eine so starke Überzeugung von Blutsfreundschaft, daß ich mich nicht entbrechen konnte, mich halb umzudrehen, um ihr ins Gesicht zu gucken, und zu sehen, ob ich nicht einige Familienzüge darin entdecken könnte. He! sagt' ich, sind wir denn nicht alle Verwandte?

Als wir ans Ende der *Rue de Guineygaude* gekommen, stund ich still, um ihr im rechten Ernste adieu zu sagen: das Mädchen dankte mir nochmals für meine Gesellschaft und Gütigkeit ... zweymal sagte sie mir adieu ... Ich wiederholte es eben so oft; und unser Abschied war so herzlich vertraut, daß, wäre es irgend sonst wo gewesen, ich nicht dafür geschworen hätte, ob ich ihr nicht, eben so warm und heilig, als ein Apostel, einen Liebeskuß würde gegeben haben.

Da sich aber in Paris niemand küßt, als die Mannspersonen; so that ich, was auf dasselbe hinaus läuft ...

... Ich empfahl sie dem Schutze des Himmels.

DER GELEITSBRIEF.

Paris.

Als ich wieder in mein Hotel kam, sagte mir La Fleur, daß der Policeylieutenant nach mir fragen lassen. . . . Hol's der Henker! sagt' ich; ich weis schon, warum? Es ist Zeit, daß es der Leser auch erfahre; denn zu der Zeit, da sichs zutrug, wurde es überschlagen: vergessen hatt' ichs zwar nicht; wenn ichs aber damals erzählt hätte, so möcht' es der Leser itzt schon vergessen haben, und itzt ist die Zeit, da ichs brauche.

Ich hatte London dergestalt über Hals und Kopf verlassen, daß mirs auf Meilen lang nicht einfiel, daß wir mit Frankreich Krieg hätten; und war bis Dover gekommen, und hatte durch mein Glas die Hügel jenseits Boulogne entdeckt, ehe mir die Idee davon in den Kopf kam, und mit ihr, daß ich ohne Geleitsbrief nicht überkommen könnte. Wenn ich auch nur bis an das Ende einer Gassen gegangen bin, so thut mirs in der Seele leid, wenn ich nicht klüger zurück kehren soll, als ich ausgegangen war; und da dieses einer der größesten Anstrengungen war, die ich angewendet hatte, um Weisheit zu erwerben: so konnte ich diesen Gedanken desto weniger ausstehen: da ich also hörte, daß der Graf von *** das Paquetboot gemiethet habe, bat ich ihn, mich in seiner *Suite* mit zu nehmen. Der Graf hatte etwas von mir gehört, und machte also wenig oder gar keine Schwierigkeit . . . Er sagte nur, seine Neigung, mir zu dienen, könnte nicht weiter reichen, als bis Calais, weil er über Brüssel nach Paris gehen müßte; indessen könnt' ich, wenn ich erst einmal dort wäre, ohne aufgehalten zu werden, nach Paris kommen: nur müßt' ich dann in Paris mir Freunde zu schaffen, und mich selbst aus dem Handel zu ziehen suchen. . . . Lassen sie mich nur erst in Paris seyn, Herr Graf, sagt' ich, so will ich schon durchkommen. Ich schiffte mich also ein, und dachte nicht weiter an die Sache.

Als mir La Fleur sagte, daß der Policeylieutenant sich nach mir erkundigen lassen, fiel mirs wieder aufs Herz . . . und als La Fleur fertig mit seiner Erzählung war, kam der Wirth des Hotels ins Zimmer, um mir dasselbige zu sagen, mit dem Zusatze, daß man besonders nach meinem Geleitsbriefe gefragt habe; der Herr des Hotels schloß mit den Worten: Ich hoffe, sie sind damit versehen. . . . Ich? wahrhaftig nicht! sagt' ich.

Der Herr des Hotels wich drey Schritte von mir zurück, als ich ihm dieses sagte, als von einer angesteckten Person . . . und der arme La Fleur näherte sich drey Schritte zu mir, mit der Art von Bewegung, welche eine gutherzige Seele macht, um jemand im Elende beyzuspringen . . . Der Kerl gewann dadurch mein Herz; und aus diesem einzigen Zuge, kannte ich seinen Charakter so vollkommen, und konnte mich so steif und fest auf ihn verlassen, als ob er mir sieben Jahre treu und ehrlich gedient gehabt hätte.

Mon Seigneur! rief der Herr des Hotels . . . Er faßte sich aber gleich, so wie ihm die Ausrufung entfahren, und änderte den Ton . . . Wenn Monsieur, sagt' er, keinen Geleitsbrief hat, so hat er *(apparament)* wahrscheinlicher Weise Freunde in Paris, die ihm einen verschaffen können . . . Ich wüßte niemand, sagt' ich mit einer gleichgültigen Miene. Dann, *certes*, versetzt' er, wird man sie nach der Bastille, oder *au moins* nach dem Chatelet schicken. . . . Poh! sagt' ich, der König von Frankreich ist ein recht guter Mann . . . Er thut niemand was zu Leide. . . . *Cela n' empeche pas*, sagte er, . . . sie wandern gewiß Morgen früh nach der Bastille . . . Ich habe ja aber ihre Zimmer auf einen Monath gemiethet, antwortet' ich, und alle Könige von Frankreich auf Gottes Erdboden sollen mich keinen Tag früher heraus bringen.

La Fleur raunte mir ins Ohr, dem Könige von Frankreich könnte sich niemand widersetzen.

Pardi, sagte mein Wirth, *ces Messieurs Anglois sont des gens tres extraordinaires* . . . und nachdem ers gesagt und beschworen . . . gieng er hinaus.

DER GELEITSBRIEF.

Das Hotel zu Paris.

Ich konnt' es nicht übers Herz bringen, den armen La Fleur mit einem ernsthaften Blicke, über den Gegenstand meiner Verlegenheit zu quälen, das war die Ursache, weswegen ich es auf so die leichte Achsel nahm; und um ihm zu zeigen, wie wenig ich mir daraus machte, schwieg ich gänzlich davon stille; und derweile er mir beym Abendessen aufwartete, sprach ich mehr aufgeräumt mit ihm, als gewöhnlich, von Paris und der Opera Comique. . . . La Fleur war selbst darin gewesen, und war mir durch die Gassen bis an den Buchladen gefolgt; als er mich aber mit dem Kammermädchen herauskommen und mit ihr durch den *Quai de Conti* gehen sah, so hielt es La Fleur für unnöthig, mir einen Schritt weiter zu folgen. . . . Indem er also seine eignen Betrachtungen darüber anstellte, nahm er einen kürzern Weg, und kam früh genug ins Hotel, um gegen meine Ankunft von der Policeygeschichte unterrichtet zu seyn.

So bald der ehrliche Schlag abgenommen hatte, und hinunter gegangen war, um selbst zu essen, begann ich ein wenig ernsthaft an meine Situation zu denken.

Und hier weis ich, Eugenius, wirst du lächeln, wenn du dich des kurzen Gesprächs erinnerst, das den Augenblick vorher, ehe ich abreisete, zwischen uns vorfiel . . . Ich muß es hier erzählen.

Eugenius, welcher wußte, daß ich eben so wenig schwer mit Gelde als mit Gedanken überladen zu seyn pflege, hatte mich beyseite gezogen, um mich zu fragen, für wie viel ich gesorgt hätte. Als ich ihm genau die ganze Summe sagte, schüttelte er den Kopf, und sagte, es würde nicht reichen; damit zog er seine

Börse hervor, um solche in die meinige auszuschütten. Auf mein Gewissen, Eugenius, ich habe genug, sagt' ich ... In der That, Yorick, sagt' er, das haben Sie nicht, ich kenne Frankreich und Italien besser, als Sie. ... Sie bedenken aber nicht, Eugenius, sagt' ich, indem ich sein Anerbieten ausschlug, daß ich schon etwas sagen oder thun werde, bevor ich noch drey Tage in Paris gewesen bin, warum man mich in die Bastille bringen muß, und daß ich daselbst ein Paar Monat gänzlich auf des Königs Unkosten zehren werde. ... Ich bitte um Vergebung, sagte Eugenius ganz trocken, auf diesen Spartopf hatte ich nicht gedacht.

Itzt lag der Wolf, den ich damals im Lachen genannt hatte, im Ernste vor meiner Thüre.

Ist es Thorheit, oder Sorglosigkeit, oder Philosophie, oder Steifsinn ... oder sonst was in mir, daß bey alle dem, als La Fleur hinunter gegangen, und ich ganz alleine war, ich dennoch mein Gemüth nicht herunter stimmen konnte, anders davon zu denken, als ich damals mit Eugenius davon geredet hatte?

... Und was ists denn mit der Bastille! Das schreckliche steckt im Worte ... Man mach' es so schlimm als man kann, sagt' ich zu mir selbst, die Bastille ist bloß ein ander Wort für Tower ... und ein Tower ist bloß ein ander Wort für ein Haus, aus dem man nicht heraus kommen kann. ... Die armen Podagristen müssen sich das, im Jahre wol zweymal, gefallen lassen. ... Aber mit neun Livres des Tages, und Feder, Dinte und Papier, und Geduld, kann man in einem Hause ganz gut leben, wenn man gleich nicht hinausgehn darf. ... Zum Wenigsten auf ein Monat oder sechs Wochen; zu Ende dieser Zeit, wenn er niemanden was zu leide gethan, kömmt seine Unschuld an den Tag, und er kömmt besser und weiser heraus, als er hinein gekommen ist.

Ich hatte, da ich die Sache schlichtete, ich weis nicht

was, im Hofe zu verrichten; und ich erinnere mich, daß ich mit nicht geringen Triumphe über meine witzigen Schlüsse die Treppe hinunter gieng. Zum Henker, mit dem dunkelfarbigten Pinsel! sagt' ich ganz keck und kühn; denn ich beneide sein Vermögen nicht, alle Übel des Lebens mit so harten und schwarzen Farben zu malen: die Seele sitzt erschrocken vor den Gegenständen, die sie selbst groß und schrecklich gebildet hat; man darf sie nur auf ihre wahre Grösse und Farben herunter bringen, so sieht die Seele darüber hinweg. ... Wahr ists, sagt' ich, in dem ich den Satz näher bestimmen wollte, die Bastille ist kein verächtliches Übel. ... Man nehme ihr aber ihre Thürme, ... man fülle den Graben, ... entriegle die Pforten, ... man nenne es bloß, Hausarrest, den man wegen einer tyrannischen Unpäßlichkeit, und nicht eines tyrannischen Mannes wegen hält; ... so ist das Übel verschwunden, und die andere Hälfte erträgt man ohne Murren.

Ich ward in meinem, allen Leiden hohnsprechenden Soliloquio, durch eine Stimme unterbrochen, die mir von einem Kinde zu kommen schien, welches klagte, »daß es nicht herauskommen könnte.« ... Ich sah die Gallerie auf und nieder, und da ich weder Mann, Weib noch Kind ansichtig ward, so gieng ich hinunter, ohne mich weiter zu bekümmern.

Als ich wieder zurück über die Gallerie kam, hörte ich die nemlichen Worte zweymal wiederholen, und da ich aufsah, ward ich gewahr, daß es ein Staar in einem kleinen Kefigt sey. ... »Ich kann nich 'raus ... Ich kann nich 'raus,« sagte der Staar.

Ich stund, und sah den Vogel an: und so oft jemand vorbey gieng, lief er mit ausgesperrten Flügeln nach der Seite des Kefigts, wo man vorbey gieng, und wiederholte dieselbigen Klagen über seine Gefangenschaft. ... »Ich kann nicht 'raus,« sagte der Staar. Gott helf dir! sagt' ich, ich will dich aber heraus lassen, es koste was es wolle: damit gieng ich um den Kefigt herum, die Thüre zu suchen, die war aber so fest und dichte mit Draht verwickelt, daß man sie nicht aufmachen konnte, ohne den ganzen Kefigt in Stücken zu brechen. ... Ich legte beyde Hände ans Werk.

Der Vogel flog nach dem Platze, wo ich seine Freyheit zu bewirken suchte, und indem er den Kopf durch das Geflechte steckte, drückte er mit der Brust dagegen, als ob er ungeduldig wäre. ... ich fürchte, armes Ding! sagt' ich, daß ich dich nicht werde befreyen können. ... »Nein,« sagte der Staar, »ich kann nich 'raus, ... ich kann nich 'raus.«

Ich versichre, daß niemals mein Gefühl zärtlicher erregt ist, noch daß ich mich einer Begebenheit in meinem Leben erinnere, bey welcher meine zerstreuten Geister, die meine Vernunft zum Besten gehabt hatten, so plötzlich zurück gerufen worden. So mechanisch die Töne waren, so wurden sie gleichwol so zustimmend mit der Natur hervorgebracht, daß sie in einem Augenblick mein systematisches Schlußgebäude über die Bastille zu Boden warfen. Ich gieng schwermüthig die Treppe hinauf, und nahm jedes Wort zurück, das ich im Heruntergehen gesagt hatte.

Verbirg dich, wie du willst, dennoch, Sklaverey! dennoch bist du ein bittrer Trank, sagt' ich; und ob man dich gleich zu allen Zeiten Tausenden zu Trinken gegeben hat, so bist du doch darum nicht weniger bitter. ... Du aber, dreymal süße und holde Göttin! und richtete meine Worte an die *Freyheit*, die jedermann heimlich oder öffentlich verehrt, deine Schaale ist lieblich dem Geschmacke, und wird es stets bleiben, bis die *Natur* selbst sich verwandelt. ... Kein Kleck von Worten kann deinen schneeweissen Mantel beflecken, noch chymische Kraft deinen Scepter in Eisen verwandeln. ... Lächelst du ihm nur zu, wenn er seine

Rinde genießt, so ist der Hirte glücklicher, als sein Monarch, von dessen Hofe du verbannet bist. ... Barmherziger Himmel! rief ich, indem ich auf der vorletztern öbersten Stufe niederkniete, du hast so viele Gaben, beschere mir nur Gesundheit, und gieb mir nur diese schöne Göttinn zur Gesellschafterinn, dann schütte deine Bischofshüte wie Schneeflocken, wenns deiner göttlichen Fürsehung so gut scheint, über jene Köpfe, welchen darnach wehe thut.

DER GEFANGENE.

Paris.

Der Vogel in seinem Kefigt verfolgte mich bis in mein Zimmer; ich setzte mich an meinen Tisch, stützte meinen Kopf mit der Hand, und begann, mir das Elend der Gefangenschaft vorzustellen. Ich war eben recht dazu aufgelegt, und also öffnete ich meiner Einbildungskraft Thüre und Thore.

Ich war im Begriff, bey den Millionen von meinen Nebengeschöpfen anzufangen, die zu keinem andern Erbe geboren werden, als zur Sklaverey; da ich aber fand, daß, so rührend sonst das Gemälde war, ich es doch nicht nahe genug vors Auge bringen konnte, und daß die Mannigfaltigkeit der traurigen Gruppen mich nur zerstreute. . . .

. . . So nahm ich einen einzigen Gefangnen, und nachdem ich ihn vorher in seinem dunklen Kerker verschlossen hatte, sah ich durch die Dämmerung des Thürgatters, um sein Gemälde aufzunehmen.

Ich sah seinen Körper halb abgezehrt von dem langen Harren und Einsperren, und fühlte, was fehlgeschlagene Hoffnungen dem Herzen für eine Art Krankheit verursacht hatten. Bey näherer Betrachtung, fand ich ihn blaß und fieberhaft: in dreyßig Jahren hatte kein kühler Westwind sein Blut erfrischt. . . . In dieser langen Zeit hatte er keine Sonne gesehn, und keinen Mond, . . . noch hatten seine Ohren die Stimme eines Freundes oder Verwandten vernommen. . . . Seine Kinder . . .

Aber hier fieng mein Herz an zu bluten, und ich war gezwungen, einen andern Theil des Portraits vorzunehmen.

Er saß in dem hintersten Winkel seines Kerkers auf

dem kalten Boden, auf ein wenig Stroh, welches ihm als Stuhl und Bette zugleich diente. Zum Kopfe lag ein kleiner Kalender von dünnen Kerbhölzern, worauf die Zahl der jammervollen Tage und Nächte, die er daselbst zugebracht hatte, eingeschnitten war. . . . Er hielt eins von diesen Hölzern in der Hand, und mit einem verrosteten Nagel kratzte er einen neuen Tag des Elendes zu der grossen Zahl der übrigen.

Da ich das wenige Licht, das er hatte, verdunkelte, hob er ein hoffnungsloses Auge gegen die Thüre, schlug es wieder nieder, schüttelte den Kopf, und fuhr in seinem wehmüthigen Geschäfte fort. Ich hörte seine Ketten klirren, als er sich drehte, um sein kleines Kerbholz zu dem Bündel zu legen. . . . Er holte einen tiefen Seufzer. . . . Ich sah das Eisen in seine Seele fahren . . . Die Thränen stürzten mir aus den Augen. . . . Ich konnte das Gemälde nicht ertragen, welches meine Phantasie von der Gefangenschaft entworfen hatte. . . . Ich sprung vom Stuhle auf, rief La Fleur, und befahl ihm, eine *Remise* zu besprechen, die um neun Uhr des Morgens vor der Thüre des Hotels seyn müßte.

Ich will selbst geradezu, sagt' ich, zu *Monsieur le Duc de Choiseul* gehn.

La Fleur wollte mich zu Bette bringen; da ich aber nicht wollte, daß er etwas auf meinen Wangen sähe, welches dem armen Menschen ein Herzweh verursacht haben möchte: so sagt' ich ihm, ich wollte schon alleine zu Bette kommen . . . Er sollte nur auch bald schlafen gehn.

DER STAAR.

Weg nach Versailles.

Um die vorgesetzte Zeit stieg ich in die Remise; La Fleur hinten auf, und ich befahl dem Kutscher, gerade nach Versailles zu fahren.

Da ich auf diesem Wege nichts fand, oder vielmehr nichts von dem fand, wonach ich auf Reisen sehe: so kann ich das leere Blatt nicht besser anfüllen, als mit einer kurzen Geschichte des nemlichen Vogels, wovon im letzten Kapitel gehandelt worden.

Als der Hochwohlgeborne Herr *** zu Dover auf guten Wind wartete, hatte ein englischer Bursche, der als Reitknecht mit ihm gieng, den Vogel, noch eh' er recht fliegen konnte, auf den Klippen gefangen; da er ihn nicht gerne umkommen lassen wollte, nahm er ihn in seinem Busen mit aufs Paquetboot. . . . Und dadurch, daß er ihn fütterte, und ihn doch einmal in seinen Schutz genommen hatte, gewann er ihn in ein oder zween Tagen lieb, und brachte ihn wohlbehalten mit sich nach Paris.

In Paris hatte der Bursche ein Livre für einen kleinen Keficht, für seinen Staar, angelegt. Und weil er in den fünf Monaten, die sich sein Herr dort aufhielt, nichts bessers zu thun hatte: so lehrte er ihn in seiner Muttersprache die vier einzelne Sylben . . . (und nichts mehr) . . . welche mich so sehr zu seinem Schuldner gemacht haben.

Als sein Herr weiter nach Italien reisete, hatte der Bursche seinen Vogel dem Herrn des Hotels gelassen . . . Aber sein kleiner Gesang um Freyheit, war zu Paris in einer *unbekannten* Sprache; also setzte man wenig oder gar keinen Werth darauf . . . und La Fleur kauft' ihn mir, mit sammt dem Keficht, um eine Flasche Burgunder.

Bey meiner Zurückkunft aus Italien brachte ich ihn mit mir in das Land, in dessen Sprache er die Töne gelernt hatte ... und als ich dem Lord A. seine Geschichte erzählte, bat mich Lord A. um den Vogel. Eine Woche darauf gab ihn Lord A. dem Lord B. ... Lord B. machte davon ein Geschenk an Lord C. ... und Lord C's Kammerdiener verkauft' ihn an den Kammerdiener des Lord D. ... Lord D. gab ihn dem Lord E. ... und so weiter ... durchs halbe A B C. Von diesem Range kam er ins Unterparlement, und gieng durch die Hände eben so vieler Herren des Unterhauses ... Alle diese aber wollten gern *hinein* ... mein Vogel wollte gern *heraus* ... Man legte in London fast eben so wenig Werth darauf, als in Paris.

Es ist unmöglich, daß viele meiner Leser gar nichts sollten von ihm gehört haben; und wenn ihn jemand, durch einen blossen Zufall, sollte gesehen haben ... so bitte ich um Erlaubniß, ihm zu sagen, daß der Vogel mein Vogel war ... oder irgend eine elende Nachahmung, die ihn vorstellen sollte.

Ich habe nichts weiter von ihm hinzu zu setzen, als daß ich von der Zeit an, bis auf diese Stunde, diesen armen Staar auf dem Helme meines Wappens geführt habe. ...

Wie hier:

Und laß nur einen Heraldiker oder Pfalzgrafen kommen, und mir was davon sagen, wenn er das Herz hat.

DIE ANREDE.

Versailles.

Ich möchte nicht gern, daß meine Feinde mein Gemüth besichtigen, wenn ich im Begriff stehe, einen Mann um seinen Schutz anzusprechen. Aus der Ursache bestrebe ich mich so viel als möglich, mich selbst zu beschützen: aber dieser Gang zu *Monsieur le Duc de Choiseul* war eine nothgedrungene Handlung . . . Wär' es eine Handlung aus freyer Wahl gewesen, so, glaub' ich, würde ich solche verrichtet haben, wie andre Leute.

Wie viele feige Plane einer kriechenden Anrede machte nicht mein knechtisches Herz auf diesem Wege! . . . Für einen jeden hätte ich die Bastille verdient.

Als ich in der Nähe von Versailles kam, konnt' ich nichts thun, als Worte und Redensarten zusammen setzen, und auf Stellungen und Töne sinnen, um mich in die Gunst des *Duc de Choiseul* hinein zu winden. . . . Nun hab' ichs getroffen, sagt' ich . . . Eben so gut, fiel ich wieder ein, als ein Kleid, das ihm ein Waghals von Schneider bringt, der ihm kein Maaß genommen hat. . . . Thor! fuhr ich fort, . . . erst sieh das Antlitz des *Monsieur le Duc* . . . gieb Acht, was für ein Charakter darin geschrieben ist. . . . Betrachte, in was für einer Positur er steht, dich anzuhören . . . Bemerke die Wendungen und Ausdrücke seiner Glieder . . . Und wegen des Tons; . . . der erste Schall, der von seinen Lippen kömmt, wird ihn dir angeben . . . und von diesem allen zusammen genommen, wirst du auf der Stelle eine Anrede componiren, welche dem *Duc* nicht misfallen kann. . . . Die Ingredienzen sind sein eigen, und werden sehr wahrscheinlich hinunter gehn.

Gut! sagt' ich, ich wünschte, ich wäre glücklich davon ... Schon wieder? feige Memme! Als ob nicht Mann um Mann, auf der ganzen Oberfläche des Erdbodens, einerley wäre; und wenn das im Felde ist ... warum nicht ebenfalls von Angesicht zu Angesicht, im Cabinet? Und, glaube mir, Yorick, wo das nicht ist, da ist der Mensch sich selbst ungetreu, und verräth seine eigne Hülfstruppen zehnmal, ehe die Natur es einmal thut.

Geh' nur zum *Duc de Choiseul* mit der Bastille in deinen Mienen, ... ich wette mein Leben, man schickt dich in einer halben Stunde mit einer Wache nach Paris zurück.

Das glaub ich' auch, sagt' ich ... Also will ich, beym Himmel! zum *Duc* mit aller Fröhlichkeit und Sorglosigkeit gehn, die nur in der Welt möglich ist. ...

Da hast du nun schon wieder Unrecht, versetzt' ich ... Ein völlig ruhiges Herz, Yorick, fliegt in keine Extremitäten ... es ist immer in seinem Mittelpunkte. ... Gut, gut! rief ich, als der Kutscher ins Thor fuhr, ich finde, ich werde schon durchkommen: und indessen, daß er um den Hof herum gefahren war, und mich an die Pforte gebracht, fand ich, daß ich so viel aus meinem eignen Collegio gelernt hatte, daß ich die Stufen weder hinaufstieg, wie ein Opfer der Gerechtigkeit, das auf der obersten das Leben verlieren soll ... noch mit solchen hüpfenden Schritten, als ich thue, wenn ich zu dir, Elisa! hinauffliege, um es zu finden.

Als ich in die Thüre des Salons trat, kam mir ein Mann entgegen, der vermuthlich *Maitre d'hotel* seyn möchte, aber mehr aussah, als einer von den Untersecretairs, welcher mir sagte, der *Duc de Choiseul* habe Geschäfte ... ich weis ganz und gar nichts, sagt' ich, von den Formalitäten, die erfordert werden, zur Audienz zu gelangen, ich bin hier völlig fremd; und was bey den gegenwärtigen Zeitläuften vielleicht noch schlimmer ist, ich bin ein Engländer. Er versetzte, das vergrössere die Schwierigkeiten nicht ... Ich machte ihm eine leichte Verbeugung, und sagt' ihm, daß ich dem *Monsieur le Duc* etwas wichtiges vorzutragen hätte.

Der Secretair sah nach der Treppe hinauf, als ob er im Begriff stünde, mich zu verlassen, um diese Nachricht jemanden zu überbringen ... Aber, sagt' ich, Sie müssen mich nicht unrecht verstehen, denn, was ich vorzubringen habe, ist für *Monsieur le Duc de Choiseul* auf keine Art und Weise wichtig, aber sehr wichtig für mich selbst. ... *C'est une autre affaire*, versetzte er. ... Ganz und gar nicht, sagt' ich, für einen so braven Herrn ... Aber ich bitte, fuhr ich fort, mein lieber Herr, wie bald kann ein Fremder hoffen, vorgelassen zu werden? ... Nicht vor zwo Stunden, sagt' er, und sah dabey auf seine Uhr. Die Menge von Karossen, die im Hofplatze stunden, schien die Rechnung zu rechtfertigen, daß ich keine nähere Hoffnung haben könnte ... Da nun das Auf- und Niedergehen in dem Salon, ohne eine Seele zu haben, mit der ich reden könnte, die Zeit über, eben so schlimm war, als in der Bastille zu sitzen: so lief ich den Augenblick wieder zurück nach meiner Remise, und befahl dem Kutscher, nach dem *Cordon bleu* zu fahren, welches das nächste Hotel war.

Ich denke, das Schicksal muß mit im Spiele seyn, ... daß ich selten nach dem Orte komme, wo ich hin will.

DER PASTETENHÄNDLER.

Versailles.

Eh' ich noch halb die Gasse hinunter war, änderte ich meinen Vorsatz: da ich doch einmal in Versailles bin, dacht' ich, könnte ich auch wohl die Stadt besehen; ich zog also die Schnur an, und befahl dem Kutscher durch einige Hauptgassen zu fahren ... Ich denke, der Ort ist eben nicht sehr groß. ... Der Kutscher bat um Verzeihung, daß er mich anders belehren müßte, und sagte mir, er wäre *superbe*, und viele von den vornehmsten Herzogen, Marquis und Grafen hätten hier Hotels ... Der Graf *de B**** von welchem mir, den Abend vorher, der Buchhändler im *Quai de Conti* so viel schönes gesagt hatte, kam mir alsobald in den Sinn. Und warum, dacht' ich, sollte ich nicht zu dem Grafen *de B**** gehn, der eine so hohe Meynung von den Engländern und englischen Büchern hat, und ihm meine Geschichte erzählen? Damit änderte ich meinen Vorsatz zum zweytenmale ... In der That war es zum drittenmale, denn ich hatte mir vorgenommen, den Tag zu *Madame de Rambouillet* in *Rue St. Pierre* zu gehn, und hatte ihr, durch ihre Kammerjungfer, ehrfurchtsvoll melden lassen, daß ich sicher die Ehre haben würde, ihr meine Aufwartung zu machen ... Aber mich regieren immer die Umstände ... sie wollen sich ja nicht von mir regieren lassen: da ich also an der andern Seite der Gasse einen Mann stehen sah, der einen Korb hielt, als ob er was zu Kaufe hätte, so sagte ich zu La Fleur, er sollte zu ihm gehn, und sich nach dem Hotel des Grafen erkundigen.

La Fleur war ein wenig blaß, da er wieder kam; und sagte mir, es wäre ein *Chevalier de St. Louis*, welcher kleine Pasteten verkaufe ... Es ist nicht möglich, La

Fleur, sagt' ich . . . La Fleur konnte die Erscheinung eben so wenig erklären, als ich; er blieb aber bey seiner Aussage; er hätte das in Gold gefaßte Kreuz, sagt' er, an seinem rothen Bande im Knopfloche hängen sehen . . . und hätte in den Korb geguckt, und die Pastetchen gesehn, welche der *Chevalier* verkaufte . . . das könne ihn nicht trügen.

Ein solcher Unfall in dem Leben eines Mannes erregt eine bessere Empfindung, als Neugierde: ich konnte nicht umhin, ihn einige Zeit aus meiner Remise zu betrachten . . . Je mehr ich ihn, sein Kreuz und seinen Korb ansah, je stärker drückten sie sich in mein Gehirn. . . . Ich stieg aus der Remise, und gieng auf ihn zu.

Er hatte eine reine Schürze von Leinwand vor, die ihm bis unter die Kniee gieng, mit einer Art von Latz der ihm halb an die Brust reichte; über diesem hieng das Kreuz, doch so, daß es unter den Saum fiel. Sein Korb mit Pastetchen war mit einer weissen Serviette bedeckt; eine andre von derselben Gattung, war über den Boden gebreitet, und alles sah so nett und reinlich aus, daß man ihm seine Pastetchen eben so gut aus Appetit als Gutherzigkeit abgekauft haben möchte.

Er bot sie aber keinem von beyden an; sondern stund damit ganz still an der Ecke eines Hotels, und verkaufte sie denen, welche sie unangerufen kaufen wollten.

Er war ungefähr acht und vierzig Jahr alt . . . hatte einen gesetzten Blick, der sich ein wenig der Ernsthaftigkeit näherte. . . . Mich nahm das nicht wunder. Ich gieng gleichsam mehr zu dem Korbe, als zu ihm, und nachdem ich die Serviette in die Höhe gehoben, und eine von seinen Pastetchen in die Hand genommen hatte, bat ich, er möchte mir doch die Erscheinung erklären, die mein Gemüth bewegte.

Er erzählte mir in wenig Worten, daß er seine besten

Jahre im Kriegsdienste zugebracht, in welchem er, nachdem er sein kleines Vermögen dabey zugesetzt, eine Compagnie und dabey das Kreuz erhalten hätte: da aber beym letzten Friedensschlusse sein Regiment eingegangen, und das ganze Corps, nebst verschiednen von etlichen andern Regimentern, ohne Versorgung geblieben; so habe er sich in der weiten Welt, ohne Freunde, ohne Geld . . . und in der That, sagt' er, ohne das Geringste, bis auf dies . . . (hier zeigte er auf sein Kreuz,) gefunden. . . . Der arme Chevalier erwarb sich mein Mitleiden, und er endigte den Auftritt damit, daß er meine Hochachtung dazu gewann.

Der König, sagt' er, wäre der großmüthigste Prinz, aber seine Großmuth könnte weder allen helfen, noch jedweden belohnen, und es wäre bloß sein Unglück, daß er unter der Zahl sey. Er hätte ein kleines Weibchen, sagt' er, die er liebte, welche die Pastetchen bücke, und fügte hinzu, er hielt sichs für keine Schande, auf diese Art, sie und sich selbst vor dem äussersten Mangel zu schützen . . . die Vorsehung müßte ihm denn eine bessre zeigen.

Es wäre hartherzig, dem edelmüthigen Leser das Vergnügen vorzuenthalten, und das zu überschlagen, was dem armen *Chevalier de St. Louis*, ungefähr neun Monate nachher, begegnete.

Es scheint, daß er seinen Stand gewöhnlich nahe an der eisernen Pforte nahm, welche nach dem Pallaste führt, und da sein Kreuz vieler Menschen Augen auf sich gezogen, so hatten viele Menschen eben die Fragen an ihn gethan. Er hatte ihnen dieselbe Geschichte erzählt, und allemal mit so vieler Bescheidenheit und Vernunft, daß sie zuletzt vor die Ohren des Königs gelangt war. Da dieser hörte, daß der *Chevalier* als ein braver Officier gedient hätte, und von dem ganzen Regimente, als ein Mann von Ehre und Rechtschaffenheit hochgeschätzt worden sey; so legte er ihm seinen kleinen Handel durch eine jährliche Pension von funfzehn hundert Livres.

Da ich diese Begebenheit dem Leser zu gefallen erzählt habe: so bitte ich um die Erlaubniß, eine andre, ausser ihrer Ordnung, mir selbst zu gefallen, zu erzählen ... Die beyden Geschichten verbreiten ein Licht über einander, und es wäre Schade, daß sie getrennt werden sollten.

DER DEGEN.

Rennes.

Da ganze Reiche und Staaten ihre Perioden des Verfalls haben, und sie die Reihe trifft zu fühlen, was Noth und Armuth ist . . . so verweile ich mich nicht bey den Ursachen und Zufällen, welche das Haus d'E** in Bretagne nach und nach herunter brachten. Der Marquis d'E*** hatte mit großer Standhaftigkeit gegen seine Umstände angerungen, weil er wünschte, einige Überreste von dem, was seine Vorfahren gewesen, aufzubewahren, und sich auch der Welt zu zeigen . . . Sie hatten sich aber so viel gezeigt, daß Ers nicht konnte. Es war genug übrig für die kleinen Bedürfnisse der *Dunkelheit* . . . aber er hatte zween Knaben, die riefen ihn an um *Licht* . . . Er glaubte, sie verdienten es . . . Er hatte seinen Degen versucht . . . der konnte ihm keinen Weg *öffnen* . . . das *Steigen* war mit so viel Kosten verknüpft . . . und blosses Sparen konnte solche nicht bestreiten . . . es blieb kein Mittel übrig, als der Handel.

In einer jeden andern französischen Provinz, als Bretagne, hieß dies auf ewig dem kleinen Baume die Wurzeln verdorren machen, welchen sein Stolz und seine väterliche Liebe wieder wünschte auf blühen zu sehn . . . Er machte sich aber den Umstand zu Nutze, daß in Bretagne dafür gesorgt ist; und bey der Gelegenheit, daß die Stände zu Rennes versammlet waren, gieng der Marquis, begleitet von seinen beyden Söhnen, zum Gerichtshofe, und nachdem er das Recht eines alten Gesetzes des Herzogthums für sich angeführt hatte, welches, wie er sagte, deswegen nicht weniger kräftig wäre, ob es gleich selten angerufen würde: so nahm er seinen Degen von der Seite . . . Da, sagt' er, nehmen Sie ihn in getreue Verwahrung, bis bessere Zeiten mich in den Stand setzen, ihn wieder zu begehren.

Der Präsident nahm den Degen des Marquis an ... er blieb einige Minuten, um ihn in das Archiv seiner Familie niedergelegt zu sehn, und gieng weg.

Den folgenden Tag begab sich der Marquis mit allen den Seinigen auf ein Schiff nach Martinique, und nach ungefähr neunzehn oder zwanzig Jahren eines glücklichen Fleisses im Handel, nebst einigen unverhofften Erbschaften von weitläuftigen Verwandten ... kam er zurück, seinen Adel zu reclamiren und zu unterstützen.

Durch einen sehr glücklichen Zufall, der keinem andern, als einem empfindsamen Reisenden zu begegnen pflegt, mußte ich zur Zeit dieser feyerlichen Requisition eben zu Rennes seyn. Ich nenne sie feyerlich ... mir war sie's.

Der Marquis trat mit seiner ganzen Familie in den Audienzsaal; führte seine Gemahlinn, ... sein ältester Sohn hatte seine Schwester an der Hand, und der jüngste gieng an dem andern Ende der Linie, bey seiner Mutter ... Er hielt zweymal sein Schnupftuch vors Gesichte.

... Es herrschte ein tiefes Stillschweigen. Als sich der Marquis dem Tribunale bis auf sechs Schritte genähert hatte, gab er die Marquisinn seinem jüngsten Sohne, trat drey Schritte vor seiner Familie hervor ... und reclamirte seinen Degen. Sein Degen ward ihm gegeben, und den Augenblick, da er ihn in die Hand bekommen hatte, zog er ihn fast ganz aus der Scheide ... Es war das leuchtende Antlitz eines Freundes, den er einst für verlohren geachtet hatte. ... Er betrachtete ihn sehr aufmerksam, von dem Knopf bis an die Spitze, gleichsam um zu sehen, obs auch derselbige wäre ... Als er eines kleinen Rostfleckens gewahr ward, der sich nicht weit von der Spitze angesetzt hatte, hielt er ihn näher vor die Augen, und als er sich mit dem Kopfe darüber bückte, dünkte mich, eine Thräne auf die Stelle fallen zu sehen. Aus dem Folgenden erhellet, daß ich mich nicht geirret.

»Ich werde schon«, sagt' er, »ein *anderes Mittel* finden, ihn heraus zu bringen.«

Als der Marquis dieses gesagt hatte, steckte er seinen Degen wieder in die Scheide, neigte sich gegen die, welche ihn aufbewahrt hatten ... und gieng mit seiner Gemahlinn und Tochter, und seinen beyden Söhnen, die ihm folgten, hinaus.

O, wie beneidete ich ihm seine Empfindungen!

DER GELEITSBRIEF.

Versailles.

Ich ward ohne Schwierigkeit bey dem Grafen de B*** vorgelassen. Shakespears Werke lagen auf dem Tische, und er war beschäftigt, darin zu blättern. Ich gieng nah an den Tisch, und nachdem ich vorher einen solchen Blick auf die Bücher geworfen hatte, woraus er verstehen konnte, daß ich wüßte, was sie wären, sagt' ich zu ihm, ich käme, ohne jemand zu haben, der mich einführte, weil ich wüßte, in seinem Zimmer einen Freund anzutreffen, der, wie ich nicht zweifelte, mir diesen Dienst leisten würde. . . . Es ist mein Landsmann, der große Shakespear, sagt' ich, und zeigte auf seine Werke . . . *et ayez la bonte, mon cher ami*, setzt' ich hinzu, Shakespears Geist anredend, *de me faire cet honneur là* . . .

Der Graf lächelte über diese sonderbare Art von Einführung, und da er gewahr ward, daß ich ein wenig blaß und kränklich aussah, wollte er haben, daß ich einen Lehnstuhl nehmen sollte: also setzte ich mich, und ihm das Kopfzerbrechen über einen so ganz unregelmäßigen Besuch zu ersparen, erzählte ich ihm ohne Umschweif den Vorfall im Buchladen, und wie mich das angetrieben hätte, mich mit der Geschichte einer kleinen Verlegenheit, worin ich wäre, lieber an ihn, als sonst an jemand in Frankreich zu wenden. . . . Und was ist ihre Verlegenheit? Lassen Sie die mich hören, sagte der Graf. Damit erzählt' ich ihm die Geschichte, gerade so, wie ich sie dem Leser erzählt habe. . . .

. . . Und der Wirth meines Hotels, sagt' ich, wie ich sie beschloß, will mit aller Gewalt, *Monsieur le Comte*, daß ich nach der Bastille soll . . . aber ich fürchte mich nicht, fuhr ich fort . . . denn, da ich in die Hände des

Wallerant Vaillant (1623–1677):
»Steckbrett«. Trompe-l'œil in Öl auf Leinwand,
1658.

gesittetsten Volkes von der Welt gefallen, und überzeugt bin, daß ich ein ehrlicher Mann sey, der nicht gekommen ist, die Blöße des Landes auszuspähen, so habe ich kaum gedacht, daß ich von ihnen was zu besorgen hätte. ... Es besteht nicht mit der französischen Tapferkeit, *Monsieur le Comte*, solche an Invaliden zu beweisen.

Eine lebhafte Röthe stieg auf die Wangen des Grafen de B***, als ich dies sagte ... *Ne craignez rien* ... fürchten Sie nichts, sagt' er ... Das thu' ich auch nicht, versetzt' ich von neuem ... überdem, fuhr ich in einem etwas scherzhaften Tone fort, habe ich den ganzen Weg über von London bis Paris gelacht, und ich denke nicht, daß *Monsieur le Duc de Choiseul* ein solcher Feind der Freude ist, daß er mich, mein Leid beweinend, zurück schicken sollte.

Warum ich mich, *Monsieur le Comte de B**** (wobey ich mich ein wenig bückte) an Sie wende, ist, ihn zu ersuchen, daß ers nicht thun möge.

Der Graf hörte mich mit ungemeiner Gütigkeit an, sonst hätt' ich nicht halb so viel gesagt ... und ein paar mal wiederholt' er: *C'est bien dit* ... Also ließ ichs dabey beruhen ... und beschloß, nichts weiter davon zu erzählen.

Der Graf führte das Gespräch: wir redeten von gleichgültigen Sachen ... von Büchern und Welthändeln, und Menschen ... und dann vom Frauenzimmer ... Gott segne sie alle! sagt' ich, nachdem viel davon gesprochen worden; kein Mensch auf der Welt liebt das Frauenzimmer so sehr als ich: nach allen Schwachheiten, die ich von ihm gesehen, und nach allen Satyren, die ich darauf gelesen habe, lieb' ichs doch noch immer fort; und bin fest überzeugt, daß ein Mann, der nicht eine Art von Zuneigung zum ganzen schönen Geschlechte hat, unfähig ist, eine einzige zu lieben, wie es sich gebühre. *He bien Monsieur l'Anglois*, sagte der Graf lachend, ... Sie sind nicht gekommen, die Blöße des Landes auszuspähen ... ich glaube Ihnen ... *ni encore*, darf ich behaupten, unsrer Weiber ihre ... Aber erlauben sie mir, zu vermuthen ... daß, wenn Sie Ihnen *par hazard* in den Wurf kämen, sie den Prospekt nicht reizend finden würden.

Ich fühle etwas in mir, welches den Stoß der verstecktesten Zweydeutigkeit nicht ertragen kann. Im scherzhaftesten Geplauder hab' ich mich oft bestrebt, es zu überwinden, und mit unsäglicher Mühe hab' ich, gegen ein Dutzend Frauenzimmer beysammen, sehr viele Dinge gewagt ... davon ich nicht das Geringste gegen ein einzelnes wagen könnte, wenn ich auch das Leben damit zu gewinnen wüßte.

Verzeihen Sie, *Monsieur le Comte*, sagt' ich, ... Was die Blöße Ihres Landes betrifft, würde ich meine Augen darüber aufheben und weinen, wenn ich sie sähe ... und was Ihrer Weiber ihre betrifft, (ich erröthete über die Idee, die er in mir rege gemacht hatte) so bin ich in diesem Punkte so evangelisch, und habe ein so menschliches Gefühl gegen alles, was sie schwaches an sich haben, daß ichs gerne bemänteln möchte, wenn ich nur wüßte, wie ichs angreifen sollte ... Aber ich möchte wünschen, fuhr ich fort, die *Blöße* ihrer Herzen auszuspähen, und durch die verschiedenen Verkleidungen der Gebräuche, des Himmelstrichs, und der Religionen, auszufinden, was sie gutes an sich haben, um das meinige darnach zu bilden ... und deswegen bin ich gekommen.

Aus dieser Ursache, *Monsieur le Comte*, fuhr ich fort, hab' ich weder den *Palais royal* ... noch *Luxembourg* ... noch die *Façade* des *Louvre* besehen ... noch mich bemühet, die Verzeichnisse, die wir von Gemälden, Statuen und Kirchen haben, anzuschwellen ... ich denke mir jedes schöne Wesen, als einen Tempel, in den ich lieber gehn, und wo ich die darin aufgehangenen Originalgemälde und leichten Skizzen lieber betrachten möchte, als selbst die Verklärung vom Raphael.

Der Durst nach diesem, fuhr ich fort, eben so ungeduldig, als der, welcher die Brust des Raritätensammlers entzündet, hat mich von meiner Heymath nach Frankreich geführt, ... und wird mich von Frankreich durch Italien führen ... es ist eine ruhige Reise des Herzens, nach *Natur* und nach solchen Regungen, welche aus ihr entspringen, und uns treiben, einander zu lieben ... ja die ganze Welt, mehr, als wir pflegen.

Der Graf sagte mir hierüber allerley Höflichkeiten, und setzte sehr verbindlich hinzu, wie sehr er Shakespear verbunden wäre, daß er mich ihm bekannt gemacht hätte. ... Aber, *à propos*, sagt' er, Shakespear ist voll von großen Dingen ... Er hat die geringe Kleinigkeit vergessen, mir ihren Namen zu nennen. Das setzt Sie in die Nothwendigkeit, es selbst zu thun.

DER GELEITSBRIEF.

Versailles.

Nichts in der Welt macht mir mehr zu schaffen, als wie ichs angreifen soll, jemanden zu sagen, wer ich bin ... Denn man soll schwerlich einen Menschen finden, den ich nicht besser beschreiben kann, als mich selbst; ich habe oft gewünscht, ich könnt' es thun mit Einem Wort ... und damit aus. Dieses war das einzigemal, und die einzige Gelegenheit in meinem Leben, da ich das auf eine gute Art thun konnte ... denn Shakespear lag auf dem Tische; ich erinnerte mich, daß ich in dem Buche stünde; ich nahm also den Theil in die Hand, und schlug im Hamlet den Todtengräber-Auftritt im fünften Akte auf, legte meinen Finger unter *Yorick*, und indem ich dem Grafen das Buch vorhielt, und den Finger bey dem Namen fest liegen ließ, sagt ich ... *Me voici!*

Ob nun die Idee von des armen Yoricks Schedel, durch die Wirklichkeit des meinigen, dem Grafen aus dem Gedächtnisse gekommen, oder durch was für eine Magie er einen Zeitraum von sieben bis achthundert Jahren überhüpfen konnte, das thut hier nichts zur Sache ... Es ist gewiß, daß die Franzosen leichter begreifen, als Begriffe mit einander verbinden. ... Ich wundre mich über nichts in der Welt, am wenigsten hierüber; um desto weniger, da einer der Vornehmsten von unsrer eignen Kirche, für dessen Rechtschaffenheit und väterliche Gesinnungen ich die höchste Ehrfurcht hege, in eben dem Falle, in eben denselben Irrthum gerieth.

... »Er könnt' es nicht übers Herze bringen« sagt' er, »Predigten zu lesen, welche des Königs von Dännemerk Hofnarr geschrieben hätte.« Gut Mylord! sagt' ich . . . es giebt aber zween Yoricks. Der Yorick, an den Ew. Hochwürden denken, ist schon vor achthundert Jahren gestorben und begraben; er florirte an Horwendillus Hofe . . . der andre Yorick bin ich selbst, Mylord, welcher an keinem Hofe florirt hat. . . . Er schüttelte den Kopf . . . Gütiger Himmel! sagt' ich, Sie könnten eben so leicht Alexander den Grossen mit Alexander dem Kupferschmiede verwechseln, Mylord! . . . Es wäre alles einerley, versetzte er . . .

. . . Wenn Alexander, der König von Macedonien, Ew. Hochwürden hätte versetzen können, sagt' ich, so bin ich sicher, Ew. Hochwürden würden nicht so gesprochen haben.

Der arme Graf de B*** fiel bloß in eben den *Irrthum*. . . .

. . . *Et, Monsieur, est-il Yorick?* rief der Graf. . . . *Je le suis*, sagt' ich. . . . *Vous?* . . . *Moi-même, qui ai l'honneur de vous parler, Monsieur le Comte*. . . . *Mon Dieu!* sagt' er, und umarmte mich. *Vous êtes Yorick!*

Der Graf steckte auf der Stelle den Shakespear in die Tasche, und ließ mich alleine in seinem Zimmer.

DER GELEITSBRIEF.

Versailles.

Ich konnte nicht begreifen, warum der Graf de B*** so plötzlich aus dem Zimmer gegangen war, so wenig, als ich begreifen konnte, warum er den Shakespear zu sich gesteckt hatte. ... *Geheimnisse, welche sich selbst entwickeln müssen, sind der Zeit nicht werth, welche das Grübeln darüber wegnimmt:* es war besser, im Shakespear zu lesen; damit schlug ich auf, »*viel Lermens um Nichts*,« versetzte mich augenblicklich aus dem Lehnstuhle, worin ich saß, nach Meßina in Sicilien, und ward so geschäftig mit Don Pedro, Benedict und Beatrix, daß ich weder an Versailles, noch an den Grafen, noch an den Geleitsbrief dachte.

Glückliche Biegsamkeit des menschlichen Geistes, die sich auf einmal solchen Täuschereyen überlassen kann, welche der Erwartung und dem Gram ihre langwierigen Augenblicke aus den Händen spielen. ... Lange, ... lange schon hättet ihr meine Tage aufsummirt, wenn ich nicht einen grossen Theil davon auf diesem bezauberten Boden hingewandelt hätte.

Wenn mein Weg zu höckerich für meine Füsse, oder zu steil für meine Kräfte ist, so geh' ich davon zu irgend einem ebenen sammtnem Pfade, welchen die Phantasie mit Rosenknospen des Vergnügens überstreut hat; und wann ich eine kleine Weile darauf fort gewandelt bin, komm' ich gestärkt und erfrischt zurück ... Wenn die Widerwärtigkeiten auf mich eindringen, und ich keinen Schutzort auf dieser Welt finden kann, so wähl ich einen neuen Weg ... Ich verlasse sie ... und weil ich eine deutlichere Idee von den Elisäischen Feldern habe, als vom Himmel, so dränge ich mich da hinein, gleich dem Äneas. ... Ich seh ihn, dem gedankenvollen

Schatten seiner verlassenen Dido begegnen ... und wie er wünscht, mit ihr zu reden ... Ich sehe die beleidigte Königinn, wie sie den Kopf schüttelt, und stillschweigend den Urheber ihres Jammers und ihrer Schande verläßt. ... Das Gefühl meiner eignen Leiden verliert sich in den ihrigen ... und in den Empfindnissen, welche mich schon gewöhnlich um sie bekümmert machten, als ich noch auf Schulen war.

Fürwahr, dies heißt nicht, in einem eitlen Schatten wandeln ... Noch sind hierüber die Unruhen des Menschen EITEL ... Es ist öfters so, wenn er sich wegen des Ausgangs seines innerlichen Aufruhrs allein auf die Vernunft verläßt. Ich kann von mir mit Wahrheit sagen, ich war niemals vermögend, eine einzige böse Empfindung in meinem Herzen so völlig zu besiegen, als wenn ich, sobald als möglich, irgend eine andere gutartige und sanfte Empfindung zu Hülfe rufte, um sie auf ihrem eignen Grund und Boden zu schlagen.

Als ich mit dem dritten Akte zu Ende war, trat der Graf von B*** ins Zimmer, mit meinem Geleitsbriefe in der Hand. Ich versichere Sie, *Monsieur le Duc de Choiseul*, sagte der Graf, ist ein so guter Prophet, als er Staatsmann ist ... *Un homme qui rit*, sagte der *Duc*, *ne sera jamais dangereux*. ... Wär' es für jemand anders gewesen, als für den königlichen Hofspaßmacher, fügte der Graf hinzu, ich hätt' ihn noch in zwo Stunden nicht erhalten ... *Pardonnez-moi, Monsieur le Comte*, sagt' ich ... Ich bin nicht königlicher Hofspaßmacher ... Sie sind doch wohl Yorick? ... Ja ... *Et vous plaisantez?* ... Ich antwortete, ich machte freylich Spaß ... ich würde aber nicht dafür bezahlt ... es wäre gänzlich auf meine Kosten.

Wir haben keinen Spaßmacher am Hofe, *Monsieur le Comte*, sagt' ich, der letzte, den wir hatten, war unter der zügellosen Regierung Carls des zweyten. ... Seitdem haben sich unsre Sitten so stufenweise verfeinert, daß gegenwärtig unser Hof so voller Patrioten ist, welche *nichts* wünschen, als die Ehre und den Reichthum ihres Vaterlandes ... und unsre Damen sind alle so keusch, so rein, so gut, so andächtig ... daß nichts da ist, woraus ein Spaßmacher einen Spaß machen könnte.

Voila un persiflage! rief der Graf.

DER GELEITSBRIEF.

Versailles.

Der Geleitsbrief war gerichtet an alle Gouverneurs, Gouverneurlieutenants und Commandanten von Städten, Generale von Armeen, Richter und alle Gerichtsbeamte: den Herrn *Yorick*, königlichen Hofspaßmacher, mit seiner Bagage, frey und ungehindert paß- et repassiren zu lassen. ... Ich gestehe, der Triumph über die Erhaltung des Geleites, ward nicht wenig durch die Figur verdunkelt, die ich darin machte ... Aber in der Welt ist nichts ohne Vermischung; und einige von unsern ernsthaftesten Theologen sind so weit gegangen, zu behaupten, daß selbst der Genuß mit einem Seufzer begleitet sey ... und daß der höchste, *den sie kennten*, sich, *gewöhnlicher Weise*, mit wenig besserm, als einer Convulsion endige.

Ich erinnre mich, daß der hoch- und wohlgelahrte Bevoriskius, in seinem Commentar über die Geschlechter der Menschen von Adam an, mitten in einer Note sehr natürlich abbricht, um der Welt Nachricht von einem Paar Sperlinge zu geben, welche sich draussen an seinen Fensterramen gesetzt, und ihn immer in seinem Schreiben gestört, und zuletzt von seiner Genealogie gänzlich abgebracht hatten. »Es ist wunderbar!« schreibt Bevoriskius; »die Sache hat aber ihre Richtigkeit, denn ich bin so neugierig gewesen, jedesmal einen Strich mit der Feder anzuzeichnen ... Während der kurzen Zeit, daß ich die andre Hälfte dieser Note hätte ausschreiben können, hat mich das Männchen wirklich drey und zwanzig und ein halb mal, durch seine wiederholten Liebkosungen gestört.«

»Wie liebreich« fährt Bevoriskius fort, »ist doch der Himmel gegen seine Geschöpfe!«

Unglücklicher Yorick! daß der ernsthafteste von deinen Amtsbrüdern so etwas für die Welt schreiben muß, welches dein Gesicht mit Purpur färbt, da du es bloß in deiner Studierstube abschreibst.

Dies aber hat mit meinen Reisen nichts zu schaffen. ... Doch wenn ich nur zweymal ... zweymal um Vergebung bitte, so werde ich Nachsicht finden.

CHARAKTER.

Versailles.

Und wie gefallen Ihnen die Franzosen? sagte der Graf de B*** nachdem er mir den Geleitsbrief zugestellet hatte.

Der Leser kann leicht denken, daß es mir nach einer so verbindlichen Probe von seiner Gefälligkeit, nicht schwer fallen mußte, etwas schmeichelhaftes auf seine Frage zu antworten.

... *Mais passe, pour cela* ... reden Sie offenherzig, sagt' er, finden Sie bey der Nation alle die Urbanität, wovon wir in der Welt den Ruhm haben? ... Ich hätte, sagt' ich, nichts gefunden, als was ihn bestätigte ... *Vraiment*, sagte der Graf ... *Les François sont polis*. ... Bis zum Exceß, sagt' ich.

Der Graf faßte das Wort *Exzeß* auf, und wollte behaupten, ich meynte mehr, als ich sagte. Ich vertheidigte mich eine lange Weile, so gut ich konnte ... Er bestund darauf, ich hielte hinterm Berge, ich sollte meine Meynung frey heraus sagen.

Ich glaube, *Monsieur le Comte*, sagt' ich, daß der Mensch, so gut als ein Clavier, oder ein Oboe, seine abgemeßne Höhe und Tiefe hat; und daß sowohl das gesellige, als andre Concerte, zuweilen alle ihre Töne gebrauchen: dergestalt, daß wenn man in diesem Falle einen Ton hinauf oder herunter transponirt, nothwendig, entweder unten oder oben einer fehlen muß, um den Gesang in seiner wahren Octave vorzutragen. ... Der Graf de B*** verstand nichts von der Musik, er verlangte also, ich möchte mich auf eine andere Art erklären. Eine polirte Nation, mein lieber Herr Graf, sagt' ich, legt einem jeden Verbindlichkeiten auf; und überdem hat die Urbanität selbst, gleich dem schönen

Geschlechte, so viele Reizungen, daß man es nicht übers Herz bringen kann, zu sagen, sie könne schädlich werden. Und dennoch, glaub ich', giebt es nur Eine gewisse Linie der Vollkommenheit, wohin es dem Menschen insgemein zu reichen gegeben ist ... Überschreitet er diese, so verwechselt er vielmehr seine Vollkommenheiten, als daß er welche erwirbt. Ich unterstehe mich nicht, zu sagen, in wie fern sich dieses, in Ansehung des Punctes, wovon wir sprechen, auf die Franzosen anwenden läßt. ... Sollte es aber jemals der Fall der Engländer werden, daß sie, in der Fortschreitung ihrer *Raffinements*, zu derselben Politur gelangten, welche die Franzosen auszeichnet, so würden wir, wenn wir auch nicht die Politesse des Herzens verlören, welche den Menschen mehr zu menschenfreundlichen, als höflichen Handlungen geneigt macht, doch wenigstens jene deutliche Abänderung und Eigenthümlichkeit der Charakter verlieren, welche sie nicht nur unter einander, sondern von der ganzen übrigen Welt unterscheidet.

Ich hatte einige Stücke Geld, die noch zu König Wilhelms Zeiten geschlagen, und so glatt wie Glas waren, in der Tasche. Ich sah vorher, sie würden mir bey der Erklärung meiner Hypothese zu statten kommen, und hatte sie also, da ich bis hierher gekommen war, in die Hand genommen ...

Sehen Sie, Herr Graf, sagt' ich, indem ich aufstund, und sie vor ihm auf den Tisch legte ... dadurch, daß sie seit siebenzig Jahren, da sie aus einer Tasche in die andre gegangen sind, sich an einander gescheuert und gerieben haben, sind sie einander dergestalt ähnlich geworden, daß Sie kaum ein Stück von dem andern unterscheiden können. Die Engländer, gleich den alten Schaustücken, welche man beyseite legt, und die durch wenig Hände gehen, behalten die erste Schärfe, welche ihnen die feine Hand der Natur gegeben hat ...

sie sind nicht so sanft anzufühlen ... dagegen aber ist das Gepräge so sichtbar, daß man mit dem ersten Blicke erkennt, wessen das Bild und die Überschrift ist.

... Doch, *Monsieur le Comte*, fügt' ich hinzu, indem ich das, was ich gesagt, zu mildern wünschte, die Franzosen haben so viele vortreffliche Eigenschaften, daß sie dieser desto eher entbehren können. ... Sie sind eine so treue, tapfre, großmüthige, geistreiche, und aufgeräumte Nation, als nur eine unter dem Himmel zu finden ist ... Wenn sie einen Fehler haben, so ist es der ... sie sind *zu ernsthaft*.

Mon dieu! schrie der Graf, und sprang vom Stuhl auf.

Mais vous plaisantez, sagt' er, und milderte seine Ausrufung. ... Ich legte meine Hand auf meine Brust, und versicherte ihn mit gesetztem Ernste, es wäre meine völlige Meynung.

Der Graf sagte, es thäte ihm leid, daß er nicht Zeit hätte, meine Gründe zu hören, weil er den Augenblick genöthiget wäre, weg zu gehn, um bey dem *Duc de Choiseul* zu speisen.

Wenn es Ihnen aber nicht zu weit ist, nach Versailles zu kommen, eine Suppe mit mir zu essen, so bitt' ich, daß ich, bevor Sie Frankreich verlassen, das Vergnügen habe, zu erfahren, wie Sie ihre Meynung zurück nehmen ... oder, wie Sie es anfangen wollen, sie zu behaupten. ... Aber, wenn Sie sie behaupten, *Monsieur l'Anglois*, sagt' er, so müssen Sie es ja mit allen möglichen Gründen thun, weil Sie die ganze Welt gegen sich haben. ... Ich versprach dem Grafen, ich würde mir die Ehre geben, ihm bey Tische aufzuwarten, eh' ich Frankreich verliesse. ... Damit nahm ich Abschied.

DIE VERSUCHUNG.

Paris.

Als ich vor dem Hotel ausstieg, sagte mir der Aufwärter, daß eben ein junges Frauenzimmer mit einem Handkörbchen, nach mir gefragt hätte. . . . Ich weis nicht, sagte der Aufwärter, ob sie schon wieder weg ist, oder nicht. Ich ließ mir von ihm den Schlüssel zum Zimmer geben, und stieg die Treppen hinauf; und als ich bis auf zehn Stufen zu meinem Vorplatze gekommen war, begegnete ich ihr, als sie gleich herunter gehen wollte.

Es war die hübsche Kammerjungfer, mit der ich über den *Quai de Conti* gegangen. *Madame de Rambouillet* hatte sie nach einer Putzkrämerinn geschickt, die nahe am *Hotel de Modene* wohnte, und da ich nicht gekommen war, sie zu besuchen, hatte sie ihr befohlen, sich zu erkundigen, ob ich Paris schon wieder verlassen, und wenn das, ob ich nicht einen Brief an sie zurück gelassen hätte?

Da die hübsche Kammerjungfer so nahe bey meiner Thüre war, kehrte sie mit zurück, und gieng auf ein Paar Augenblicke, indeß ich eine Karte schreiben wollte, mit in mein Zimmer.

Es war ein stiller, heiterer Abend, am Ende des Monats May . . . die rothen Fenstergardinen, (mit den Vorhängen des Bettes von einer Farbe,) waren zugezogen . . . die Sonne neigte sich, und warf dadurch eine so warme Dinte auf die Wangen des hübschen Kammermädchens, daß ich dachte, sie erröthete . . . der Gedanke jagte mir selbst eine Röthe ab . . . wir waren ganz allein; und dieses brachte mir eine zweyte Röthe ins Gesicht, ehe noch die erste Zeit gehabt hatte, zu verfliegen.

Es giebt eine Art von angenehmem, halb schuldigem Erröthen, wobey das Blut mehr Schuld hat, als der Mensch ... Es wird mit Heftigkeit vom Herzen abgesendet, und die Tugend fliegt hinterher ... nicht, um es zurück zu rufen, sondern die Empfindungen, die es verursacht, den Nerven noch angenehmer zu machen. ... Sie gesellt sich damit.

... Aber ... ich will es nicht beschreiben. Ich fühlte Anfangs etwas in mir, welches mit den Lehren der Tugend, die ich ihr den vorigen Abend gegeben hatte, nicht völlig einträchtig war. ... Ich suchte fünf Minuten nach einer Karte ... Ich wußte, ich hätte keine ... Ich ergriff eine Feder ... legte sie wieder nieder ... die Hand zitterte mir ... Der Satan war in mich gefahren.

Ich weis so gut als ein anderer, daß er ein Widersacher ist, welcher, wenn wir widerstehen, von uns fleucht ... Aber ich thu' ihm selten den geringsten Widerstand; aus Angst, daß, ob ich gleich siegte, mich doch der Kampf Wunden kosten möchte ... Ich gebe also den Triumph gegen die Sicherheit auf; und anstatt darauf zu denken, ihn in die Flucht zu schlagen, flieh ich die meiste Zeit lieber selbst.

Das hübsche Kammermädchen kam zu dem Schreibepulte, wo ich nach der Karte suchte ... nahm erst die Feder auf, die ich niedergeworfen, dann wollte sie mir das Dintefaß halten: Sie that es mit einer so reizenden Art, daß ichs bald angenommen hätte ... Aber ich wagte es nicht ... Mein Kind, ich habe nichts, worauf ich schreiben kann, sagt' ich ... O, sagt' sie ganz unschuldig, schreiben Sie, worauf Sie wollen. ...

Ich wollte eben ausrufen: So will ich's, schönes Mägdchen! auf deine Lippen schreiben.

Ich bin verloren, wenn ichs thue, sagt ich ... Ich nahm sie also bey der Hand, und führte sie zur Thüre, und bat, sie möchte die Ermahnung nicht vergessen, die ich ihr gegeben hätte ... Sie sagte, das wollte sie sicher nicht ... und da sie das etwas ernsthaft sagte, wandte sie sich, und gab mir ihre zusammengeschlagenen Hände in die meinigen ... Es war unmöglich, solche in der Lage nicht zu drücken ... Ich wünschte, sie loszulassen, und die ganze Zeit über, da ich sie hielt, predigte ich mir selbst dagegen ... und doch hielt ich sie getrost weg ... In zwo Minuten fand ich, daß ich den ganzen Kampf von neuem zu kämpfen hatte ... und ich fand, daß alle mein Gebein vor dem Gedanken erzitterte.

Der Fuß des Bettes war von dem Orte, wo wir stunden, anderthalb Schritte entfernt ... Ich hielt noch immer ihre Hände ... und wie es zugieng? vermag ich nicht zu sagen, aber ich bat sie nicht ... zog sie nicht ... dachte auch nicht auf das Bette ... aber auf einmal wars geschehen, und wir sassen beyde.

Ich will Ihnen nun auch den kleinen Beutel zeigen, sagte die hübsche Kammerjungfer, den ich mir heute zu Ihrer Krone gemacht habe. Damit griff sie mit der Hand in ihre rechte Tasche, an meiner Seite, und suchte einige Zeit darnach ... dann in der linken ... »Sie hatt' ihn verloren« ... Ich habe niemals mit mehr Ruhe gewartet ... endlich fand er sich noch in ihrer rechten Tasche ... Sie zog ihn heraus; er war von grünem Taffent mit weißem Atlas gefüttert und eingefaßt, und eben groß genug für die Krone. ... Sie gab ihn mir in die Hand ... er war artig; ich hielt ihn zehn Minuten in der Hand, die ich verkehrt auf ihrem Schooße liegen hatte ... und sah zuweilen auf den Beutel, zuweilen nach der einen Seite ...

Es waren an den Falten meines Hemdekragens ein oder ein Paar Stiche losgegangen ... Die hübsche Kammerjungfer zog, ohne ein Wort zu sagen, ihr kleines Nähzeug heraus, fädelte eine kleine Nadel ein, und nähete es zu ... Ich sah vorher, es würde den Ruhm des Sieges aufs Spiel setzen, und so wie sie stillschweigend mit der Hand, beym Nähen, um meinen Nacken hin und her fuhr, fühlte ich, daß der Lorbeer, den die Phantasie um meine Schläfe gewunden, abzufallen drohte.

Ihr war im Gehen ein Schuhriemen losgegangen, und die Schnalle wollte eben ausfallen ... Sieh! sagte die Kammerjungfer, und hielt den Fuß in die Höhe ... Ich konnts für mein Leben nicht lassen; ich mußte ihr aus Dankbarkeit die Schnalle festmachen, und den Riemen durchziehen. ... Und als ich, da ich damit fertig war, den andern Fuß mit aufhob, um zu sehen, ob an dem nicht auch etwas los sey ... mochte ichs zu plötzlich thun ... es brachte die schöne Kammerjungfer unvermeidlich aus ihrem Gleichgewicht ... und darauf ...

DER SIEG.

Ja . . . und darauf . . . Ihr, deren eiskalte Köpfe und lauwarme Herzen eure Leidenschaften niederpredigen oder verlarven können, sagt mir, was für ein Verbrechen ist es, daß der Mensch welche hat? oder was sein Geist bey dem Vater der Geister zu verantworten hat, als wie er dagegen gestritten?

Wenn die Natur das Gewebe der zärtlichen Empfindungen so gewebt hat, daß einige Fäden von Liebe und Verlangen mit durch das Stück laufen, muß denn die ganze Webe deswegen zerrissen werden, um sie heraus zu ziehen? . . . Gieb, großer Beherrscher der Natur! gieb solchen Stoikern die Ruthe! sagt' ich bey mir selbst . . . Wohin deine Vorsehung mich stellen mag, meine Tugend zu prüfen . . . wie groß meine Gefahr . . . wie schlüpfrig die Umstände seyn mögen . . . laß mich die Regungen empfinden, die daraus entspringen, und welche mir zukommen, als einem Manne: und wenn ich solche als ein Rechtschaffener regiere, so will ich den Ausgang deiner Gerechtigkeit überlassen . . . denn du hast uns gemacht, und nicht wir selbst.

Als ich diese Anrede geendiget, hob ich das schöne Kammermädchen bey der Hand auf, und führte sie aus dem Zimmer. . . . Sie stund so lange bey mir, bis ich die Thüre verschlossen, und den Schlüssel zu mir gesteckt hatte, . . . *und darauf* . . . weil der Sieg völlig entschieden . . . und nicht eher, drückte ich meine Lippen auf ihre Wange, nahm sie wieder bey der Hand, und begleitete sie bis an die Hausthüre.

DAS GEHEIMNIS.

Paris.

Wer nur etwas vom Herzen versteht, wird einsehn, daß mirs unmöglich war, sogleich wieder nach meiner Stube zu gehen. ... Das hiesse, nach einer sehr pathetischen Arie ein Murquy spielen wollen. ... Also, nachdem ich die Hand des schönen Kammermädchens losgelassen, blieb ich einige Zeit an der Thüre des Hotels stehen, besah einen jeden der vorbey gieng, und machte darüber meine Betrachtungen, bis ein einzelner Gegenstand meine Aufmerksamkeit auf sich zog, worüber ich mir vergebens den Kopf zerbrach.

Es war eine lange Figur, mit einer philosophisch-ernsthaften finstern Miene, welche die Gasse langsam auf und nieder gieng, und nach funfzig oder sechzig Schritten an jeder Seite des Hotels wieder umkehrte ...

Der Mann war ungefähr zwey und funfzig Jahr alt ... hielt ein kleines Rohr unterm Arme ... Er trug einen dunkelgrauen Rock, Weste und Beinkleider, welche schon einige Jahre Dienste gethan zu haben schienen ... Sie waren noch nicht schmutzig, und sein ganzer Anzug hatte das Ansehen einer sparsamen Reinlichkeit.

Aus seinem Hutabziehen, und aus der Stellung, womit er verschiedene auf seinem Wege anredete, ersah ich, daß er Allmosen bat; ich nahm also ein Paar Sous aus der Tasche, die ich ihm geben wollte, wenn er mich anspräche ... Er gieng mich vorbey, ohne was zu begehren ... Und doch gieng er kaum fünf Schritte weiter, als er eine kleine Frau anredete. ... Es war sehr wahrscheinlich, daß ich mehr gegeben haben würde, als sie ... Kaum war er mit dieser Frau fertig, als er vor einer andern, die eben den Weg kam, den

Huth abzog ... Ein alter wohlgekleideter Mann kam langsam ... und nach ihm ein junger lebhafter Mensch ... Er ließ sie beyde vorüber gehn, und begehrte nichts. Ich gab eine halbe Stunde lang auf ihn Achtung, in welcher Zeit er ein Dutzendmal auf- und niedergieng, und ich bemerkte, daß er unabläßig seinem Plane folgte.

Zwey Dinge kamen mir hiebey so sonderbar vor, daß sie mein Gehirn in Arbeit setzten, aber ganz vergebens ... Das erste war, warum der Mann seine Historie *nur* dem Frauenzimmer erzählte ... und zweytens, was es für eine Historie, und was für eine Art Beredsamkeit es seyn könnte, welche die Herzen des Frauenzimmers erweichte, und wovon er wüßte, sie würden auf die Herzen der Männer keine Wirkung thun.

Es waren noch zween Umstände, welche das Geheimniß verwickelten ... der eine war, er sagte jedem Frauenzimmer, was er ihr zu sagen hatte, ins Ohr, und mit einer Art, die mehr das Ansehen eines Geheimnisses, als einer Bitte hatte. ... Der andre, daß es ihm allemal gelung. ... Er hielt niemals ein Frauenzimmer an, oder sie zog ihren Beutel heraus, und gab ihm alsobald etwas.

Ich konnte kein System formiren, woraus ich dieses Phänomenon hätte erklären können.

Ich hatte ein Räthsel aufbekommen, womit ich mich den übrigen Abend beschäftigen konnte, ich gieng also hinauf in mein Zimmer.

DER GEWISSENSFALL.

Paris.

Der Herr der Hotels folgte mir auf dem Fusse nach, ins Zimmer, und sagte mir, ich müßte mich nach einem andern Logis umsehen. ... Ey, wie so, mein Freund? sagt' ich. ... Er antwortete: ich hätte mich den Nachmittag mit einem jungen Frauenzimmer zwo Stunden in meiner Kammer verschlossen gehabt, das wäre gegen die Regeln seines Hauses. ... Gut, gut! sagt' ich, wir wollen als Freunde aus einander gehn ... denn das Mädchen ist nichts schlimmer ... und ich bin nichts schlimmer ... und auch Sie werden gerade so bleiben, als ich Sie gefunden habe. ... Es wäre hinlänglich seinem Hotel allen Credit zu nehmen. ... *Voyez vous, Monsieur*, sagte er, und zeigte nach dem Fuße des Bettes, wo wir gesessen hatten. ... Ich gesteh', es hatte einigen Schein vom Beweise; da ich aber zu stolz war, mich mit ihm in eine Untersuchung der Sache einzulassen: so ermahnte ich ihn, seine Seele in Frieden ruhen zu lassen, wie ichs mit der meinigen auf diese Nacht beschlossen hätte, und daß ich Morgen beym Frühstück bezahlen wollte, was ich ihm schuldig wäre.

Ich würde kein Wort drum fallen lassen, Monsieur, sagt' er, hätten Sie auch zwanzig Mädchen gehabt. ... Das ist eine Steige mehr, versetzte ich, als ich jemals zu haben Willens bin ... Wenns nur, fügt' er hinzu, des Morgens gewesen wäre ... Und macht denn in Paris der Unterschied in den Tageszeiten einen Unterschied in der Sünde? ... Es machte einen Unterschied, sagte er, im Ärgerniß ... Eine gute Distinction mag ich herzlich gern leiden, und ich kann nicht sagen, daß ich sehr böse auf den Mann gewesen wäre. ... Ich gestehe, es ist nothwendig, nahm der Herr des Hotels das Wort wieder, daß einem Fremden zu Paris die Gelegenheit verschafft wird, um Spitzen, seidene Strümpfe, Manschetten, & *tout cela* zu kaufen . . . Es ist nichts Böses dabey, wenn ein Frauenzimmer mit einem Bandkorbe kömmt. . . . Auf meine Ehre, sagt' ich, sie hatte einen, ich hab' aber nicht hinein gesehn . . . Also, sagt' er, haben Monsieur nichts gekauft? . . . Nicht für einen Heller, versetzte ich . . . Weil, sagt' er, ich Ihnen eine empfehlen kann, die mit Ihnen *en conscience* handeln wird. . . . Ich muß sie aber noch diesen Abend sehen, erwiederte ich. . . . Er machte mir einen tiefen Bückling, und gieng hinunter.

Nun will ich über den Mann triumphiren, rief ich aus. . . . Und dann? dann will ich ihn merken lassen, daß ich weis, was er für ein schlechter Kerl ist . . . Und dann? . . . dann! . . . Ich fühlte mein Ich zu sehr, um zu sagen, es geschähe um Andrer willen. . . . Es blieb mir keine gute Antwort übrig . . . Es war mehr Galle als Grundsätze in meinem Projekte, und ich ward seiner müde vor der Ausführung.

In etlichen Minuten kam das Nymphchen mit ihrem Korbe mit Spitzen herein . . . Indessen will ich doch nichts kaufen, sagt' ich bey mir selbst.

Das Mädchen wollte mir alles zeigen . . . Mir wollte nichts anstehn: Sie that, als ob sie's nicht merkte; Sie öffnete ihr kleines Magazin, und kramte alle ihre Spitzen neben einander vor mir aus . . . Wickelte sie ab und wieder auf, ein Stück nach dem andern, mit der geduldigsten Freundlichkeit . . . Ich möchte kaufen . . . oder nicht . . . Ich möchte nur bieten, was ich wollte. . . . Das arme Ding schien gar zu gern etwas lösen zu wollen: und legte es drauf an, mich zu gewinnen, und nicht so wohl auf eine Art, die erkünstelt schien, als mit einer, die, wie ich fühlte, unschuldig und schmeichelnd war.

Wehe dem Manne, dem man niemals einen Vortheil abjagen kann! Mein Herz gab nach, und ich ließ meinen zweyten Vorsatz eben so ruhig fahren, als den ersten ... Warum sollte ich jemand, wegen der Verbrechen eines andern, bestrafen? ... Wenn du diesem Tyrannen vom Wirthe zinsbar bist, dacht' ich, und sah' ihr ins Gesichte: so ist dein Brod um desto sauerer.

Hätt' ich auch mehr nicht als vier Louisd'ors im Beutel gehabt, so hätte ich doch nicht eher aufstehn, und ihr die Thüre weisen können, bis ich erst drey davon für ein Paar Manschetten angelegt hätte.

Der Herr des Hotels wird den Profit mit ihr theilen ... Mag er doch! ... Denn ich habe nur bezahlt, was mancher arme Tropf vor mir für eine Handlung *bezahlt* hat, die er nicht begehn, noch drauf denken *konnte*.

DAS RÄTHSEL.

Paris.

Als La Fleur herauf kam, mir bey Tische aufzuwarten, sagt' er mir, wie sehr leid es dem Herrn des Hotels thäte, daß er mich beleidigt, und mir das Logis aufgekündigt hätte.

Ein Mann, der eine gute Nachtruhe zu schätzen weiß, wird sich mit keiner Feindschaft im Herzen nieder legen, wenn ers ändern kann. . . . Also befahl ich La Fleur, dem Herrn des Hotels zu sagen, es thäte mir meiner Seits leid, daß ich ihm Gelegenheit dazu gegeben hätte. . . . Und, wenn Er will, La Fleur, setzte ich hinzu, mag Er ihm sagen, daß ich das junge Frauenzimmer nicht wieder sprechen werde, wenn sie auch wieder käme.

Dieses war ein Opfer, das ich nicht sowohl ihm, als mir selbst, machte, denn, nachdem ich einmal so mit genauer Noth entkommen, war ich entschlossen, mich nicht weiter in Gefahr zu setzen, sondern, wenns möglich, Paris mit aller der Tugend zu verlassen, die ich hineingebracht hatte.

C'est deroger à la noblesse, Monsieur, sagte La Fleur, und bückte sich dabey bis zur Erden. . . . *Et encore, Monsieur*, sagt' er, können Ihren Sinn ändern, . . . und wenn *(par hazard) Monsieur* sich amüsiren wollten . . . Ich finde aber kein *Amusement* darin, sagt' ich, ohn ihn ausreden zu lassen. . . .

Mon Dieu! sagte La Fleur, . . . und nahm ab.

Eine Stunde hernach kam er, mich zu Bette zu bringen, und war ungewöhnlich dienstfertig. . . . Es schwebte ihm was auf der Zunge, was er mir sagen, oder mich fragen möchte, welches nicht heraus wollte . . . Ich konnte nicht errathen, was es seyn möchte, und gab mir auch in der That wenige Mühe, es ausfindig zu machen, weil ich ein andres viel wichtigeres Räthsel im Kopfe hatte; nemlich das von dem Manne, der vor der Thüre des Hotels um Allmosen bat. . . . Ich hätte, ich weis nicht was, drum gegeben, wenn ich auf den Grund der Sache hätte kommen können, und das nicht aus Neugierde: . . . Sie ist eine so niederträchtige Ursache des Forschens, daß ich, überhaupt zu reden, keinen Groschen ausgeben möchte, sie zu befrieden. . . . Ein Geheimniß aber, dacht' ich, welches so bald und so gewiß das Herz eines Frauenzimmers, dem man sich nähert, milde und sanft macht, wäre ein Geheimniß, das wenigstens eben so wichtig sey, als der Stein der Weisen. Hätte ich beyde Indien gehabt, ich hätte eins davon hingegeben, um es zu erfahren.

Ich wendete und kehrte es, fast die ganze Nacht durch, in meinem Gehirne herum, ohne daß ich im geringsten weiter gekommen wäre; und als ich des Morgens aufwachte, fand ich meine Seele eben so bekümmert über meine *Träume*, als nur je der König von Babylon über die seinigen gewesen seyn mag; und ich kann zuversichtlich behaupten, es sollte den Sternsehern, Weisen und Wahrsagern in Paris eben so schwer geworden seyn, sie zu deuten, als den Chaldäern.

LE DIMANCHE.

Paris.

Es war Sonntag: und als La Fleur das Morgens herein trat, mit meinem Koffee und Brod und Butter, hatte er sich so stattlich herausgeputzt, daß ich ihn kaum kannte.

Ich hatte ihm zu Montreuil versprochen, ihm einen neuen Huth mit einem silbernen Knopf und Schnur, dazu vier Louisd'or zu geben, *pour s'adoniser*, wenn wir nach Paris kämen; und der gute Schlucker, um ihm Gerechtigkeit wiederfahren zu lassen, hatte Wunder damit gethan. Er hatte ein gutes, reinliches, ins Feld scheinendes scharlachenes Kleid gekauft; Rock und Beinkleider von einem Stücke. ... Es wäre, sagt' er, für keine Krone abgetragen. ... Die Anmerkung hätt' ich ihm gerne geschenkt. ... Es sah so neu aus, daß, ob ich gleich wußte, daß sich das Ding nicht thun liesse, ich lieber meiner Einbildung was auf den Ärmel geheftet, und gedacht haben möchte, ich hätte es dem Kerl neu von der Elle gekauft, als daß es aus der Trödelgasse gekommen.

Dies ist aber ein Ehrgeiz, der in Paris das Herz nicht naget.

Er hatte dazu eine artige blaue atlassene Weste erhandelt, die drolligt genug gestickt war; ... sie hatte freylich ein wenig im Dienste gelitten, war aber wieder rein gescheuert. ... Das Gold war aufgeputzt; und im ganzen wars viel Geschrey und wenig Wolle, ... und da das Blaue nicht sehr brennend war, so paßt' es sich recht gut zu dem Rock und Beinkleidern. Er hatte noch ferner aus dem Gelde einen neuen Haarbeutel und eine Solitaire herausgepresset, und bey dem Trödler war er auf ein Paar goldne Kniegürtel zu seinen

Beinkleidern bestanden. Für vier Livres aus seinem eignen Beutel hatte er ein Paar Nesseltuchene Manschetten, *bien brodées*, gekauft, und für fünf andere ein Paar weisse seidene Strümpfe, ... und oben drein hatte ihm die Natur eine hübsche Figur gegeben, die ihm keinen Sous kostete.

Dergestalt ausstaffirt, das Haar frisirt nach der neuesten Mode, und ein schönes Bouquet an der Brust, kam er ins Zimmer. ... Mit einem Worte, er sah überhaupt so festlich aus, daß mir gleich der Sonntag einfiel. ... Und da ich beydes mit einander verglich, so merkte ich nunmehr bald, daß das, was er sich des vorigen Abends auszubitten gewünscht, wäre, den Tag auf die Art zuzubringen, wie ihn Jedermann in Paris zubringet.

Ich hatte kaum die Muthmassung gefaßt, als La Fleur, mit unendlicher Unterthänigkeit, doch mit einem zuversichtlichen Blicke, als ob ichs ihm nicht abschlagen würde, mich bat, ich möchte ihm den Tag Urlaub geben, *pour faire le galant vis à-vis de sa maitresse*.

Nun war es gerade eben das, was ich *vis-à-vis de Madame de Rambouillet* zu thun gedachte. ... Ich hatte deswegen die Remise genommen, und es würde meiner Eitelkeit gar nicht Leid gethan haben, einen so wohl geputzten Diener, als La Fleur, hinten auf dem Wagen mit zu nehmen: ich mißte ihn recht ungerne.

Aber in dergleichen Verlegenheiten muß man nicht auf seinem Rechte bestehen, sondern *fühlen*. ... Die Söhne und Töchter der Dienstbarkeit entsagen in ihren Contrakten der Freyheit, aber nicht der Natur. Sie sind Fleisch und Blut, und haben, mitten im Hause des Zwanges, ihre kleinen Eitelkeiten und ihre Wünsche, so gut, als ihre Herrschaften. ... Freylich haben sie einen Preis auf ihre Selbstverleugnung gesetzt, ... und ihre Erwartungen sind oft so unverschämt, daß ich sie ihnen versagen möchte, wenn mir ihr Stand nicht zu leicht die Macht dazu gäbe.

Siehe! . . . *Siehe, ich bin dein Knecht* . . . entwaffnet mich auf einmal von der Gewalt eines Herrn. . . .

. . . Er kann gehn, La Fleur, sagt' ich. . . .

. . . Und was für eine Maitresse hat Er sich denn schon in der kurzen Zeit, in Paris aufgescharrt? La Fleur legte seine Hand auf seine Brust, und sagte, es wäre *une petite Demoiselle,* aus dem Hause des Grafen de B*** . . . La Fleur hatt' ein Herz, das für die Geselligkeit gemacht war, und, um von ihm zu sagen, was die Wahrheit ist, eben so wenig Gelegenheiten entwischen ließ, als sein Herr; . . . dergestalt, daß er auf eine oder die andre Art . . . der Himmel weiß, auf welche, . . . in der Zeit, daß ich mit meinem Geleitsbriefe beschäftigt war, in ihrem Treppenzimmer mit der Demoiselle Bekanntschaft gemacht hatte, und wie ich Zeit genug gehabt, den Graf zu meinem Besten zu gewinnen, so hatte es La Fleur so zu machen gewußt, daß eben dieselbe Zeit zu eben demselben Geschäfte bey dem Mädchen für ihn hinreichte. . . . Es schien, als ob das Gesinde den Tag nach Paris kommen sollte, und er hatte mit dem Mädchen und zween oder drey andren von des Grafen Bedienten eine Parthie auf den Boulevard verabredet.

Glückliches Volk! das wenigstens einen Tag in der Woche sicher ist, alle seine Sorgen auf einen Haufen zu werfen; und welches die Bürden der Trübsal vertanzt, verscherzt und versingt, die den Geist andrer Nationen zur Erde beugen.

DAS FRAGMENT.

Paris.

La Fleur hatte mir etwas hinterlassen, wovon ich den Tag über mehr Zeitvertreib hatte, als ich bedungen, oder als in seinen oder meinen Kopf hätte kommen können.

Er hatte mir den kleinen Stich Butter auf einem Weinblatte gebracht; und da der Morgen warm war, und er sie ziemlich weit holen mußte: so hatte er sich ein Stück Maculatur ausgebeten, um es zwischen seine Hand und das Weinblatt zu legen. . . . Da dies Tellers genug war; so befahl ich ihm, es, so wie's wäre, auf den Tisch zu legen, und nach dem Trakteur zu gehn, um mein Essen zu bestellen, weil ich den ganzen Tag nicht ausgehen wollte, und mich beym Frühstück nur allein zu lassen.

Als ich die Butter verzehrt, warf ich das Weinblatt aus dem Fenster, und wollte es mit dem Maculaturblatte eben so machen, . . . allein, da ich erst still stund, und eine Zeile davon las, und mich das zu der zweyten und dritten hinriß: . . . so hielt ichs mehr werth; also macht' ich das Fenster zu, zog einen Stuhl davor, und setzte mich nieder, es zu lesen. Es war in altem Französisch, aus Rabelais Zeiten, und so viel ich davon verstand, mochte es von ihm selbst geschrieben seyn. . . . Es war dazu mit gothischen Buchstaben, die durch Schimmel und durch die Länge der Zeit so bleich und unleserlich geworden, daß es mich viele Mühe kostete, etwas heraus zu bringen. . . . Ich warf es nieder, und schrieb einen Brief an Eugenius, . . . darauf nahm ichs wieder vor, und spannte meine Geduld von neuem auf die Folter. . . . Und hernach, um sie wieder zu erfrischen, schrieb ich an Elisa. . . . Es lag mir noch im Kopfe; und die Schwierigkeit, es zu verstehn, entzündete nur meine Begierde noch mehr.

Ich aß zu Mittag; und nachdem ich meinen Kopf mit einer Flasche Burgunder aufgehellet hatte, war ich wieder darüber her, . . . und da ich zwo oder drey Stunden mit eben so viel Kalmäuserey daran gekratzt hatte, als nur jemals Gruter oder Hackspan an einer leeren Inscription gethan haben mögen; so glaubte ich, auf den Sinn gekommen zu seyn. Der beste Weg, mich davon zu überzeugen, dacht' ich, wäre, wenn ichs in meine Muttersprache übertrüge, und zusähe, wie es dann hiesse . . . Ich fiengs also an, wie man tändelnd etwas thut; dann einmal ein Paar Zeilen geschrieben, . . . dann ein Paar Gänge das Zimmer auf und nieder, . . . dann ein Bischen aus dem Fenster gesehn, wie es in der Welt geht: so, daß es des Abends neune schlug, eh' ich damit fertig war. . . . Darauf fieng ichs an zu lesen, wie folget.

DAS FRAGMENT.

Paris.

Da solchergestalt des Notarius Eheliebste den Punkt gegen den Notarius mit so vieler Hitze behauptete. ... Ich wollte, sagte der Notarius, und warf das Pergament nieder, daß ein anderer Notarius hier wäre, bloß um alles dieses zu protocolliren und zu attestiren. ...

... Und was wollte Er denn wohl thun, Monsieur? sagte sie, und sprang plötzlich auf. ... Des Notarius Eheliebste war eine kleine Pulvermühle von einer Frau, und der Notarius hielt es für rathsam, durch eine milde Antwort ein Gewitter abzuwenden. ... Ich wollte, antwortete er, zu Bette gehn. ... An den Galgen mag Er sich scheeren, antwortete des Notarius Eheliebste.

Nun war der Fall, daß in dem Hause nur ein Bette vorhanden war, weil nach der Pariser Gewohnheit die beyden andern Kammern ohne Hausrath leer stunden, und da der Notarius sich nicht gerne in ein und ebendasselbe Bett mit einer Frau legen wollte, die ihn gerade von der Hand weg nach dem Galgen gewiesen hatte, so nahm er seinen Huth und Stock und kurzen Mantel, (die Nacht war sehr windig,) und gieng mit dem Kopfe voller Grillen dem *Pont neuf* zu.

Von allen Brücken, die jemals gebauet sind, ist *Pont neuf*, wie ein jeder, der darüber gegangen ist, einräumen muß, die prächtigste, ... die zierlichste, ... die grösseste, ... die leichteste, ... die längste, ... die breiteste, die jemals auf der Oberfläche dieses Erdwasser-Balls Land an Land zusammen gehänget hat.

Hieraus scheint zu erhellen, daß der Auktor des Fragments kein Franzose gewesen sey.

Der grösseste Fehler, welchen die Theologen und Doctoren der Sorbonne dagegen anführen können, ist dieser: es darf sich nur eine Mütze voll Wind in oder um Paris befinden, so wird hier mehr und gotteslästerlicher darauf gesacredieurt, als in irgend einer andern Öffnung in der ganzen Stadt. . . . Und mit Recht, meine hoch- und tiefgelahrte Messieurs; denn er kömmt auf einen los, ohne zu rufen: *Aufgeschaut!* und mit solchen ungewarnten Stössen, daß von den wenigen, welche mit dem Huthe auf dem Kopfe darüber gehen, nicht einer unter funfzigen ist, der nicht drittehalb Livres (womit er völlig bezahlt ist) auf die Wage setzt.

Der arme Notarius, eben als er bey der Schildwache vorbey gieng, hielt aus Instinkt seinen Stock an die Seite des seinigen; allein, wie er damit in die Höhe fuhr, gerieth er mit der Spitze desselben in die Huthschnur der Schildwache, und warf ihr dadurch den Huth über die Spitzen des Geländers gerade in die Seine. . . .

Es wär' ein böser Wind, sagte ein Bootsmann, der ihn auffieng, *der Niemanden zum Vortheil wehete.*

Der Mann auf dem Posten, war ein Gascogner, er strich sich augenblicklich den Zwickelbart, und schlug seine Muskete an.

Zu den Zeiten feuerte man die Musketen mit Lunten ab; und eine alte Frau, der am Ende der Brücke ihre papierne Laterne ausgeblasen war, hatte von dem Soldaten die Lunte geborgt, um sie wieder anzuzünden . . . Dies gab dem Gascogner einen Augenblick Zeit, sein Blut abkühlen zu lassen, und bessern Nutzen aus dem Zufalle für sich zu ziehen . . . *Es wär' ein böser Wind*, sagt' er, indem er dem Notarius den Castorhuth wegnahm, und die Captur mit dem Sprichworte des Bootsmanns rechtfertigte.

Der arme Notarius gieng über die Brücke, und indem

er längst der Rue de Dauphine nach der Fauxbourg von St. Germain fortwandelte, beklagte er sich auf seinem Wege, auf folgende Weise.

Was für ein unglücklicher Mann ich bin! sagte der Notarius, daß ich alle meine Tage ein Spiel der Winde seyn muß ... Daß ich geboren bin, allenthalben, wo ich gehe und stehe, den Sturm von bösen Zungen auf mich und meine Profession gerichtet zu sehn. ... Daß ich, durch den Donner der Kirche, in den Ehestand mit einem Gewitter vom Weibe gestürzt bin ... Daß mich ein häuslicher Wind aus meinem Hause treiben, und ein pontificalischer Wind meines Castors berauben muß ... Daß ich hier baarhaupt, in einer windigen Nacht, der Ebbe und Fluth aller Zufälle ausgesetzt, herumwandern muß ... Wo soll ich mein Haupt hinlegen? ... Bejammernswürdiger Mann, welcher Wind von allen zwey und dreißig Strichen des Compasses kann dir was Gutes zuwehen, wie ers allen deinen übrigen Mitgeschöpfen thut!

Als der Notarius, auf diese Weise klagend, vor einem dunkeln Gange vorbey gieng, rief eine Stimme einem Mädchen, und befahl ihr, nach dem nächsten Notarius zu laufen. Nun war unser Notarius der nächste, er machte sich diesen Umstand zu Nutze, gieng durch den Gang nach der Thüre, und nachdem er durch eine Art eines alten Salons gekommen, ward er in ein grosses Zimmer geführt, das von allem Hausrathe entblösset, und worin nichts zu finden war, als eine Officierpicke ... ein Brustschild ... ein alter verrosteter Degen, und ein Bandelier, welche an der Wand symmetrisch an vier Stellen aufgehängt waren. Ein Greiß, der ehedem ein Edelmann gewesen, und noch itziger Zeit, wofern nicht der Verfall des Glücks auch den Verfall des Adels nach sich zieht, ein Edelmann war, lag in seinem Bette, mit dem Kopfe auf die Hand gelehnt; ein kleiner Tisch mit einer brennenden Lampe war nah' ans Bette, und an den Tisch war ein Stuhl gesetzt. . . . Der Notarius setzte sich dabey, zog sein Dintenfaß und etliche Bogen Papier, die er in der Tasche hatte, hervor, legte es vor sich auf den Tisch, tunkte seine Feder in die Dinte, lehnte sich mit der Brust an den Tisch, und hielt alles in völliger Bereitschaft, des Edelmanns Testament und letzten Willen nieder zu schreiben.

Ach! mein Herr Notarius, sagte der Edelmann, und richtete sich dabey ein wenig auf; ich habe nichts zu vermachen, welches die Vermächtnißkosten werth wäre, ausgenommen meine eigene Geschichte, und ich könnte nicht ruhig sterben, ohne sie der Welt als ein Vermächtniß zu hinterlassen; den Profiit der herauskömmt, vermach' ich Ihnen, für ihre Mühe des Aufschreibens . . . Es ist eine so besondre Geschichte, daß sie alle Menschenkinder lesen müssen . . . Sie wird das Glück ihrer Familie machen . . . Der Notarius fuhr mit der Feder ins Dintenfaß . . . Allmächtiger Regierer aller Zufälle dieses Lebens! sagte der Edelmann, indem er erstlich seine Augen und Hände gen Himmel aufhub. . . . Du, dessen Hand mich durch solch ein Labyrinth von wunderbaren Wegen zu dieser Scene des Jammers geleitet hat, steh dem abnehmenden Gedächtnisse eines alten, kranken, von Kummer vergehenden Mannes bey! Regiere meine Zunge durch den Geist deiner ewigen Wahrheit, daß dieser Fremde nichts niederschreiben möge, als was in dem Buche zu finden ist, nach dessen Aussage ich entweder, sagt' er, und schlug die Hände in einander, schuldig oder freygesprochen werden soll! . . . Der Notarius hielt die Spitze seiner Feder zwischen der Lampe und seinem Auge . . .

Es ist eine Geschichte, Herr Notarius, sagte der Edelmann, welche jedes Gefühl der Natur erregen wird . . . den Menschlichen wird sie durchbohren, und das Herz der Grausamkeit selbst wird sie mit Mitleid erfüllen . . .

. . . Der Notarius brannte vor Begierde anzufangen, und tunkte seine Feder zum drittenmale in sein Dintenfaß . . . und der alte Edelmann, indem er ein wenig näher an den Notarius rückte, fieng an seine Geschichte in folgenden Worten zu dictiren. . . .

. . . Und, wo ist denn das Übrige, La Fleur? sagt' ich, weil er eben in die Thüre trat.

DAS FRAGMENT. UND DAS BOUQUET.

Paris.

Als La Fleur näher an den Tisch gekommen war, und begriffen hatte, was mir fehlte, so sagte er mir, es wären nur noch zween andre Bogen davon, welche er um die Stengel eines Blumenstrausses gewickelt, den er der Demoiselle auf dem Boulevard verehrt hätte. . . . So geh er doch hin, La Fleur, sagt' ich, nach dem Hotel des Grafen de B***, und sehe Er zu, *ob er es bekommen* . . . Ganz gewiß kann ich das, sagte La Fleur, und fort war er.

In sehr kurzer Zeit kam der arme Mensch ganz ausser Athem zurück, mit tiefern Zeichen einer vereitelten Hoffnung im Blicke, als der blosse Verlust des Fragments hätte hinein drücken können. . . . *Juste ciel!* in weniger als zwo Minuten, seit der arme Mensch ihr sein zärtliches Lebewohl gesagt, hatte seine treulose Geliebte sein *Gage d'amour* einem von den Lakeyen des Grafen gegeben. . . . Der Lakey einer jungen Nätherinn, und die Nätherinn hatte es, mit sammt meinem Fragmente einem Fiedler geschenkt. . . . Unsere Unglücksfälle waren in einander geflochten . . . Ich holte einen Seufzer . . . und La Fleur ließ ihn meinem Ohre wiederschallen . . .

. . . Wie ungetreu! rief La Fleur . . . Wie unglücklich! sagt' ich . . .

Es sollte mich nicht verdriessen, wenn sie es noch verloren hätte, Monsieur! sagte La Fleur. Mich auch nicht, La Fleur, wenn ichs nur gefunden hätte.

Ob das geschehen oder nicht, das wird sich hernach zeigen.

DIE MILDE GABE.

Paris.

Der Mann, der entweder aus Hochmuth oder aus Furcht in keinen dunklen Gang geht, mag ein vortrefflich guter Mann seyn, und zu hunderterley Dingen Geschicke haben; zum empfindsamen Reisenden aber ist er verdorben. Ich mache mir sehr wenig aus den vielen Dingen, welche ich am hellen lichten Tage, in breiten und öffentlichen Gassen vorgehen sehe. . . . Die Natur ist blöde, und thut ihre Handlungen sehr ungern vor Zuschauern; in solchen unbemerkten Winkeln aber, sieht man sie zuweilen eine einzige kurze Scene machen, die so gut ist, als alle Sentiments aus einem Dutzend französischen Komödien zusammen genommen . . . die doch so *vollkommen* fein sind; . . . Und so oft mir eine mehr als gewöhnliche brillante Affaire vorfällt, die denn ein Prediger so gut haben kann, als ein Held, so nehme ich die meiste Zeit meine Predigt daher . . . und was den Text anbelangt . . . »Cappadocia, Pontus und Asia, Phrygia und Pamphylia« paßt sich so gut dazu, als einer in der Bibel.

Aus der Opera comique geht ein langer dunkler Gang in eine enge Gasse; er wird von den wenigen betreten, welche nach geendigter Oper demüthig auf einen Fiacre (*) warten, oder in der Stille zu Fuße wegzugehn wünschen. An dem Ende, wo er ans Theater stößt, brennt ein dünnes Inseltlicht, dessen Schein sich aber fast gänzlich verliert, ehe man halb hindurch ist, nahe an der Thür aber . . . (es ist mehr zum Zierrath da, als zum Gebrauch) . . . sieht mans als

(*) Die schlechtre Art Miethkutschen.

einen Fixstern von der letzten Grösse; er brennt ... schafft aber der Welt, die wir kennen, wenig Nutzen.

Als ich durch diesen Gang hinaus gieng, bemerkte ich, als ich noch etwa fünf oder sechs Schritte von der Thüre war, zwo Damen, die Arm in Arm, mit dem Rücken an der Wand stunden, und, wie mich dünkte, auf einen Fiacre warteten. ... Da sie näher bey der Thüre stunden, so dacht' ich, sie hätten ein Recht zum Vortritt, deswegen flickte ich mich, anderthalb Schritte von ihnen, ein, und nahm ruhig meinen Stand ... Ich trug schwarz, daß man mich also kaum sehen konnte.

Die Dame, die zunächst bey mir stund, war eine lange, magre, weibliche Figur, von ungefähr sechs und dreißig Jahren; die zweyte, von eben dem Wuchse und eben der Figur, war ungefähr vierzig; An keiner von beyden entdeckte man irgend ein Zeichen, welches den Ehe- oder Wittwenstand andeutete ... Sie schienen beyde ein Paar ächte vestalische Schwestern zu seyn, ununtergraben von Liebkosungen, unbestürmt von zärtlichen Umarmungen. Ich hätte wünschen mögen, sie glücklich zu machen ... Diesen Abend war aber ihr Glück bestimmt, von einer andern Seite zu kommen.

Eine leise Stimme bat, in wohlgewählten Ausdrücken, die er lieblich cadenzierte, beyde um ein Zwölfsousstück, um Gottes willen. Es kam mir sonderbar vor, daß ein Bettler die Grösse der Gabe bestimmte, ... und daß die Summe zwölfmal so viel seyn sollte, als man sonst im Dunklen zu geben pflegt. Sie schienen sich beyde eben so sehr darüber zu wundern, als ich. ... zwölf Sous! sagte die eine. ... Ein Zwölfsousstück! sagte die andre, ... ohn' ihm zu antworten.

Der arme Mann sagte, er könnte von Damen von ihrem Stande unmöglich weniger bitten, und beugte sein Haupt bis zur Erde.

Ey! sagten sie, wir haben keine Münze bey uns.

Der Bettler schwieg eine oder ein Paar Minuten still, und erneuerte sein Anliegen.

Meine schönen jungen Damen, sagt' er, verstopfen Sie doch Ihre gütigen Ohren nicht vor mir. ... Auf mein Wort, guter Mann! sagte die Jüngere, wir haben nichts gewechselt. ... Nun so segne Sie der Himmel, sagte der arme Mann, und vermehre die Freuden, welche Sie andern, ohn' allen Wechsel, mittheilen können! ... Ich bemerkte, daß die älteste Schwester in ihre Tasche griff. ... Ich will sehn, ob ich einen Sous habe. ... Einen Sous! geben Sie doch zwölfe; die Natur ist freygebig gegen Sie gewesen, seyn Sie doch auch freygebig gegen einen armen Mann.

Ich wollte von Herzen gern, mein Freund, wenn ichs nur hätte, sagte die Jüngste.

Meine schöne Barmherzige! sagt' er, indem er sich an die Älteste wendete ... Was ist es anders, als Ihre Gütigkeit und milde Menschenliebe, das Ihre funkelnden Augen so lieblich macht, daß sie sogar in diesem dunkeln Gange noch glänzender sind, als der Morgen. Und was war es, worüber der Marquis von Santerre und sein Bruder, als sie hier vorbey giengen, so viel Gutes von Ihnen beyden sagten?

Die Beyden Damen schienen sehr bewegt, und griffen, als ob ihnen jemand die Hand führte, beyde zugleich in die Taschen, und jede zog ein Zwölfsousstück heraus.

Der Streit zwischen ihnen und dem armen Supplikannten war vorbey, ... sie führten ihn nun unter sich, wer von beyden das Zwölfsousstück am liebsten verschenken wollte, ... und um dem Zwiste ein Ende zu machen, gab eine jede das ihrige hin, und der Mann gieng seiner Wege.

DAS AUFGELÖSTE RÄTHSEL.

Paris.

Ich gieng ihm geschwinde nach; es war eben derselbige Mann, dessen Geschicklichkeit, die Frauenzimmer vor der Thüre des Hotels zur Mildthätigkeit zu bewegen, mir soviel Kopfzerbrechens gemacht hatte, ... und ich fand auf einmal sein Geheimniß, wenigstens den Grund, worauf es beruhete. ... Es war Schmeicheley.

Lieblicher Balsam! wie erquickend bist du der Natur! wie nachdrücklich reden für dich alle ihre Kräfte und alle ihre Schwächen! wie milde mischest du dich zum Blute, und hilfst ihm durch die engesten und verwickeltsten Gänge, den Weg zum Herzen finden!

Da der arme Mann mit seiner Zeit nicht eingeschränkt war, so hatte er hier eine grössre Dosis davon gegeben. Gewiß ist es, daß er einen Handgriff wußte, seine Medicin für die verschiedenen Fälle, die er auf den Gassen unerwartet vorfand, in kleinere Pülverchen zu bringen; wie ers aber anfieng, daß er sein universal Ingredienz versetzte, versüßte, concentrirte und zurichtete, darüber will ich meine Gedanken nicht anstrengen. ... Genug, der Bettler gewann zwey Zwölfsousstücke, ... und diejenigen können das Übrige am besten erzählen, welche viel wichtigere Dinge dadurch gewonnen haben.

Paris.

Wir kommen in der Welt mehr dadurch fort, daß wir Gefälligkeiten annehmen, als daß wir welche erzeigen. Man nimmt einen welken Zweig und steckt ihn in die Erde, und hernach begießt man ihn, weil man ihn gepflanzt hat.

Der Herr Graf de B***, bloß weil er mir eine Gefälligkeit in der Sache mit dem Geleitsbriefe erwiesen hatte, gieng weiter, und wollte mir, die Paar Tage, die er zu Paris war, eine andre erweisen, indem er mich mit einigen Personen von Stande bekannt machte; diese sollten mich andern präsentiren, und so weiter.

Ich hatte mein Geheimniß eben zu rechter Zeit gefaßt, um von dieser Ehre einigen Nutzen zu ziehen; sonst möcht' ich, wie es gewöhnlich zu gehn pflegt, ein oder höchstens zweymal bey jedem auf der Reihe zu Mittage oder zu Abend gegessen, und wenn ich dann die französischen Mienen und Gesichter in meine ehrliche Muttersprache übersetzt, sehr bald gesehen haben, daß ich mich des Couverts eines lieber gesehenen Gastes bemächtiget; und in der Folge hätte ich alle meine Plätze, einen nach dem andern, räumen müssen, bloß, weil ich sie nicht hätte zu behaupten gewußt. . . . Itzt aber gieng das Ding so übel eben nicht.

Ich hatte die Ehre, bey dem alten Marquis de B*** eingeführt zu werden; vor Alters hatte er sich durch einige kleine Ritterthaten an Amors Hofstaat bekannt gemacht, und seitdem hatte er sich beständig als ein allezeit fertiger Lanzenbrecher gekleidet. . . . Der Marquis hätte gern glauben lassen, daß seine Kämpfe nicht bloß in seinem Gehirne existirten. »Er hätte fast Lust, eine Reise nach England zu thun;« und erkundigte sich sehr nach dem englischen Frauenzimmer. Bleiben Sie doch, wo Sie sind, Monsieur le Marquis, ich bitte inständigst, sagt' ich; die englischen jungen Herren können ohnedem schon kaum einen freundlichen Blick von ihnen erhalten. ... Der Marquis bat mich zum Abendessen.

Monsieur P***, der Generalpachter, erkundigte sich eben so ämsig nach unsern Auflagen. ... Sie wären sehr beträchtlich, hätte er gehört. ... Wenn wir uns nur auf die rechte Art sie beyzutreiben, verstünden, sagt' ich, und machte ihm eine kleine Verbeugung.

Das war das einzige Mittel, welches mir die Einladung zu Monsieur P***s Concerte verschaffen konnte.

Bey Madame de G*** hatte man mir nachgesagt, daß ich ein *witziger Kopf* sey. ... Madame de G*** war selbst ein *witziger Kopf;* sie brannte vor Begierde, mich zu sehn, und reden zu hören. Eh ich mich setzte, ward ich schon gewahr, daß sie sich ganz und gar nicht darum bekümmerte, ob ich Witz hätte oder nicht. ... Ich war da, überzeugt zu werden, daß sie welchen hätte. ... Der Himmel ist mein Zeuge, daß ich das Schloß meiner Lippen nicht geöffnet habe.

Madame de G*** betheuerte jedermann, den sie antraf, »Sie hätte in ihrem Leben noch mit keinem Manne eine lehrreichere Unterredung gehabt.«

Die Regierung einer französischen Dame besteht aus drey Epochen. ... Sie ist Coquette, ... dann Freygeist, ... dann Betschwester. Ihren Zepter verliert sie niemals, so lange diese dauren, ... sie wechselt bloß ihre Unterthanen. Wenn fünf und dreyßig Jahre und mehr, ihre Staaten von Sklaven der Liebe entvölkert haben: so bevölkert sie solche wieder mit Sklaven des Unglaubens ... Und dann mit Sklaven der Kirche.

Madame de V*** schwankte zwischen den beyden ersten Epochen; die Farbe der Rose bekam eine blässere Schattirung. ... Sie hätte schon fünf Jahre vor der Zeit, da ich die Ehre hatte, ihr zum erstenmale aufzuwarten, ein Deistinn seyn sollen.

Sie ließ mich neben sich auf ihrem Sopha sitzen, um den Streit über den Punkt der Religion desto genauer auszumachen. ... Kurz, Madame de V*** sagte mir, sie glaubte gar nichts.

Ich antwortete ihr, es möchte wohl ihr Grundsatz seyn, aber ich wäre überzeugt, es könnte nicht ihr Vortheil seyn, die Aussenwerke zu schleifen, ohne welche mir die Vertheidigung einer Vestung, wie die Ihrige, unbegreiflich schiene, ... daß der Deismus für eine Schönheit höchst gefährlich sey, ... daß es eine Pflicht sey, die ich meinen Glauben schuldig wäre, ihr solches nicht zu bergen, ... daß ich keine fünf Minuten neben ihr auf dem Sopha gesessen, als ich schon angefangen, Anschläge zu machen, ... und was sonst, als die Empfindungen der Religion, und die Überredung, daß deren auch in ihrer Brust wohnten, hätte diese Gedanken in der Geburt ersticken können?

Wir sind nicht von Demant, sagt' ich, indem ich ihre Hand ergriff, ... und es wird aller Zwang erfordert, bis zu seiner Zeit das Alter herbey schleicht, und uns solchen auflegt. ... Aber, theureste Madame, sagt' ich, und küßte ihr die Hand, ... es ist zu früh, ... zu früh. ...

Ich kann sagen, daß ich ganz Paris dafür bekannt ward, Madame de V*** entfreygeistet zu haben. ... Sie bestätigte gegen Herrn D*** und den Abt M***, daß ich in einer halben Stunde mehr *für* die geoffenbarte Religion gesagt, als ihre ganze Encyclopädie *dagegen* vorgebracht hätte. ... Ich ward den Augenblick in die Liste der Cotterie der Madame de V*** eingezeichnet, ... und sie setzte die Epoche der Freygeisterey zwey Jahre weiter hinaus.

Ich erinnre mich, es war in dieser Cotterie, mitten in einem Gespräche, worin ich die Nothwendigkeit einer *ersten Ursache* zeigte, daß der junge Graf von Faineant mich bey der Hand nahm, und in den entferntsten Winkel des Zimmers führte, um mir zu sagen, daß meine Solitaire zu eng um den Hals wäre, ... sie müßte *plus badinant* sitzen, sagte der Graf, und sah dabey auf die seinige herunter. ... Doch, Monsieur Yorick, ein Wort zu dem *Weisen*. ... Und von dem Weisen, Monsieur le Comte, versetzt' ich, indem ich mich bückte, ... *ist genug*.

Der Graf von Faineant umarmte mich mit mehr Hitze, als ich je von einem Sterblichen umarmt worden.

Drey Wochen lang, war ich der Meynung eines Jeden, den ich antraf. ... *Pardi! ce Monsieur Yorick a autant d'esprit que nous autres*. ... *Il raisonne bien*, sagte ein andrer. ... *C'est un bon enfant*, sagt' ein dritter. ... Und zu diesem Preise hätte ich alle Tage meines Lebens in Paris essen, trinken und mich lustig machen können; allein, es war eine schimpfliche *Rechnung*. ... Ich fieng an, mich davor zu schämen, ... es war der Lohn eines Sklaven. ... Ein jedes Empfindniß von Ehre empörte sich dagegen. ... Je höher ich stieg, je mehr ward ich an mein *lumpichtes System* gebunden. ... Je besser die Cotterie, ... je mehr Kinder der Kunst. ... Ich schmachtete nach den Kindern der Natur: und eines Abends, nachdem ich mich einem halb Dutzend verschiedener Leute auf die schändlichste Art Preiß gegeben hatte, ... ward mir übel, ... gieng ich zu Bette, ... befahl La Fleur, auf den andern Morgen Pferde zu bestellen, um nach Italien abzugehen.

MARIA.

Moulins.

Noch hatte ich die Noth des Überflusses unter keinerley Gestalt empfunden, bis itzt. ... Durch Bourbonnois, den angenehmsten Theil von Frankreich zu reisen, ... zur Zeit der fröhlichen Weinlese, wenn die Natur ihren Überfluß in Jedermanns Schooß ausschüttet, und jedes Auge in die Höhe gerichtet ist ... Eine Reise, auf welcher man bey jedem Schritte hört, wie die Musik den Tackt zur *Arbeit* schlägt, und wie alle ihre Kinder jauchzend ihre Trauben einsammlen ...

Hier durch zu kommen mit meinem so entzündbaren Herzen, das bey jeder Groupe vor mir Feuer fängt, ... deren eine jede schwanger von Abendtheuren war.

Himmel! zwanzig Bände würd' es anfüllen, ... und leider! hab' ich nur noch wenige Seiten übrig, wo ichs hinein pfropfen muß. ... Und die Hälfte davon gehört der armen Maria, welche mein Freund, Herr Shandy, nicht weit von Moulins antraf.

Die Geschichte, welche er von diesem verrückten Mädchen erzählte, rührte mich nicht wenig, da ich sie las; allein, da ich in die Nachbarschaft ihres Aufenthalts kam, kehrte sie wieder so stark in mein Gedächtniß zurück, daß ich der Bewegung nicht widerstehen konnte, welche mich antrieb, eine viertel Meile aus dem Wege, nach dem Dorfe zu gehn, wo ihre Ältern wohnten, um mich nach ihr zu erkundigen.

Dies heißt, ich gesteh es, gleich dem Ritter von der traurigen Gestalt, auf melancholische Abentheuer ausgehen. ... Ich weis aber nicht, wie es kömmt, daß ich niemals das Daseyn einer Seele in mir so überzeugt empfinde, als wenn ich darin verwickelt bin.

Die alte Mutter kam an die Thüre; ihr Blick erzählte

mir die Geschichte, bevor sie den Mund öffnete. ... Sie hätte ihren Mann verloren; er wäre, sagte sie, einen Monat vorher, vor Kummer über den Verlust der Sinne seiner Maria gestorben. ... Anfänglich hätte sie gefürchtet, fuhr sie fort, daß das ihr armes Mädchen vollends um das Bischen Verstand bringen würde, was ihr noch übrig gelassen, ... es hätte sie aber im Gegentheile, mehr zu sich selbst gebracht. ... Noch hätte sie keine Ruhe. ... ihre arme Tochter, sagte sie und weinte, wandere irgendwo an der Heerstrasse herum....

... Warum schleicht mein Puls so langsam, indem ich dieses schreibe? und was machte, daß La Fleur, dessen Herz bloß zur Freude bestimmt zu seyn schien, zweymal mit dem auswendigen seiner Hand über seine Augen fuhr, als die alte Frau stund und erzählte? Ich befahl dem Postillon, wieder nach der Heerstrasse zurück zu kehren.

Als wir bis eine viertel Meile von Moulins gekommen, entdeckte ich durch einen Seitenweg, der zu einem Gebüsche führte, die arme Maria, unter einem Pappelbaume sitzend. ... Sie saß mit dem Ellebogen auf dem Schosse, und den Kopf auf die Seite gelehnt in der Hand. ... Ein kleines Bächlein floß am Fusse des Baums vorbey.

Ich ließ den Postillon mit der Chaise voraus nach Moulins fahren ... La Fleur sollte mein Abendessen bestellen ... und ich wollte ihm zu Fuße nachkommen.

Sie war in weiß, und fast so gekleidet, als sie mein Freund beschreibt, ausgenommen, daß ihre Haare los hiengen, welche vorher in einem seidenen Netze aufgeflochten waren. ... Sie hatte auch noch ihrem Mieder ein blaßgrünes Band zugefügt, welches über ihre Schultern bis auf die Hüften fiel. Am Ende desselben hieng ihre Hirtenflöte. ... Ihre Ziege war eben so ungetreu geworden, als ihr Bräutigam; und sie hatte sich an ihrer Statt einen kleinen Hund angeschafft, welchen sie an einer Schnur an den Gürtel befestigte. Als ich ihren Hund ansah, zog sie ihn mit der Schnur nach sich ... »Du sollst mich doch nicht verlassen, Silvio,« sagte sie. Ich sah in Mariens Augen, und entdeckte, daß sie mehr an ihren Vater, als an ihren Bräutigam, oder ihre kleine Ziege dächte; denn als sie seinen Namen aussprach, rollten ihr die Thränen über die Wangen herunter.

Ich setzte mich dicht' bey ihr nieder, und Maria ließ mich solche, wie sie niederfielen, mit meinem Schnupftuche wegwischen. ... Dann tauchte ichs in meine eigne ... und dann in ihre ... und dann in meine ... und dann wischte ich wieder die ihrige ab ... und so wie ichs that, fühlte ich solche unbeschreibliche Bewegungen in meinem Inwendigen, die man, wie ich gewiß bin, aus keinerley Verbindung der Materie mit der Bewegung erklären kann.

Ich bin völlig versichert, ich habe eine Seele; und alle Bücher, womit die Materialisten die Welt gequält haben, können mich nicht vom Gegentheile überführen.

MARIA.

Als Maria ein wenig zu sich selbst gekommen war, fragte ich sie, ob sie sich einer blassen, schmächtigen Mannsperson erinnerte, welche vor ungefähr zwey Jahren, zwischen ihr und ihrer Ziege gesessen hätte. Sie sagte, ihr Kopf wäre damals sehr in Unordnung gewesen, sie erinnerte sichs aber an zween Umständen ... Daß, so schlecht sie gewesen, sie doch gesehen, daß der Mann Mitleiden mit ihr gehabt; und hiernächst daß ihre Ziege sein Schnupftuch gestohlen, und daß sie solche des Diebstahls wegen geschlagen habe. ... Sie hätte es, sagte sie, in dem Bache gewaschen, und trüge es seitdem beständig in der Tasche, um es ihm wieder zuzustellen, im Falle sie ihn jemals wieder sehen sollte, wie er ihr, setzte sie hinzu, halb versprochen hätte. Wie sie mir dieses sagte, zog sie das Schnupftuch aus der Tasche, um es mich sehn zu lassen; sie hatte es ganz sauber in ein Paar Weinblätter gewickelt und mit einen Schößling umwunden ... Wie sies aufmachte, sah ich, daß es in einem Zipfel mit einem *S.* gezeichnet war.

Sie hatte sich nachdem, erzählte sie mir, bis nach Rom verirret, und wäre einmal um die Peterskirche gegangen ... und zurück gekommen. ... Sie hätte ganz allein den Weg durch die Apenninischen Gebirge gefunden ... Sie wäre durch die ganze Lombardei ohne Geld ... und über die Feuersteinigten Wege in Savoyen ohne Schuhe gereiset ... Wie sie es ausgehalten, und wie sie durchgekommen, das konnte sie nicht sagen ... Aber *der liebe Gott*, sagte Maria, *schickt warmen Wind*, wenn das Lamm geschoren ist.

Ja, wohl geschoren! sagt' ich, und zwar recht scharf; und wärest du in meiner Heymath, wo ich eine Hütte habe, da würde ich dich hinein nehmen, und dich

Quodlibet von Christian Gottlob Winterschmidt
(Nürnberg 1755 – nach 1809). Radierung
von 2 Platten in Schwarz und Rötel, Feder,
Gouache und Aquarell, zwischen 1775 und 1780.

decken und schützen; du solltest von meinem Bissen essen, und von meinem Becher trinken ... ich wollte deinem Silvio gütlich thun ... in allen deinen Schwachheiten und Wanderschaften wollt' ich dich aufsuchen und zurück bringen. ... Wenn die Sonne untergienge, wollt' ich mein Abendgebet verrichten, und wenn ich ausgebetet, solltest du auf deiner Flöte dein Abendlied spielen, und der Geruch von meinem Opfer würde deswegen nicht weniger gnädiglich angenommen werden, daß er zugleich mit dem von einem gebrochnen Herzen Himmel an stiege.

Mein Herz zerfloß, da ich dieses sagte, und da Maria, indem ich mein Schnupftuch heraus zog, bemerkte, daß es bereits zu feucht sey, um es noch zu gebrauchen, wollte sie es mit aller Gewalt in dem Bächlein waschen. ... Und wo will Sie es trocknen, Maria? sagt' ich ... Ich wills in meinem Busen trocknen, sagte sie, ... das wird mir wohl thun.

Und ist Ihr Herz denn noch immer so warm, Maria? sagt' ich.

Ich berührte die Saite, an welcher alle ihre Klagen hiengen ... Sie sah mich ein Zeitlang starr und wild ins Gesicht, und dann, ohne das Geringste zu sagen, nahm sie ihre Flöte, und spielte ihren Gesang an die heilige Jungfrau ... Die Saite, die ich berührt hatte, hörte auf zu schwingen ... in ein Paar Augenblicken kam Maria zu sich selbst ... ließ ihre Flöte fallen ... und stund auf.

Und wo will Sie hingehen, Maria? sagt' ich. ... Nach Moulins, sagt sie. ... Laß uns zusammen gehn, sagt' ich. ... Maria legte ihren Arm in den meinigen, verlängerte die Schnur, um den Hund folgen zu lassen, und in dieser Ordnung zogen wir in Moulins ein.

MARIA.

Moulins.

Ob ich gleich das Küssen und Grüssen auf offnem Markte hasse, so stund ich doch, als ich mitten auf diesen gekommen, still, um Maria zum letztenmale anzublicken, und ihr zum letztenmal Lebewohl zu sagen.

Maria war zwar nicht groß, aber doch von der ersten Classe der feinen Wüchse. ... Die Betrübniß hatte etwas in ihren Blick gebracht, welches kaum noch irdisch war ... Doch war sie noch immer weiblich ... und hatte so viel von dem, was das Herz wünscht, und wonach das Auge bey einem Frauenzimmer sucht, daß, könnte sie die Spuren aus ihrem Gehirne, und ich Elisa aus dem meinigen löschen, so sollte sie nicht *bloß von meinem Bissen essen und von meinem Becher trinken*, sondern Maria sollte in meinem Schoosse schlafen, und ich wollte sie wie eine Tochter halten.

Lebe wohl, armes, unglückliches Mädchen! ... Trinke das Öhl und den Wein in dich, welchen das Mitleiden eines Fremden, wie er seine Strassen hinabzieht, itzt in deinen Wunden geußt. ... Er, der dich zweymal zerschlagen, er kann allein, kann dich auf ewig verbinden.

BOURBONNOIS.

Von nichts in der Welt hatte ich mir eine so fröhliche Schwärmerey der Affekten vorgemalt, als von dieser Reise, zur Zeit der Weinlese, durch diesen Theil von Frankreich. Aber mein mitleidiges Gefühl, welches durch diese Pforte der Betrübniß auf mich eingedrungen, hatte mich dazu ganz unfähig gemacht. In jeder festlichen Scene sah ich Marien, im Hintergrunde des Gemäldes, Gedankenvoll unter ihrem Pappelbaume sitzen; und ich war fast bis Lyon gekommen, bevor ich sie ganz in Schatten bringen konnte.

... Theure Empfindlichkeit! unerschöpfliche Quelle alles dessen, was schätzbar in unsern Freuden, oder köstlich in unsrer Traurigkeit ist! Du kettest deinen Märtyrer nieder an sein Lager von Stroh ... und auch du erhebst ihn hoch bis zum *Himmel* ... Ewiger Brunnen unsrer Empfindnisse! Hier will ich dich suchen ... Und dieses ist deine Gottheit, welche sich in mir reget. ... Nicht daß, in trüben Stunden der Krankheit, *»meine Seele zurückbebt in sich selbst, und vor der Vernichtung sich entsetzt«* ... blosser Prunk in Worten! ... sondern, daß ich noch uneigennützige Freuden und uneigennützige Sorgen ausser mir empfinden kann. ... Alles kömmt von dir, grosses, grosses *Sensorium* der Welt! welches vibrirt, wenn auch nur ein Haar, in der entferntsten Wüste deiner Schöpfung, von unserm Haupte fällt. Von dir gerührt, zieht Eugenius meinen Vorhang auf, wenn ich vor Krankheit schmachte ... hört meine Erzählung der Symptomen, und klagt das Wetter an, über die Schwachheit seiner Nerven. Zuweilen giebst du davon seinen Antheil dem rohesten Hirten, der die unwirthbarsten Gebirge durchstreicht ... Er findet das zerrißne Lamm eines fremden Hirten ... Diesen Augenblick seh' ich, wie er, den Kopf an seinen Stab gelehnt, mit mitleidigem Gefühl darauf herab blickt ... O! wär' ich einen Augenblick früher gekommen! ... Es blutet sich zu Tode ... sein fühlbares Herz blutet mit ihm ...

Friede sey mit dir, großmüthiger Hirt! Ich seh du gehst mit Kummer von dannen ... aber deiner Freuden sollen nicht weniger seyn! ... Denn, glücklich ist deine Hütte, ... glücklich sie, die solche mit dir theilet ... und glücklich sind die Lämmer, die um eure Winke spielen.

DIE ABENDMAHLZEIT.

Da am Fusse des Berges Taurira, unserm Deichselpferde eines von den vordern Hufeisen losgegangen; so stieg der Postillon ab, drehete es vollends herunter, und steckte es in die Tasche. Da wir wohl über zwo Meilen Berg an, und uns hauptsächlich auf dieses Pferd verlassen mußten; so bestund ich darauf, das Eisen sollte so gut, als möglich, wieder aufgelegt werden; allein der Postillon hatte die Nägel weggeworfen, und da uns ohne diese, der Hammer in dem Kutschkasten keine grosse Dienste leisten konnte, so ergab ich mich darein, daß wir fortführen. Er war noch keine viertel Stunde höher gekommen, als das arme Thier, auf einem sehr scharfsteinigten Stücke vom Wege, das zweyte Eisen vom andern Vorderfusse verlor. Nunmehr sprang ich im rechten Ernste aus der Chaise; und weil ich etwas über tausend Schritt linker Hand davon ein Haus liegen sah': so erhielt ich mit vieler Mühe von dem Postillon, daß er drauf zufuhr. Die Aussicht des Hauses und alles dessen, was da herum war, söhnte mich bald mit dem Unfalle aus. . . . Es war eine kleine Meyerey, umgeben von ungefähr zwanzig Morgen Weinbau, von ungefähr eben so vielem Kornlande . . . und dichte am Hause lag ein Küchengarten von ungefähr anderthalb Morgen, bepflanzt und besäet mit alle dem, was in einem französischen Bauerhause zum Überflusse gehört. . . . Und an der andern Seite war ein kleiner Wald, welcher das Holz hergab, um es gar auf den Tisch zu liefern. Es war ungefähr um acht Uhr des Abends, als ich bey dem Hause ankam . . . Damit ließ ich den Postillon seine Sache so gut machen, als er konnte . . . und ich gieng gerade zu ins Haus.

Die Familie bestund aus einem Manne mit grauen

Haaren und seiner Frau, mit fünf oder sechs Söhnen und Schwiegersöhnen, und deren verschiednen Frauen, nebst einer muntern Zucht von Kindern.

Sie sassen alle um ihr Linsengericht herum; ein grosses Waizenbrodt lag mitten auf dem Tische, und ein Weinkrug, an jedem Ende desselben, versprach Freude, durch alle Absätze der Mahlzeit hindurch. . . . Es war ein Liebesmaal.

Der alte Mann stund auf, mich zu empfangen, und mit einer ehrerbietigen Vertraulichkeit nöthigte er mich, mich an den Tisch zu setzen. Mein Herz hatte sich schon den Augenblick, da ich ins Zimmer trat, bey ihnen niedergelassen: also nahm ich sogleich meinen Platz, wie ein Kind vom Hause; und, um so bald als möglich von diesem Charakter Besitz zu nehmen, borgte ich gleich des alten Vaters Messer, faßte das Brodt, und schnitt mir eine tüchtige Scheibe herunter; und wie ichs that, sah ich in aller Augen umher ein Zeugniß, nicht allein, daß mirs von Herzen gegönnt, sondern auch daß dieses Gönnen mit Dank dafür vermischt sey, weil ich nicht daran zu zweifeln geschienen.

War es das; oder sage mir, Natur, was war es sonst, das mir diesen Bissen so schmackhaft machte ? . . . und welcher übernatürlichen Kraft hatt' ichs zu verdanken, daß der Zug, den ich aus dem Kruge dazu that, so vortrefflich schmeckte, daß ich beydes bis diese Stunde noch auf der Zunge habe ?

War die Mahlzeit nach meinem Geschmacke, . . . so war es das darauf folgende Gratias noch mehr.

DAS GRATIAS.

Als die Mahlzeit geendigt, schlug der alte Mann mit dem Hefte seines Messers auf den Tisch. . . .

Es war das Zeichen, sich zum Tanze zu bereiten. Sobald das Signal gegeben war, liefen Frauen und Mädchen nach einem Hinterzimmer, ihr Haar aufzubinden . . . und die jungen Männer nach der Thüre, um ihre Gesichter zu waschen, und ihre hölzerne Schuhe mit andern zu vertauschen; und in drey Minuten waren sie alle auf einem kleinen grünen Platze vor dem Hause bereit anzufangen . . . Der alte Mann und seine Frau kamen zuletzt heraus, und setzten sich, indem sie mich zwischen sich nahmen, auf einen Sopha von Rasen an der Thür nieder.

Ehmals, vor ungefähr funfzig Jahren, war der alte Mann ziemlich stark auf der Leyer gewesen . . . Und noch itzt, bey seinem Alter, spielte er seinen Tanz noch recht gut. Zuweilen sang seine Frau mit darein . . . dann ließ sie die Leyer ein wenig allein gehen . . . fiel mit ihrer Stimme wieder ein, und ihre Kinder und Enkel tanzten vor ihnen herum.

Erst in der Mitte des zweyten Tanzes kam mirs vor, als ob ich bey verschiednen Pausen . . . während welchen sie alle gen Himmel zu seh'n schienen, eine Erhebung des Herzens bemerken könnte, die von jener unterschieden wäre, welche die Ursache, oder die Wirkung einer blossen Fröhlichkeit ist . . . Mit einem Worte, ich dachte, ich sähe, daß die *Religion* sich mit in den Tanz mischte . . . Da ich sie aber noch nie in solcher Gesellschaft gefunden, so würde ichs angesehn haben, als eine von den Täuschungen einer Imagination, die mich ohn' Unterlaß misleitet, wenn nicht der alte Mann, sobald der Tanz vorüber war, gesagt hätte, daß dieses ihre beständige Gewohnheit wäre; und daß ers sein Lebelang zu einer Regel gemacht, sobald sie des Abends gegessen, alle die Seinigen zum Tanze und zur Freude zusammen zu rufen; weil er glaubte, sagt' er, daß ein fröhliches und zufriedenes Gemüth der beste Dank wäre, womit ein ungelehrter Bauer Gott danken könnte. ... Oder auch ein gelehrter Prälat, sagt' ich.

DIE VERLEGENHEIT DER DELICATESSE.

Wenn man auf die Spitze des Berges Taurira gelangt ist, so gehts gleich steil hinunter nach Lyon ... Dann *à Dieu* allen schnellen Bewegungen! Es ist eine Fahrt der Behutsamkeit; und für die Empfindnisse ists am besten, sich nicht damit zu übereilen: also contrahirte ich mit einem Vetturino, sich mit einem Paar Mauleseln Zeit zu lassen, und mich in meiner Chaise wohlbehalten durch Savoyen nach Turin zu liefern.

Armes, geduldiges, friedsames, ehrliches Volk! sey unbesorgt; deine Armuth, den Schatz deiner einfältigen Tugenden wird dir die Welt nicht beneiden, noch deine Thäler überfallen, um ihn dir zu rauben ... Natur! mitten in deinen Unregelmäßigkeiten bist du dennoch freundlich gegen den Mangel, den du geschaffen ... Mit allen deinen grossen Werken um dich her, bleibt dir Wenig übrig, der Sichel oder der Hippe zu geben ... Diesem Wenigen aber, verleihest du Sicherheit und Schutz; und lieblich sind die Wohnungen, welche so bedeckt stehen.

Laß den ermüdeten Reisenden seinen Klagen Luft machen, über die unerwarteten Fälle und Gefahren der Wege ... über die Felsen ... die Abgründe ... die Schwierigkeiten Berg an ... das Grausen Berg unter zu fahren ... über die unersteiglichen Gebirge ... und Cataracten, welche grosse Steine von ihren Spitzen herunter rollen, und seinen Weg verrammen. ... Die Bauren hatten den ganzen Tag gearbeitet, ein solches abgerissenes Felsenstück, zwischen St. Michael und Madane, aus dem Wege zu räumen; und als mein Vetturino bey der Stelle anlangte, wurden noch zwo volle Stunden erfordert, eh' auf irgend eine Art so viel

Raum geschafft werden konnte, nur eben durch zu kommen. Hier war nichts anders zu thun, als mit Geduld zu warten ... Es war ein nasser stürmischer Abend; daß also der Vetturino, sowol dadurch, als durch den Zeitverlust, genöthigt war, seine Tagereise um anderthalb Meilen zu verkürzen, und in einer kleinen anständigen Art von Wirthshause neben der Heerstrasse einzukehren.

Ich nahm alsobald Besitz von meiner Schlafkammer ... ließ Feuer anmachen ... bestellte das Abendessen, und dankte eben dem Himmel, daß es nicht schlimmer abgelaufen wäre ... als ein Fuhrwerk, worin eine Dame mit ihrer Aufwärterinn saß, anlangte.

Da keine andre Schlafkammer im Hause war, so wies sie die Wirthinn ohne viel Bedenklichkeit nach der meinigen, und sagte ihnen, wie sie solche herein führte, daß Niemand darin wäre, als nur ein engländischer Herr ... Daß zwey gute Betten darin stünden, und daß in dem Zimmer noch ein Verschlag wäre, wo noch ein andres befindlich sey. ... Der Ton, womit sie von diesem dritten Bette sprach, war nicht sehr empfehlend ... Indessen wären, sagte sie, drey Betten da, und nur drey Personen ... und der fremde Herr, meynte sie, würde alles mögliche thun, und sich fügen. ...

Ich ließ der Dame keinen Augenblick Zeit zu Vermuthungen, sondern that ihr die Erklärung, daß ich alles thun würde, was ich nur könnte.

Da mich dieses nicht zu einer völligen Räumung und Übergabe meiner Kammer verband: so fühlte ich mich noch Besitzer genug, um davon die Honeurs zu machen ... Ich bat die Dame, sich zu setzen ... nöthigte sie zum wärmsten Sitze ... forderte mehr Holz ... bestellte bey der Wirthinn, daß sie den Plan zum Abendessen erweitern, und uns von ihrem allerbesten Weine zukommen lassen möchte.

Die Dame hatte sich kaum fünf Minuten beym Feuer gewärmt, als sie anfieng den Kopf herum zu drehen, und einen Blick nach den Betten zu thun; und je öfter sie ihre Augen dieses Weges wandte, je verwirrter kehrten sie davon zurück . . . Ich fühlte für sie . . . und für mich selbst; denn in wenig Minuten ward meine Verlegenheit, über ihre Blicke sowol, als über den Umstand selbst, so groß, als die ihrige nur immer seyn konnte.

Um alle diese Unruhen zu erregen, war es schon daran genug, daß die Betten, worin wir schlafen sollten, in einem und eben demselben Zimmer stunden . . . allein ihre Position (sie stunden parallel, und so dicht an einander, daß nur eben ein geflochtner Stuhl dazwischen Raum hatte), machte uns den Handel noch beschwerlicher. . . . Sie waren noch dazu nahe beym Feuer, und die Ausladung des Kamins an der einen, und ein Tragpfeiler, der durchs Zimmer gieng, an der andern Seite, machten eine Art von Alkove, welches unserm zarten Gefühl von Schamhaftigkeit gar nicht günstig war. . . . Wenn noch etwas hinzu kommen könnte, so wars: daß die Betten alle beyde so schmal waren, daß es einem den Gedanken an die Möglichkeit kurz abschnitt, daß die Dame und ihre Jungfer zusammenschlafen könnten. Welches, wenn es sich hätte thun lassen, die Sache sehr erleichtert haben würde. Denn, daß ich alsdann in dem andern Bette nahe dabey schlief, war zwar keine wünschenswürdige Sache, aber es wäre doch nichts so Furchtbares dabey gewesen, worüber nicht die Einbildung ohne Ängstlichkeit hätte hinweg kommen können.

Was das kleine Nebenkämmerchen betrifft: so gab uns das wenig oder gar keinen Trost; es war ein dumpfigter kalter Verschlag, mit einem halben Laden vor einem Fenster, darin weder Glas noch geöhltes Papier war, um Wind und Nässe abzuhalten. Ich that mir keinen Zwang an, meinen Husten zurück zuhalten, als die Dame hinein guckte; also war hierbey nichts anders zu thun, als von beyden eines zu wählen. . . . Ob die Dame ihre Gesundheit ihrer Schamhaftigkeit aufopfern, das Bette im Nebenkämmerchen für sich nehmen, und das, zunächst meinem, dem Mädchen überlassen wollte ? oder, ob das Mädchen daneben an allein schlafen sollte ? u. s. w.

Die Dame war eine Piemonteserinn von ungefähr dreyßig Jahren, mit vollen Zeichen der Gesundheit auf den Wangen. Das Mädchen war eine Lyonerinn von zwanzig, so flink und rasch, als nur irgend eine französische Dirne seyn kann. . . . Da waren allenthalben Schwierigkeiten. . . . und das Hinderniß mit dem Stück Felsen im Wege, welches uns in diese Noth gebracht, so groß es auch schien, als es die Bauren wegräumten, war, mit dem verglichen, was uns itzt im Wege lag, nur ein Bachkiesel. . . . Ich habe nur noch hinzu zu setzen, daß es die Last, die uns auf dem Herzen lag, nicht erleichterte, daß wir beyde zu delikat waren, einander zu sagen, was wir bey der Gelegenheit empfanden.

Wir setzten uns nieder zu Tische; und hätten wir dabey keinen edlern Wein gehabt, als den, welcher in einem kleinem savoyischen Wirtshause zu haben ist: so würden wir nicht eher geredet haben, bis die dringende Noth das Band unsrer Zunge gelöset hätte. . . . Allein die Dame hatte etliche Flaschen Burgunder in ihrem Wagen, und ließ durch ihre Kammerjungfer ein Paar davon herauf holen; nachdem wir also abgegessen und allein gelassen waren, fühlten wir Stärke des Geistes genug, zum wenigsten ohne Zurückhaltung von unsrer Situation zu sprechen. Wir kehrten und wendeten es auf alle Seiten, wir überlegten und betrachteten es in einer jeden Art von Lichte, während der Zeit einer Negociation von zwo Stunden; am Ende derselben wurden die Artikel, nach der Art und Weise eines Friedenstraktats, zwischen uns fest verabredet, ... und ich glaube, mit eben so vieler Redlichkeit und gutem Vertrauen an beyden Seiten, als bey irgend einem Traktate, der bis hierher die Ehre gehabt hat, auf die Nachkommenschaft gebracht zu werden.

Es waren folgende:

I. Da Monsieur im rechtmäßigen Besitze der Kammer ist, und er das Bette zunächst am Feuer für das wärmste hält; so besteht er darauf, daß ihm von Seiten der Dame solches zugestanden werde.

Zugestanden, von Seiten der Dame; mit dem Zusatze: Da die Vorhänge dieses Bettes von dünnem, durchsichtigem Cattun sind, und auch zu schmal scheinen, um dicht zugezogen zu werden: so soll die Kammerjungfer die Öffnung mit grossen Stecknadeln, oder auch mit Nehnadel und Zwirn auf eine solche Art zumachen, als man zu einer sichern Barriere, an der Seite des Herrn, nöthig erachten wird.

II. Madame bedingt sich aus, daß Monsieur die ganze Nacht durch im Schlafrocke bleiben soll.

Abgeschlagen. Monsieur führt keinen Schlafrock bey sich; sein Mantelsack enthält nichts, als ein halb Dutzend Hemden und ein Paar schwarze seidene Beinkleider.

Die Erwähnung der schwarzen seidenen Beinkleider, machte eine gänzliche Änderung in diesem Artikel. ... Denn die Beinkleider wurden als ein Äquivalent für den Schlafrock angenommen; und also ward stipulirt und festgesetzt, daß ich die ganze Nacht in meinen schwarzen seidnen Beinkleidern schlafen sollte.

III. Es ward begehrt, und von Seiten der Dame darauf bestanden, daß, nachdem Monsieur zu Bette gegangen, und Feuer und Licht ausgelöscht sey, Monsieur die ganze Nacht durch kein einziges Wort sprechen sollte.

Zugestanden; mit der Klausel, daß Monsieur sein Abendgebeth für keinen Bruch des Traktats gehalten werden mag.

Es war nur ein Punkt in diesem Traktate vergessen, und das war, auf was Weise die Dame und ich verbunden seyn sollten, uns auszukleiden, und zu Bette zu gehn. ... Es war nur eine Art möglich, es zu thun, und die lasse ich den Leser errathen; und versichre dabey, wenn es nicht die delikateste in der Natur ist, so hat er die Schuld Niemand beyzumessen, als seiner eignen Einbildung ... über welche dieses nicht meine erste Klage ist.

Ob es nun, nachdem wir zu Bette gegangen, die Ungewohnheit der Situation, oder sonst etwas war, das ich nicht weis, genug, ich konnte kein Auge schliessen; ich versuchte es auf der einen Seite und auf der andern, und warf mich herum und wieder herum, bis eine volle Stunde nach Mitternacht, da Natur und Geduld beyde gleich ermüdet waren, ich ausrief ... O, mein Gott! ... Sie haben die Traktaten gebrochen, Monsieur, sagte die Dame, welche eben so wenig geschlafen hatte, als ich. ... Ich bat sie tausendmal um Vergebung, bestund aber darauf, es wäre bloß ein andächtiger Seufzer. ... Sie behauptete, es wäre ein förmlicher Bruch der Traktaten ... Ich behauptete, das wäre es, nach der Klausel beym dritten Artikel, nicht.

Die Dame wollte ganz und gar nicht nachgeben, ob sie gleich ihre Barriere dadurch schwächte; denn in der Hitze des Streits konnte ich hören, daß zwo oder drey von den grossen Stecknadeln aus den Vorhängen auf die Erde fielen.

Bey meiner Ehr' und Treue, Madame, sagt' ich, ... indem ich meinen Arm betheurungsweise aus dem Bette streckte. ...

... (Ich hatte hinzufügen wollen, daß ich um alles in der Welt, mich nicht der geringsten Übertretung gegen den genauesten Begriff vom Wohlstande schuldig machen möchte.) . . .

. . . Allein, die Kammerjungfer, welche gehört, daß es zwischen uns zum Wortwechsel gekommen, und fürchtete, es möchte auf Thätlichkeiten hinaus laufen, war leise aus ihrem Kämmerchen, und weil es völlig finster war, so nahe an unsre Betten geschlichen, daß sie in den engen Raum, der sie von einander schied, und zwar so weit herauf gekommen war, daß sie in gerader Linie zwischen mir und ihrer Dame stund. . . .

Also, da ich die Hand ausstreckte, faßte ich der Kammerjungfer ihre. . . .

✦

YORICKS

empfindsame Reise

durch

Frankreich und Italien,

fortgesetzt

von Freundeshand.

NOCH MEHR VERLEGENHEIT DER DELICATESSE.

... Faßte ich der Kammerjungfer ihre ... »Was ?« sagt der Splitterrichter. Hand, mein Herr ... »Nicht doch, das ist eine kahle Ausweichung,« ruft der Casuist. ... »Ja, ja,« sagt der Scheinheilige, »es ist leider nur gar zu handgreiflich.« Nun wette ich um meine schwarze seidene Beinkleider, die ich bey dieser Gelegenheit zum ersten male getragen, gegen ein Dutzend Flaschen Burgunder, von dem, davon wir gestern Abend tranken ... denn ich will mit niemand zu schaffen haben, als mit der Dame ... daß die hoch- und tiefgelahrte Herren alle mit einander Unrecht haben. »Unmöglich, unmöglich, erwiedern die weisen Männer; das Ding läßt sich nicht wieder bemänteln.« Nun denk' ich, daß, wenn wir die Situation betrachten . . . die Gelegenheit . . . obgleich die Kammerjungfer ein so lebhaftes französisches Mädchen war, als man jemals gesehn, und kaum von zwanzig Jahren . . . wenn wir betrachten, daß sie sich natürlicher Weise mit dem Gesichte nach ihrer Gebieterinn wandte, um den Riß zu decken; den die ausgefallenen Nadeln veranlasset hatten . . . so müßte es alle Mathematiker, die nur jemals gelebt haben, in Verwirrung setzen, die Winkel und Linien zu berechnen und zu zeichnen, die mein Arm hätte beschreiben müssen, um der Kammerjungfer ihre . . . zu fassen.

Aber wir wollen ihnen diese Position zugeben . . . war die Schuld meine? Wer hatte mich von ihrer Stellung unterrichtet? Konnte ich mir einbilden, sie würde ohne Bedeckung erscheinen? denn, leider! ist bey solcher Gelegenheit eine blosse Leinewand so gut, als nichts.

Hätte sie eben einen solchen Hang zum Schweigen gehabt, als mein pariser Kammermädchen, das ich zum ersten male mit seinen *Egarémens du cœur* antraf: so wäre alles gut gegangen; aber diese schwatzhafte *Lyonerin* fühlte nicht sobald meine Hände, als sie schrie wie eine arme Hexe, die die Feuerprobe machen soll. Hätt' ich einen Dolch darin gehabt, und hätt' ich ihrem Leben gedroht, als ich, nach ihrer Meynung, ihrer Tugend drohte; so hätte sie kein ärger Geschrey anheben können. . . . *Ah, Monseigneur! . . . ah, Madame! . . . Monsieur l'Anglois . . . il me tient! il me tient!*

Solche wiederholte Ausrufungen brachten sehr bald die Wirthinn und die beyden Vetturini herbey; denn da sie glaubten, es könnte nichts geringers, als ein Blutbad obhanden seyn, so konnten sie es nicht über ihr Gewissen bringen, davon zu bleiben. . . . Die Wirthinn, in einer zitternden Stellung, machte eilig ein Kreuz über das andere, und rufte den heiligen *Ignatius* an.

Die Vetturini hatten in der Hast sogar ihre Beinkleider vergessen, und hatten also auf einen ehrbaren Anschein weniger Anspruch zu machen, als ich; denn ich war unterdessen aus dem Bette gerutscht, und stund pfeilgerade vor der Dame, als wir diesen Besuch empfiengen.

Nachdem die ersten Bezeigungen der Verwunderung vorüber, ward der Kammerjungfer befohlen, zu sagen, worüber sie so geschrien, und ob etwan Räuber in ihr Kämmerchen gebrochen wären? Hierauf gab sie keine Antwort, hatte aber Gegenwart des Geistes genug, ganz eilig nach ihrem Bette zu fliehen.

Da die Aussage auf ihr beruhte, und sie solche zu thun nicht willens war: so wäre ich allem Verdacht entgangen, hätte ich nicht höchst unglücklicher Weise, durch mein Hin- und Herwerfen im Bette, aus Mangel an Schlafe, einen sehr wesentlichen Knopf von meinen schwarzen seidnen Beinkleidern abgedreht; durch irgend einen Zufall war der andre Knopf aus seinem Loche gefahren, und also schien der Artikel wegen der Beinkleider völlig gebrochen zu seyn.

Ich bemerkte, daß die Augen der piemontesischen Dame einen Gegenstand gefaßt hatten; die meinigen folgten der Richtung, die die ihrigen nahmen; und so erblickte ich, ob ich gleich in Beinkleidern war, etwas, das mir mehr Röthe abjagte, als die nackte Gestalt der Vetturini, das zerrißne Hemde der Wirthin, oder selbst die unbedeckten Reizungen der gnädigen Frau.

Ich stund, mein Eugenius, pfeilgerade vor ihr, als sie diese Entdeckung machte ... es rufte ihre Überlegung zurück ... sie huschte ins Bette, verhüllte sich mit der Decke, und befahl, daß man sogleich das Frühstück besorgen möchte.

Auf dieses Losungszeichen, begaben sich unsre Visiten hinweg, und wir hatten Gelegenheit in neue Unterhandlung über unsre Traktaten zu treten.

DIE UNTERHANDLUNG.

Da die Sicherheit der Stecknadeln vor kurzem unhinlänglich befunden worden, so waffnete sich die piemontesische Dame, wie ein verschlagner Negociateur, auf allen Seiten, ehe sie die Unterhandlung wieder eröffnete. Sie kannte die Macht sowol der Kleidung als der Einkleidung; . . . ob ich gleich, ich kanns betheuren, jeden Satz in ihrer begeisterten Rede für unumstößlich hielt. Aber da kommt schon der Caffee mit Sahne, und ich habe kaum Zeit, mich in meine Kleider zu werfen.

BEYM FRÜHSTÜCK.

Dame.

Es nimmt mich nicht Wunder, mein Herr, daß zwischen Frankreich und England so öftere Mishelligkeiten entstehen, wenn ihre Nation so oft, und, ohne dazu gereizt zu werden, die Traktaten übertritt.

Yorick. Hilf Himmel, Madame, besinnen Sie sich doch; es war im dritten Artikel ausgemacht, daß Monsieur sein Gebet verrichten dürfte; . . . und bis diesen Augenblick hab' ich noch nichts anders gethan, als blos geseufzet, ob mich gleich Ihre Kammerjungfer, durch ihr ausserordentliches, und bis jetzt noch unverständliches Geschrey, in heftige Convulsions versetzt hat, welche ganz und gar nicht von der angenehmsten Gattung sind.

Dame. Um Vergebung, mein Herr, Sie sind jedem Artikel zu nahe getreten, sogar den ersten nicht ausgenommen! . . . denn die festgesetzte Barriere, ist niedergerissen worden.

Yorick. Madame haben die Güte zu bemerken, daß diese in den Traktaten bestimmte Barriere, von Ihnen selbst, in der Lebhaftigkeit, bey der Erklärung des dritten Artikels, niedergerissen worden ist.

Dame. Aber die Beinkleider, mein Herr!

Yorick. Hier freylich, Madame, greifen Sie mir an die Seele. . . . Ich bekenne den Fehler; . . . es war aber eine Wirkung des Zufalls.

Dame. Es war aber nicht eine Wirkung des Zufalls, welche sie trieb, an meine Kammerjungfer gewaltsame Hände zu legen.

Yorick. Gewaltsame Hände, Madame! . . . Ich berührte sie bloß mit einer Hand! und ein Gericht von lauter Jungfrauen könnte darüber kein ander Urtheil sprechen, als: unschuldiges Verbrechen der Sinne.

Nach diesem Congreß, ward ein neuer Traktat entworfen, bey welchem alle mögliche Sorgfalt für die Erfordernisse der Herbergen, der Betten, Stecknadeln, nackter Kammerjungfern, unglücklicher Beinkleider, Knöpfe und Knopflöcher, u. s. w. getragen wurde. Dergestalt, daß wenn wir eine neue Convention wegen Zuwerfung der Häfen zu Dünkirchen und Mardyck entworfen hätten, wir nicht hätten mit mehr politischer Behutsamkeit dabey zu Werke gehen können; auch würde es niemand vor möglich gehalten haben, zufällige oder muthwillige Ausflüchte zu finden.

ETWAS FÜR DIE ARMEN.

Natur! unter welcher Gestalt du erscheinest, es sey auf den Gebirgen in Nova Zembla, oder auf dem brennenden Sande der lybischen Wüsten, Du bist stets liebenswürdig! stets sollst Du meine Fußtritte leiten! durch Deine Hülfe soll das Leben, welches diesem weichen gebrechlichen Gemächte zum Loose gefallen, gerecht und vernünftig seyn. Lehre mich, jene sanfte Bewegungen fühlen, welche Du durch verwandte Sinnen in alles flößest, was aus Deiner Hand sein Daseyn empfängt! ... Unterrichte mich, wie ich an fremden Leiden Theil nehmen, mit dem Betrübten sympathetisch weinen, und ungewöhnliche Zufriedenheit bey dem Glücke meines Nebengeschöpfes empfinden kann. Wie kann dann ein kurzes vorübereilendes Unglück einer Stunde diese Stirne bewölken, wo die Heiterkeit ihren Sitz aufgeschlagen hatte? ... Nein, ... weicht von hinnen, ihr mürrischen schwarzen Gedanken! ... Bemächtigt euch jenes Heuchlers, dessen Herz ihn bey jeder erkünstelten scheinheiligen Miene Lügen straft. ... Falle den Geizhals an, der selbst dann noch seufzet, wenn er seine Schätze betrachtet; und auf die wenige Dauer der Schlösser und Riegel denkt. ... Denke, Elender! an die noch geringere Dauer des Lebens selbst: berechne Du Sklav des Mammons, die Tage, die Du zu leben hast ... etliche zehn Jahre, und weniger; ... zähle die Summe ab, die Du nach Deiner jetzigen Ausgabe auf diese Zeit brauchest, und gieb das Übrige dem wirklich Dürftigen.

Würde mein Gebet erhört, das Vernunft und Menschenliebe befeuren: so würden Noth und Elend von der Erde verbannt, und jeder Monath brächte dem Armen eine Ärndte.

FREUNDSCHAFT.

Mancher zu strenge Ordensmann denkt vielleicht, mein Gebet sollte vor meinem Frühstücke und Geschäften hergegangen seyn, und daß alsdann meine Negociation mit der schönen Piemonteserinn glücklicher ausgefallen wäre. . . . Vielleicht.

Mein Leben war stets ein Gewebe von Zufällen, von der Hand der Madame Fortuna nach einem bunten, aber nicht geschmacklosen Muster, gewebt. Der Grund ist hell und munter, die Blumen darin aber sind so voller Farben, daß schwerlich ein Weber der Fantasie fähig seyn wird, es nachzuahmen.

Ein Brief von Paris, von London, von Dir, Eugenius! . . . O mein Freund! Ich bin bey Dir im *Hotel de Saxe*, ehe der gefiederte Bothe des Morgens zweymal die Sonne zum Aufstehn weckt.

DER INNERE KAMPF.

Zu Brüssel also find' ich dich wieder, schöne Seele, sagt ich! ... Ich darf ja nur von Italien, durch Deutschland nach Holland, und so über Flandern nach Hause gehen.« ... Welch ein Kampf zwischen Liebe und Freundschaft! Ach, *Madame de L***!* die Remisenthüre, die Remisenthüre hat meine Gemüthsruhe zerstöret. ... Des ehrlichen Lorenzo's Dose, bringt Dich alle Augenblicke in mein Gedächtniß; ... und diese Augen, die deine schöne Gestalt in der Einbildung sehen, weinen wirkliche unfreywillige Thränen!

Wenn ich jemals gewünscht, ein hartes unempfindliches Herz zu haben, so war es jetzt: Aber, das heißt die Heiligkeit der Empfindungen entweih'n, und ich will mein Verbrechen wieder gut machen. ... Wodurch? Ich will den Tribut bezahlen, den ich der Freundschaft schuldig bin, und sollte es meiner Leidenschaft auch selbst das Leben kosten.

VERLEGENHEIT DER FALSCHEN DELICATESSE.

Als ich zu diesem Entschlusse gekommen, fieng ich sogleich an, auf eine Entschuldigung zu sinnen, die ich der piemontesischen Dame auf eine höfliche Art darüber anbringen könnte, daß ich so plötzlich abreisete, und den Traktat nicht erfüllte, den wir mit einander bis nach Turin geschlossen hatten. Wenn irgend ein Theil unsrer vorigen Verbindung schien übertreten zu seyn, so mochten die Begebenheiten und Zufälle, wodurch diese anscheinende Übertretung veranlaßt worden, die Umstände gewissermassen mildern, ... hier aber ist ein offenbarer Bruch unsers zweyten Traktats, der so heilig ratificirt worden. Wie kann man es wol den Mächtigen dieser Erden zur Last legen, daß sie nach einem geschloßnen *ewigen Frieden* wieder von neuem Krieg anfangen, wenn man die unvorhergesehenen und unerwarteten Zufälle betrachtet, welche die Pforten des Janustempels wieder aufreissen können! ... Da ich noch mit diesem Selbstgespräche beschäftigt war, kam sie ins Zimmer getreten, und meldete mir, daß die Vetturini fertig, und die Maulthiere aufgeschirrt wären. ... Eugenius, wenn das Erröthen eine Masque der angebornen Bescheidenheit oder der Schaamhaftigkeit und nicht der Schuld ist, so will ich dir vertrauen, daß mein Gesicht mit der Scharlachfarbe des Bewußtseyns der Unschicklichkeit überzogen wurde, meine Zunge stockte, und mir ihren Dienst weigerte. ... »Madame, sagt' ich, ein Brief,« hier konnt' ich nicht weiter reden. Sie sah meine Verwirrung, konnte aber ihre Ursache nicht errathen.

»Wir können warten, mein Herr, bis Sie Ihren Brief geschrieben haben.« ... Meine Verwirrung nahm zu;

und erst nach einer Pause von einigen Minuten, als ich den Beystand der Entschliessung und der Freundschaft zu Hilfe gerufen, war ich vermögend ihr zu sagen: »ich müßte ihn selbst überbringen.«

Hast du dich jemals in Geldmangel befunden, und dich an einen halben Freund gewendet, um dir beyzustehen? Wie war damals dein Gefühl beschaffen, derweile du die Bewegung seiner Muskeln betrachtetest, den Abscheu oder das Mitleiden seiner Augen; oder indem er die zärtliche Regung seines Herzens unterdrückte, sich mit einem hämischen Lächeln zu dir wandte, und dich fragte: . . . »Was für ein Unterpfand?« Oder warst du jemals in eine herrschsüchtige Schöne verliebt, in welche du alle deine Hoffnungen, Wünsche und Freuden gesetzt hattest; wenn du endlich das Herz gefaßt, ihr deine Leidenschaft zu erklären, und ihr bey der ersten Eröffnung deiner Seele ins Gesicht blicktest, und aus jedem Auge Zorn und Verachtung gleichsam aus ihrem Hinterhalte hervorkommen sahest, die sich zu deinem Untergange bewaffnet hatten; . . . dann, Eugenius, stelle dir die schöne Piemonteserin vor, wie sie allen ihren Stolz und alle ihre Eitelkeit in einen Schuß ladet, den die weibliche Rachgier abbrennet.

»C'est la politesse Angloise; mais cela ne convient pas à des honnêtes gens.«

»Das ist die Lebensart der Engländer; artige Leute aber kleidet sie schlecht.«

Warum, im Namen des Schicksals, des Zufalls, oder des unvermeidlichen Geschicks, oder was Sie sonst wollen; warum sollen die Begebenheiten meines Lebens, die harten Schattirungen meines Gewebes, einer ganzen Nation dergleichen Vorwurf zuziehn?

Das ist beleidigend, schöne Piemonteserin! Doch du bist schon fortgereiset, und mögen dich Schutzengel des Glücks begleiten!

STEIFSINN.

Dies war nicht die einzige Schwierigkeit, die aus der Veränderung meines Operationsplans entstund: Der Vetturino, mit dem ich eins geworden, mich nach Turin zu bringen, wollte nicht nach St. Michael zurückkehren, ehe er seine Reise nicht ganz vollbracht hätte, weil er dort einen Reisenden erwartete, der die Rückfracht tragen sollte. Vergebens stellte ich ihm den Vortheil vor, den er bey einem so kurzen Wege gewönne, und daß sehr wahrscheinlicher Weise sich jemand finden würde, der nach Turin zu gehen dächte. Nein; . . . er war eben so hartmäulig als seine Thiere, und es schien eine verwandtschaftliche Empfindungsart zwischen ihnen zu herrschen, die man vielleicht auf Rechnung ihres beständigen Umgangs und ihrer vertraulichen Bekanntschaft zu schreiben hat. Alle meine Redekunst, alle meine Gründe, machten eben so wenig Eindruck, als der Bann und die Verwünschungen, welche die französischen Mönche ganz eifrig und andächtig über die unwillkommnen Ratzen und Heuschrecken aussprechen.

Ich fand, daß nicht anders aus der Sache heraus zu kommen wäre, als doppelt zu bezahlen, um zurück zu kommen; ich willigte also endlich darein, und mit meiner gewöhnlichen Philanthropie begann ich diesen so allgemeinen Durst nach Gewinn irgend einer geheimen Ursache in unserm Körperbau, oder etlichen unsichtbaren Theilchen der Luft zuzuschreiben, die wir mit dem ersten Athemzuge einsaugen, sobald wir auf die Welt gesetzt werden, mit einem Geschrey des Widerwillens gegen die Reise, die wir genöthiget werden, anzustellen.

DAS UNSCHULDIGE VERBRECHEN DES DASEYNS.

Ein Geschrey des Widerwillens gegen die Reise, die wir genöthiget werden, anzustellen!« Dieser Gedanke gefiel mir; ich hielt ihn für neu, und meinen gegenwärtigen Umständen angemessen: ich setzte mich also in meine Chaise, lächelte den Maulthieren Beyfall zu, welche einmal allen ihren störrigen Sinn, ihrem Treiber übertragen zu haben schienen, und überdachte in meinem Kopfe etliche sonderbare unzusammenhängende Folgerungen, aus den Vordersätzen meines Gedankens.

Wenn wir also, sagt ich, zu dieser Reise des Lebens gezwungen worden; wenn wir ohne unser Wissen und Willen dazu gebracht werden; und wenn es nur auf einen ungefähren Zusammenfluß der Atomen ankam, daß wir keine Tabackspfeife, oder gar nur ein Tabacksstopfer ... eine Gans oder ein Affe wurden: ... was können wir denn für unsre Leidenschaften, für unsre Thorheiten oder für unsern Eigensinn? Würden Sie, Eugenius, oder ich von irgend einem Tyrannen gezwungen, sein Hofjunker zu seyn, ehe wir tanzen gelernt, sollte er uns denn strafen, wenn wir keinen zierlichen Reverenz machten? Oder, verstünden wir auch das tanzen, und nichts von dem Etiquette der Höfe, warum, wenn er mich wider meinen Willen zum Ceremonienmeister gemacht, sollte er mich, meiner Unwissenheit wegen, spiessen lassen?

Überlegen Sie dies, Eugenius, und lachen Sie über den aufgeblasenen Eigendünkel der meisten Menschen.

MARIA.

Bey meiner Ankunft in Moulins, erkundigte ich mich nach dem trostlosen Mädchen, und erfuhr, daß sie zehn Tage hernach, da ich solche das letzte mal gesehen, ihr Leiden mit ihrem Leben geendiget hatte. Ich fragte nach dem Orte ihres Begräbnisses, und begab mich dahin; aber da war

Kein Stein, der ihr Gebein bedeckt,
und ihren Namen sagt.

Doch entdeckte ich ihr Grab an der frisch umgegrabnen lockern Erde. ... Ich bezahlte ihr den letzten, der Tugend schuldigen Tribut, und ließ meinen Thränen freyen Lauf.

Ach, liebenswürdiges Mädchen! du bist dahin! ... Doch du wirst unter den Engeln gezählt, deren sichtbares schönes Bild du auf Erden trugst. ... Dein Wermuthskelch war gefüllt, gefüllt bis zum überfliessen, und er hat sich in die Ewigkeit ergossen. ... Dort wirst du die Bitterkeit des Lebens in Süßigkeit, in unvermischte Süßigkeit von unsterblicher Dauer verwandelt finden.

DIE EHRENSACHE.

Nachdem ich Mariens Gebein den aufrichtigsten Zoll bezahlt, stieg ich wieder in meine Chaise, und verfiel in eine Art Nachdenken über die Glückseligkeit und das Elend der Menschen: . . . allein diese Träumerey ward bald durch ein Geklirre von Degen unterbrochen, das aus einem nah am Wege gelegenen Busche erscholl. Ich befahl dem Postillon zu halten, sprang heraus, und eilte nach dem Orte, wo ich den Lärmen hörte. Es kostete mir Mühe, dahin zu kommen, weil sich der Weg, der dahin führte, schlängelte und verwachsen war.

Das erste, was mir in die Augen fiel, war ein hübscher junger Mensch, der eben eine tödtliche Wunde empfangen hatte, und mit dem Tode rang; und ein anderer, nicht viel älterer, welcher über ihm weinte, und das tödtliche, vom Blute rauchende Werkzeug in der Hand hielt. . . . Ich stund einige Minuten versteinert da, und betrachtete dieses melancholische Schauspiel. Als ich mich von der Bestürzung, worin es mich versetzt, erholt hatte, fragte ich nach der Ursache dieses blutigen Gefechts; aber ich erhielt keine andre Antwort, als einen neuen Strom von Thränen.

Endlich wischte er die bittern Tropfen weg, welche seine Wangen benetzten, und hub mit einem tiefen Seufzer an: »Die Ehre, mein Herr, zwang mich zu der That; mein Gewissen verfluchte sie: . . . aber alle Vorstellungen waren eitel, und durch den Busen meines Freundes habe ich mein eignes Herz durchbohrt, dessen Wunde ewig unheilbar seyn wird.« Hier folgte ein frischer Guß aus der Quelle des Jammers, welche unerschöpflich schien. Was für ein Gespenst ist die Ehre! die einen Dolch in die Brust stoßt, die sie mit Balsam beträufeln sollte? Betrügerin, falsche Betrügerin! Die du unter dem Gewande des thörigten Gebrauchs, oder der noch lächerlichern Mode, frey unter uns wandelst! Unsern Voraltern unbekannt, unbekannt denen, die wir für ungesittete Barbaren ausschreyen, warest du für dies Jahrhundert der verfeinerten Sitten, des Wohlstandes und der Gelehrsamkeit, für den Sitz der Musen, den Aufenthalt der Huldgöttinnen aufgespart. . . . O, ist es möglich? Seyd ihr es nicht selbst, die das schöne Bild der Dankbarkeit vorstellet, die so oft mit der Ehre und ihren falschen Schmeicheleyen in Zwist geräth?

DANKBARKEIT.

Ein Fragment.

Die Dankbarkeit ist eine Frucht, die auf keiner andern Staude wächset, als auf der Wohlthätigkeit: also muß sie nothwendig eine sehr vollkommne Tugend seyn, da sie eines so edlen Ursprungs ist.

Ich trage kein Bedenken, sie an die Spitze aller andern Tugenden zu stellen; denn selbst der Allmächtige verlangt nichts weiter von uns. . . . Aus ihr allein entspringen all die andern, die zu unsrer Seligkeit erfordert werden.

Schon die Heyden hielten diese Tugend in solcher Achtung, daß sie ihr zu Ehren drey Gottheiten, unter dem Namen der Grazien erdachten: die erste nannten sie *Thalia*, die zweyte *Aglaja* und die dritte *Euphrosyne*. Diese drey Gottheiten regierten über die Dankbarkeit, weil man dafür hielt, daß eine allein, für eine so seltne Tugend nicht Ehre genug wäre. Es ist merkwürdig, daß sie von den Dichtern als nackend vorgestellt worden, anzudeuten, daß wir in Fällen des Wohlthuns und der Dankbarkeit mit der äussersten Aufrichtigkeit und ohne alle Verstellung handeln sollten. Man malte sie als Vestalen und in der Blüte der Jugend, um zu lehren, daß geleistete Dienste immer in frischem Andenken bleiben müssen, und daß wir unsre Dankbarkeit niemals unter der Last der Jahre versinken lassen, sondern daß wir jede mögliche Gelegenheit wahrnehmen sollen, unsre Erkenntlichkeit gegen empfangene Wohlthaten zu bezeigen. Sie haben diesen drey Gottheiten eine lächelnde sanfte Miene gegeben, die Freude zu bezeichnen, die wir empfinden sollten, wenn wir unsre Empfindungen der Dankbarkeit äussern können. Man hat ihre Zahl auf drey gesetzt, uns zu lehren, daß unsre Erkenntlichkeit gegen genoßne Gutthaten dreyfach seyn sollte. Man hat sie beschrieben, daß sie sich alle drey bey den Händen angefaßt halten, uns zu unterrichten, daß Verbindlichkeit und Dankbarkeit ungetrennt seyn müßten.

So haben uns die Heyden gelehrt, welche wir verdammen! . . . Christen, bedenkt, daß ihr Vorzüge vor ihnen habt; . . . zeigt eure Vorzüge in der Tugend!

DER REISEGEFÄHRTE.

So wie er den Tod seines Freundes beklagte, vergaß er seine eigne Sicherheit. Ich sah von Ferne einige Leute zu Pferde auf uns zukommen, und weil sie vielleicht von dem vorgehabten Zweykampfe gehört, und kommen mochten, die Fechter aufzusuchen: so bat ich ihn, in meine Chaise zu steigen, die ihn mit aller möglichen Eile nach Paris bringen sollte, woselbst er entweder so lange, bis seine Sache zu seinem Besten ausgemacht, sich verborgen halten, oder nach irgend einem andern Theile von Europa entfliehen könnte.

Meine Vorstellungen thaten ihre Wirkung, und durch ein wenig mehr Nöthigen erhielt ichs von ihm, daß er mein Gesellschafter und Reisegefährte wurde.

Unter der Zeit, daß wir uns ungefähr eine halbe Meile von dem unglücklichen Orte entfernt hatten, bemerkte ich, daß sich die Nässe seiner Augen verminderte, sein Herz nicht mehr so heftig klopfte, und sein ganzes Wesen anfieng, etwas ruhiger zu scheinen. Keiner von uns, seitdem wir in die Chaise gestiegen, hatte ein Wort gesprochen; als ich, da ich fand, daß er jetzt mehr Neigung hätte, mir die Ursache seines Unglücks bekannt zu machen, ihn höflich, nicht zudringlich, bat, mir so viel davon wissen zu lassen, als er für gut fände.

DIE GESCHICHTE.

Ich bin, sagte er, der Sohn eines Parlamentsgliedes aus Languedoc. Nachdem ich meine Studien zu Ende gebracht, hielt ich mich einige Monate in Paris auf, woselbst ich mit einem Edelmanne Bekanntschaft machte, der nur wenig jünger war, als ich selbst; er war von einer angesehenen Familie und der Erbe von einem beträchtlichen Vermögen. Seine Verwandten hatten ihn auf Reisen geschickt, so lange bis eine Verbindung, woran man arbeitete, zu Stande gebracht wäre, und auch, um ihn von einem jungen Frauenzimmer zu entwöhnen, die nicht so vornehm und reich war, als er, und welche ihnen, einen zu starken Eindruck auf sein Herz gemacht zu haben, schien.«

»Er vertraute mir seine Leidenschaft für dieses junge Frauenzimmer, die, wie er sagte, seine Seele so sehr eingenommen hätte, daß es weder in der Gewalt der Zeit noch der Abwesenheit stünde, ihr theures Bild aus seiner Brust zu löschen. Sie unterhielten einen beständigen Briefwechsel, und ihre Briefe waren voller Ausdrücke der reinsten sympathetischen Liebe. Er fragte mich um Rath, wie ers anzufangen hätte? und ich rieth ihm allemal nach meiner Einsicht das Beste. Ich konnte ihm nicht abrathen, das Frauenzimmer zu lieben, deren Gestalt, wie er mir sagt, der Venus gleich war; und, wenn es möglich wäre, sich in ein Bildniß zu verlieben, das ein so warmer Bewundrer entwarf, so hatte das ihrige gewiß das völlige Vermögen, alle Bewegungen der zärtlichsten Leidenschaft einzuflössen. Ich billigte also seine Wahl; unsre Denkungsart über die Nichtigkeit des Reichthums und der Hoheit, in Vergleichung mit der wahren Glückseligkeit, war so übereinstimmend, daß wir das tyrannische Verfahren der Ältern, die ihre Kinder zwingen, sich wider ihre

Neigungen zu verheyrathen, als das größeste aller irdischen Übel betrachteten.«

»Um diese Zeit erhielt ich einen Brief von meinem Vater, worin er mir gebot, nach Hause zu kommen. Da der Befehl ganz ausdrücklich war, ohne dabey eine Ursach anzuführen: so befürchtete ich, daß ihm einige von meinen kleinen Galanterien, welche, wie Sie wissen, in Paris unvermeidlich sind, zu Ohren gekommen seyn möchten; und ich bereitete mich zu der Reise mit einem ängstlichen Herzen und reuigem Gesichte. Ich hatte auch in der That um desto mehr Ursache, niedergeschlagen zu seyn, weil mein letzter Wechsel, der auf drey Monate zureichen sollte, schon am Ende des ersten erschöpft und doch keine Möglichkeit vorhanden war, ohne Geld zu reisen. Aber mein großmüthiger Freund kam bey der Gelegenheit sogar dem geringsten Winke zuvor; und indem er mir eine kleine Dose schenkte, die er mich bat, zu seinem Andenken zu tragen, fand ich in derselben eine Assignation auf einen Banquier, die eine größere Summe enthielt, als ich zu meiner Reise bedurfte.«

»Er pflegte niemals eine Gelegenheit zu versäumen, an seine theure Angelica zu schreiben, also bat er mich, einen Brief an sie mitzunehmen, weil sie in meines Vaters Nachbarschaft wohnte, dazu sein Portrait, welches er bey einem der berühmtesten Künstler in Paris hatte malen, und hernach reich mit Brillanten für ein Armband einfassen lassen.«

DIE RÜCKKEHR DES VERLORNEN SOHNES.

Ich verließ Paris und seine verschiedenen Ergötzlichkeiten mit dem größesten Widerwillen; sie giengen mir aber lange nicht so sehr zu Herzen, als der Verlust der Gesellschaft meines Freundes, weil wir als vertraute Brüder mit einander gelebt hatten, so daß uns einige Orest und Pylades nannten. Auf meinem Wege dacht ich, jede Station brächte mich den väterlichen Vorwürfen über meine Thorheiten und Ausschweifungen näher, und ich bereitete mich, die strengste Züchtigung mit aller der Demuth und Ehrerbietung anzunehmen, die ein Sohn (ein verschwenderischer Sohn) seinem Vater schuldig ist.«

»Wie angenehm war mein Erstaunen, als er mir an der Thüre mit einer Freude entgegen eilte, die in seinem ganzen Gesichte gemalt war! »Mein Sohn, sagte er, dieses Merkmal deines bereitwilligen Gehorsams vergrößert die Liebe, die ich für dich hege, und macht dich der Glückseligkeit würdig, die deiner erwartet.« Ich dankte ihm für die Gütigkeit, die er gegen mich bezeigte, ließ ihm aber meine Verwunderung über die Glückseligkeit merken, wovon er erwähnte. »Geh' nur hinein, sagte er, und das Geheimnis wird sich offenbaren.« Bey diesen Worten führte er mich zu einem ältlichen Herrn und einem jungen Frauenzimmer, und setzte hinzu: »Sieh' hier, mein Sohn, das wird deine Gemahlin.«

»Mein Vater war ein redlicher offenherziger Mann, freundschaftlich ohne alle Umstände, sehr verschieden von den kriechenden Fuchsschwänzen der Höflinge, die er nie hatte leiden können.«

»Das junge Frauenzimmer erröthete, und ich stund

ohne Bewegung; meine Zunge konnte nicht sprechen, meine Hände vergassen ihre Dienste, und meine Kniee schwankten unter meinem Körper. Von dem Anblicke so vieler Schönheit und Unschuld überrascht, hatte ich keine Zeit zu überlegen, sondern fühlte, daß tausend Liebesgötter mein Herz auf einmal bestürmten, und ihm unvermeidliche Fesseln anlegten.«

»Sobald ich mich von der Bestürzung erholt, worin mich diese unerwartete Begegnung gesetzt hatte, bezeigte ich der Gesellschaft meine Ehrerbietung auf die beste Art, die mir möglich war, und empfieng die Glückwünsche über eine Verbindung, als ob sie schon so gut als vollzogen wäre. Es ist wahr, man konnte unmöglich eine so himmlische Gestalt betrachten, ohne verliebt zu werden, oder mein Looß für vollkommen glücklich zu halten, da meines Vaters Einwilligung der meinigen vorhergegangen war.«

DIE UNVERMUTHETE ZUSAMMENKUNFT.

Wir setzten uns zum Mittagessen, wobey Lust und Fröhlichkeit in jedem Gesichte herrschte, ausgenommen in dem Gesichte meiner mir bestimmten Braut: dies hielt ich für Bescheidenheit und Blödigkeit bey meiner plötzlichen und unerwarteten Ankunft. Die erste Gelegenheit, da ich mich mit ihr allein befand, nahm ich wahr, meine Empfindungen zu erklären, und ihr den tiefen Eindruck zu bekennen, den sie auf mein Herz gemacht hätte.«

»Diese Gelegenheit zeigte sich bald nach Tische. Als wir in den Garten spazieren giengen, befanden wir uns in einer Laube, welche die Natur in ihren gütigsten Augenblicken zu einem einsamen Aufenthalte der Verliebten bestimmt zu haben schien, von der übrigen Gesellschaft getrennt. »Mademoiselle, sagt' ich, nach der vorgegangnen öffentlichen Erklärung, und dem glücklichen Anfange unsrer Bekanntschaft mit der Einwilligung unsrer beyden Väter, schmeichle ich mir, daß ich Sie nicht beleidigen werde, wenn ich Ihnen sage, daß nichts mangelt, mein Glück vollkommen, und mich zur seligsten Creatur zu machen, als von Ihnen zu hören, daß unsre bevorstehende Verbindung Ihnen eben so angenehm ist, als sie solches allen übrigen scheint. O, sagen Sie mir, Vortrefflichste Ihres Geschlechts, daß ich Ihnen nicht blos aufgedrungen werde: ... sagen Sie mir wenigstens, daß ich hoffen darf, einen kleinen Antheil an Ihrem Herzen zu erhalten; ... Ein ernsthaftes Bestreben und eine unabläßige Begierde, Ihnen zu gefallen, sollen das Geschäfte meines ganzen Lebens ausmachen.«

»Mein Herr, sagte sie, ihr Gesicht zeigt eine edle Großmüthigkeit, welche alle Verstellung verabscheuen muß. Ich würde Sie hintergehn, wenn ich sagte, daß ich Sie jemals lieben könnte . . . das ist unmöglich.«

»Himmel! was muß ich hören! . . . Unmöglich, mich jemals zu lieben! . . . Bin ich denn so scheußlich, so schrecklich häßlich gebildet? . . . Hat die Natur so grausam an mir gehandelt, daß ich dem Anblicke ekelhaft, und der schönsten und liebenswürdigsten Person in der Schöpfung abscheulich vorkomme? . . . Wenn das ist« . . .

»Nein, mein Herr, Sie thun der Natur unrecht, und beleidigen sich selbst. . . . Ihre Miene ist angenehm, Ihr Wuchs zierlich, Ihre Gesichtsbildung gefällig, und man wird an Ihnen den mächtigen Einfluß der schönen Künste gewahr; aber mein grausames Geschick« . . . hier hinderte sie ein Strom von Thränen weiter zu reden.«

»O, Mademoiselle, sagt' ich, indem ich vor ihr niederknieete, »hören Sie, erhören Sie das Flehn Ihres herzlichsten Verehrers. . . . Nicht weil der Wille eines Vaters mir ein Recht auf Ihre Hand zu geben scheint; . . . ich würde mich hassen, wenn ich wünschen könnte, diese Hand durch Zwang, oder ohne Ihr Herz zu erhalten, sondern . . . ich bitte Sie, mir zu erlauben, daß ich mich bestreben darf, Sie zu verdienen, und Sie von der Wahrheit meiner Liebe zu überzeugen, die eben so inbrünstig als unüberwindlich ist.« . . .

»Himmel! wie groß war mein Erstaunen, als ich, indem ich diese letzten Worte aussprach, meinen Freund, meinen geehrten Freund erblickte, der hinter einer dicken Hecke hervorsprang, und den Degen zog.«

. . . »Bösewicht, sagt' er, du sollst mir deine Verrätherey bezahlen.«

»Das Frauenzimmer sank in Ohnmacht, und er steckte seinen Degen ein, um ihr beyzustehen. Als man sie ins Haus getragen, verlangte er, daß ich ihm folgen sollte. Unwissend, worin ich ihn hätte beleidigen können, oder durch was für eine Zauberey er in meines Vaters Hause wäre, da ich ihn in Paris glaubte, begleitete ich ihn. So wie wir nach dem Walde zugiengen, erklärte er sich folgender massen:

»Herr, man hat mir Ihre an mir ausgeübte Verrätherey entdeckt, als Sie erst wenige Stunden von Paris abgereiset waren; und ob Sie es gleich rathsam hielten, die Ursache Ihrer Reise vor mir zu verhelen, so erscholl doch noch, eh' es Abend ward, die ganze Stadt von Ihrer Verheyrathung. Ich nahm also augenblicklich die Post, und Sie seh'n, daß ich noch eben zu rechter Zeit gekommen bin, Ihre Verbindung mit der Angelica zu verhindern.«

»Angelica! sagt' ich. . . . Dem Himmel ist bewußt, wie ungerecht Sie mich beschuldigen: . . . Ich wußte nicht, daß dies Angelica war.«

»Kindische Ausflucht! sagt' er; das mögen Sie Kindern und Narren aufheften, . . . mir aber sollen Sie andre Genugthuung geben . . . Haben Sie meinen Brief und mein Portrait übergeben?« . . .

»Nein, . . . das war unmöglich.« . . .

»Bösewicht, Bösewicht! Nein, du hieltest es für klüger, dich selbst zu empfehlen. . . . Ich habe jedes Wort gehört, was Sie gesagt, und also wäre es vergebens, Ihr Verbrechen noch durch Unwahrheiten zu vergrössern.«

»Ich gab mir alle mögliche Mühe, ihm meine Unschuld zu beweisen; ich versprach ihm, alle meine Ansprüche auf Angelica fahren zu lassen, und in eine entlegene Gegend der Welt zu reisen, um sie zu vergessen: aber umsonst; er blieb unbeweglich. . . . Es war unmöglich, ihn zu überreden, daß ich ihn zu Paris nicht hintergangen, oder nicht gewußt hätte, daß es Angelica wäre, der ich meine Liebe mit gutem Vorbedacht angetragen. Kurz, wir erreichten den Ort, woselbst Sie uns gefunden, als ich mit dem größesten

Widerwillen meinen Degen zu meiner Vertheidigung ziehen mußte, nachdem er meine Ehre mit den wiederholten Benennungen eines schändlichen alten Weibes, einer feigen Memme beschimpft hatte. . . . Das Übrige wissen Sie.« . . .

Hier beschloß eine Thränenfluth die Erzählung meines Reisegefährten, die mir ein sehr schrecklicher Epilog zu seyn schien.

DAS WIRTHSHAUS.

Diese rührende Geschichte hatte so sehr an meinem Gemüthe genaget, und ich hatte mich so in jeden Umstand vertieft, daß mirs recht herzlich lieb war, von ferne ein kleines Wirthshaus an der Heerstraße zu erblicken, weil ich einer kleinen Erfrischung sehr bedurfte.

Wir traten ab, und fragten, ob wir eine Bouteille Champagne bekommen könnten? Die Wirthin, eine weder alte noch junge Frau, welches die Franzosen von *einem gewissen* Alter zu nennen pflegen ... das aber, im vorbeygeh'n angemerkt, eine sehr *ungewisse Art* ist, ein Alter zu beschreiben ... der man an ihrem Wuchse und reinlichen Kleidung die Ruhe und Pflege ansah, und die, nach Art ihrer Landsmänninnen, gesprächig genug war, hätte die Frage fast halb übel genommen: »Sicher, sie hätte von dem besten in ganz Frankreich! Sie merkte wohl, daß ich ein Engländischer Herr wäre; und ob schon ihr *Grand Roi* mit den Engländern Krieg hätte, wollte sie doch jedwedem Gerechtigkeit wiederfahren lassen, und gestehn, daß *Mylords Anglois* die großmüthigsten *Seigneurs* von ganz Europa wären; es sollte ihr also recht sehr Leid thun, wenn sie einem Engländischen Herrn nicht ein Glas Wein vorsetzte, das selbst *le grand Monarque* nicht besser tränke.«

Ich dachte hier an meinen Pariser Perückenmacher und an sein: »Sie können die Locke in den Ocean tauchen, und sie muß doch stehn.« ... Weil sie aber die Großmuth meiner Landsleute und die Güte ihres Weines in eine so genaue Verbindung brachte: so war ich entschlossen, den Wein gut zu finden, und meiner Nation kein abermaliges *»C'est la politesse Angloise«* zuzuziehn, und wenn er mir auch die Haut von der Zunge kratzte. Wer jemals nur halb so viel Vorreden, und höflich kühne Complimente an das Einsichts- und Nachsichtsvolle Publikum gelesen hat, als ich, der wird meine Besorgniß nicht ungegründet finden.

Es war ein ziemlich kühler Abend, und da in dem Zimmer, worin man uns gewiesen, kein Feuer, und es auf die kurze Zeit, die wir da bleiben wollten, nicht der Mühe werth war, welches anlegen zu lassen; so giengen wir in ein größeres Hinterzimmer, wo ein kleines Feuer im Camine brannte. Hier brachte uns die Wirthinn den Wein, machte ihn mit vieler Geschäftigkeit auf, schenkte ein, und präsentirte. Ich trank, und war auf meiner Hut, keine einzige Falte vor der Stirne zu ziehn. »*Hé bien, Monsieur? ... Fort bien, Madame.*« Mein Reisegefährte kam an die Reihe, und obgleich bey seiner jetzigen Gemüthsfassung seine Zunge nicht die empfindlichste seyn konnte: so bemerkte ich doch an einer kleinen Bewegung der Gurgel, daß es ihm eben so schwer wurde, als mir, zu verhindern, daß sein Gesicht nicht um einen Zoll kürzer wurde.

Ich bat die Wirthinn um eine Schnitte Butterbrod, dessen mehr die Zunge, als der Magen, bedurfte.

»*D'abord Messieurs,*« sagte sie, und gieng, es zu holen.

Ich setzte mich gegen das Camin, und sah ins Feuer, um nicht meinen Reisegefährten anzusehn, wodurch wir hätten gereizt werden können, die bis jetzt verbißnen Mienen zu schneiden, oder gar von der Lobrede der Wirthinn zu sprechen, und zwar aus Furcht vor dem Sprichworte, *die Wände haben oft Augen und Ohren;* dessen Wahrheit man nicht in Zweifel ziehen darf, wenn man mit der Geschichte bekannt ist, oder verschiedene französische Trauerspiele gesehn hat, worin die Hauptperson oft mit einer Vertrauten spricht, und sich mit ihren pausbäckigen Leidenschaften vor ihr herumtummelt, die doch eben so unbeweglich da steht, und nicht mehr Theil an der Begebenheit nimmt, als die Wand. Mein Gefährte schien mit mir einerley Besorgniß zu fühlen, oder vielleicht sah er im Feuer seinen Freund, der ihm seine offne Wunde vorhielt, oder auch die himmlische Angelica in Thränen der Verzweiflung schwimmen. Kurz, ich zog meines rechtschaffnen, sanften Lorenzo's Dose hervor, nahm eine Prise daraus; rieb sie auf meinem Westenschooße; sah darauf, und glaubte ihn zu sehen, wie er in Monsieur Desseins Hofe mit der schönen Wittwe im Gespräch begriffen war. Mein Herz fühlte noch die Wunde, die ich dem seinigen durch meine harte abschlägige Antwort beygebracht; aber er schien seine Hand darauf zu legen, um sie meinem Anblicke zu entziehn, und durch eine Fortschreitung von Ideen, die einen eben so richtigen, obgleich nicht so sichtbaren Zusammenhang haben, als die Sätze in einer mathematischen Demonstration, seufzte mein Herz: *Elisa!* als ich aus dieser Gedankenwandrung durch ein unvermuthetes Geräusch herausgerissen ward.

DAS MÜNDEL.

So gut ich auch das Fürchterliche von einem fernen Übel, und sollte es auch die Bastille seyn, weg argumentiren kann, so wenig kann ich mich rühmen, daß ich, wie ein gewisser Deutscher von Adel, *Tedel Unversehrt*, eine hinter meinem Rücken versteckte Canone, unerwartet losbrennen hören kann, ohne zusammen zu fahren. Vor meinem Gesichte wär's ein Anders! . . . Es war diesmal etwas geringeres als der Knall einer Cartaune, es war das Gepoltere eines Bündel Holzes, das ein Mensch hinter meinem Stuhle plötzlich niedergeworfen hatte, welches meine Gedanken von ihrem Spiele, und mein Gesicht nach der andern Seite riß. Zum Glück für meine Herzhaftigkeit hatte der Mensch schon eine halbe Wendung gemacht, daß ich ihn nur im Profil zu sehen bekam, als er hingieng, sich in einer Ecke auf einen hölzernen Stuhl zu setzen. Hätte ich auf einmal sein ganzes Gesicht und Gestalt vor mir stehend gefunden, ich muß es nur bekennen, was man auch deshalb für ein Urtheil über meinen Muth fällen mag, ich hätte mich des Schreckens nicht erwehren können. Als er sich setzte, betrachtete ich ihn mit der forschenden Aufmerksamkeit, die ein solcher Anblick erregen kann. Es war ein Mann von mehr als sechsfüßiger Länge, von völlig breiten Schultern und übrigen verhältnismäßigen Gliedern; das allein war mir seit einiger Zeit etwas Ungewöhnliches: allein ich hatte kaum Zeit, diese Anmerkung zu machen. Sein Gesicht, das ich nur erst in einer gewissen Verkürzung sehen konnte, weil er seinen Kopf gleich auf die eine Hand stützte, und die Augen gen Himmel schlug, war, so weit es von Haaren unbedeckt, von der Sonne braunroth gefärbet. Er hatte dickes, kurzes, schwarzes krauses Haar; sein Bart, über den seit etlichen Jahren kein Scheermesser hergefahren, fieng an, sich ins Graue zu schattiren, ob ich den Mann gleich nach seinen Lineamenten für keine volle Vierzig halten konnte. An der Seite des Kopfes, mit welchem er auf der Hand gestützt lag, war das Haar, sowol am Barte als in den Schläfen bis an die Schädel hinaus, gleichsam verschlissen, ich schloß daraus, daß dieses seine sehr gewöhnliche Stellung seyn mußte. Seine . . . Drapperie . . . Kleidung kann ichs nicht nennen. . . . Ich war aufgestanden und über das zerstreute Holz weggeschritten, um ihn näher zu betrachten, weil eine solche Stellung, eines sonst noch so fürchterlich anzusehenden Mannes das Schrecken in Mitleiden verwandelt. . . . Seine Drapperie bestand in allem aus zwey Stücken; aber die Zeit hatte so vieles daraus gemacht, daß selbst *Tenniers* sich nicht getraut haben würde, solche nach der Natur zu malen. Ein grober Kittel von Leinwand, ob jemals gebleicht oder nicht, konnte man jetzt nicht unterscheiden, weil so viele bräunliche Fleischfarbe durchspielte. Er war übrigens unten so weit abgerissen, daß er im Sitzen nur bis auf den Gürtel seiner Beinkleider gieng, die von eben dem Stoffe und von eben der Beschaffenheit waren.

Die Wirthinn kam, und brachte das Butterbrod, setzte es nieder, raffte das Holz zusammen, legte es in eine Ecke des Camins, und schien sich nicht um den armen Menschen zu bekümmern, der auch in seiner Stellung unbeweglich sitzen blieb. Dies befremdete mich so, daß ich zu ihr gieng, und sie leise fragte, was das für ein armer Mann wäre. Sie antwortete mir halb laut, in einem unbekümmerten Tone: »Er ist seit verschiedenen Jahren hier (damit wies sie an ihre Stirne) nicht recht richtig; er hält sich gewöhnlich an unser Haus, trägt Wasser und Holz, und wir geben ihm zuweilen zu essen, deswegen man ihn auf der Nachbarschaft unser Mündel nennt.«

Das ist sehr gut von Ihnen, Madame! haben Sie ihn schon gekannt, ehe er diese Krankheit hatte?

»*O qu'oui, Monsieur*, es ist eines Müllers Sohn aus diesem Kirchspiele; sein Vater stand sich recht gut, und Jaques, so heißt das Mündel, hatte in seinen jüngern Jahren so viel *Esprit*, daß ihn sein Vater in ein Collegium schickte, *pour faire ses études.* Als er wieder kam, war er sehr gelehrt, konnte in allen Büchern lesen, wenn sie auch lateinisch waren, und ich glaube, *Dieu me le pardonne!* er wußte auch Griechisch. Zuweilen sagt er uns, wenn ich ihn darum bitte, das Evangelium des Tages und die ganze Litaney an die heilige Jungfrau aus dem Kopfe her.«

Spricht er nicht zuweilen?

»Ich habe ihn in langer Zeit kein Wort sprechen hören, als vor einigen Wochen, da wir am Tische sassen. Er kam ins Zimmer, nahm eine Schnitte Brod weg, und sagte: *Ich bin auch hungerig, Madame Girard, ich gehöre auch mit dazu;* und gieng alsobald damit weg. Noch gestern Abend waren ein Paar Patres hier, die ließen ihn in ihrem Breviario lesen; es klang sehr schön, ob ich schon nichts davon verstund, als *ora pro nobis. . . . Messieurs les Anglois* haben wol auf Reisen keine Bücher bey sich, sonst wollte ich Sie bitten, mir eins zu geben. Ich habe keins im Hause, als die Clelia.«

Ich möchte seine Stimme wol hören: da haben Sie eins; . . . es war ein Horaz im Taschenformate, den ich wol auf Reisen bey mir trage, um mir Gesellschaft zu leisten, wenn La Fleur und meine eigne Gedanken etwa nicht können.

Die Wirthinn nahm das Buch, fragte, obs gleich viel wäre, wo er läse? und auf mein Ja nicken, gieng sie hin, und sagte: »Jacques, du mußt mir den Gefallen thun, und mir aus diesem Buche was vorlesen.« Er blieb noch einige Zeit in der vorigen Stellung, schlug die Augen oft gen Himmel, dann wieder nieder, und fuhr mit der rechten Hand, deren Zeigefinger er ausgestreckt hielt, bis zum Kopfe in die Höhe, und nickte langsam, als ob er sagte, es ist doch hart, daß ich nicht einmal die Freyheit haben soll, zu denken was ich will! Wenigstens schien mir diese Gebärde so beredt und deutlich, daß ich glaube, hundert auch nicht der ungeübtesten Übersetzer hätten es alle eben so übersetzen müssen. Doch hatte ich ihn dieselbe schon vorher etlichemal machen sehn; sie mochte aber gerichtet seyn an wen sie wollte, sie fieng allemal unstreitig mit den Worten an: Es ist doch hart! es ist doch hart!

Die Wirthinn schien daran gewöhnt zu seyn, und ob sie nun die Sprache nicht verstand, oder nicht verstehen wollte: sie drung in ihn: »Jacques, du mußt mir den Gefallen thun; komm! hier ist ein kleines Buch, lies mir ein Bischen daraus vor.« Endlich stund er auf, nahm das Buch, das die Wirthinn von ungefähr aufgeschlagen hatte, fuhr mit dem Ermel, ich weis nicht gewiß, ob über den Mund oder über die Augen, und fieng an zu lesen:

Ne sit ancillae tibi amor pudori ...

schlug das Buch heftig zu, sank zurück auf seinen Stuhl, hielt beyde Hände vors Gesicht, und wendete es weg, machte gleich darauf ein schnell wiederholtes Zeichen mit der Hand, woraus ich nichts anders machen konnte, als »Nein, Nein, Nein!« und hörte bald darauf, daß er das Wort *Reine* in die Hand murmelte. Seine Stimme, womit er den Vers gelesen, seine Gestalt, seine Mienen und Gebärden setzten mein Mitleiden in eine solche Bewegung, daß ich seine Vibrations bereits in den innersten Augenwinkeln fühlte. ... Ich rufte: La Fleur, nehm er meine schwarzen seidnen Beinkleider aus dem Mantelsacke, und geb' Er sie diesem Manne. »*Mais Monsieur*« ... Ich weis wol, daß ich solche nur eine Nacht getragen habe, aber es thut nichts! Aber Er hat doch den wesentlichen Knopf wieder angenähet? (Im Vorbeygehen muß ich anmerken, daß dieses das erstemal war, da mir sein Talent im Stiefelettenmachen zu statten gekommen; aber auch hierdurch bin ich in der Meynung bestärkt, daß eine jede Wissenschaft nutzen kann, wenn sie nur zu rechter Zeit und bey der rechten Gelegenheit angewendet wird!) »*Oui, Monsieur*, . . . *mais*« . . .

Er hat doch wol nicht den ganzen Mantelsack verloren? Es sollte mir Leid thun wegen der Beinkleider, die ich jetzt eben brauche.

»*Non Monsieur, mais si Monsieur voudroit me pardonner, la taille*« . . . hier machte er ganz bescheiden mit der Hand eine Linie, die bey meinem Gürtel anfieng und bey des armen Jacques seinem aufhörte. . . . Wenn ich ihn auch nicht sogleich verstanden, so hätte mirs die Wirthinn, welche dieser Linie wie ich mit den Augen gefolgt war, erklärt, indem sie sagte, »Monsieur, in der ganzen Nachbarschaft sind keine Beinkleider, die ihm passen, und in dieser Gesellschaft, denk' ich, gleichfalls nicht.« . . . Sie war so bescheiden, daß sie mich nicht auslachte. Sie hätte auch eben so wenig recht dazu gehabt, als ich, da ich bey einer Feuersbrunst in Paris in ein Zimmer trat, um retten zu helfen, und ein Mann, der ein angefülltes Silberschrank im Zimmer hatte, mich sehr dringend bat, die Schaufel und Zange, die er aus dem Camine nahm, und mir in die Hand gab, in Sicherheit zu bringen.

ERZÄHLUNG DER WIRTHINN.

Als ich einsah, wie unnütz hier meine schwarze seidnen Beinkleider waren, und mich erinnerte, daß La Fleur seinen Mantel mit meiner Bewilligung in Moulins einem armen Menschen gegeben hatte: so that ich das, was mir übrig blieb zu thun, griff in die Tasche, zog so viel Geld heraus, als ich für eine nicht zierliche, aber warme Kleidung nöthig hielt, und gab es der Wirthinn, mit Bitte, dafür zu sorgen. Sie nahm und versprach es mit einem Gesichte, das mich nicht zweifeln ließ, sie würde ehrlich seyn. Darauf bat ich sie, ihm ein Glas Wein und mein Butterbrod zu geben. Er hatte sich unterdessen wieder in seine vorige Stellung mit dem Kopfe auf die Hand gelehnt, und als sie es ihm brachte, griff er begierig nach dem Butterbrode, biß mit herzlichem Appetite hinein, und ließ sichs erst dreymal sagen, ehe er das Glas Wein hinnahm. Er kostete es kaum, als ers bey sich niedersetzte. »Ich hab' ihn nie Wein trinken sehen,« sagte die Wirthinn ... der arme Mensch, sagt' ich! Ist er niemals besser?

»Seit länger als anderthalb Jahren, daß sein Bruder gestorben, ist er beständig so.«

Ist ihm der Verlust seines Bruders so sehr zu Herzen gegangen?

»*Non pas cela, Monsieur, c'est l'amour qui cause son malheur.*«

Die Liebe ist an seinem Unglück schuld. Bey diesen Worten fuhr mein Reisegefährte auf, und sahe ihn, mit dem innigsten Kummer auf dem Gesichte gemalt, starr an.

»Ich kann Ihnen die ganze betrübte Geschichte in einigen Worten erzählen, *Messieurs*, wenn Sie mit mir in ein ander Zimmer treten wollen, weil es nicht gut seyn möchte, daß der arme Jacques gewisse Namen nennen hörte.« Ich dankte ihr in meinem Herzen für diese Delicatesse, nahm ihr Anerbieten an, und winkte meinem Reisegefährten mit zu gehen; er aber sagte mit einem tiefen Seufzer: ich kenne schon Unglücks genug, das die Liebe angerichtet hat, und damit setzte er sich wieder zum Feuer; ich folgte der Wirthinn in ein ander Zimmer, woselbst sie mir folgendes erzählte:

»Der arme Jacques, wie Sie ihn da sehn, war noch vor etlichen Jahren ein so feiner artiger Mensch, daß ihn jedermann lieb hatte, ob sich gleich jetzt niemand um ihn bekümmert.« (so machts die Welt immer mit Unglücklichen, dacht ich!) »Als er sich nach seiner Zuhausekunft aus dem Collegio eine Zeitlang bey seinem Vater aufgehalten, der ihn zum Weltgeistlichen bestimmte, und sich durch seine Gönner bemühte, ein Beneficium für ihn zu erhalten, welches aber langsam gieng: so bot sich eine Gelegenheit dar, daß er in *Moulins*, welches etwa zehn Stunden von hier liegt, die Kinder eines *Elu* unterrichten sollte. Er gieng also dahin. Ich bin niemals so weit gekommen, aber Moulins soll eine schöne Stadt seyn, und sehr angenehme Gegenden haben.« ... Ja, meine gute Madame, die Gegenden da herum sind sehr schön, ich kenne sie, ob ich gleich immer weichmüthig werde, wenn ich daran denke.

»Der arme Jacques gewiß auch. An den Tagen, wo er Zeit dazu hatte, denn er war immer fleißig, und versäumte seine Geschäfte niemals, gieng er mit einem Buche und seiner Hirtenflöte, worauf er so schön spielte, daß man ihm ganze Tage und Nächte hätte zuhören mögen, ausser der Stadt am Allierfluß und auf die Dörfer spazieren. Er trifft endlich auf einem Dorfe ein Mädchen, *la fille d'un honnête Païsan*, worin er sich sterblich verliebt. Er war ein so hübscher junger Mensch, und spielte so schön auf der Flöte, daß ihn das Mädchen, das sehr hübsch gewesen seyn soll, bald wieder liebte.« (Hier fieng mein Herz schon an, heftiger zu klopfen, obgleich der Puls fast unfühlbar ward.)

»Jacques wußte sehr wohl, daß ihm sein Vater seine Einwilligung zu einer Heyrath nicht geben würde, weil er einen Geistlichen aus ihm machen wollte; das beunruhigte ihn aber wenig, denn er und das Mädchen liebten auf *catonique* Weise . . . *platonique*, . . . *avec votre permission, Madame . . . Oui, oui, Monsieur, platoniquement, mais d'une maniere fort vive.* Das gieng so eine Zeitlang weg, und weil er ein sehr bescheidener Mensch, so gewannen ihn auch die Ältern des Mädchens, die nur das eine Kind hatten, sehr lieb. Sein Vater starb, und nicht lange darnach hielt Jacques, der jetzt kein höhres Glück kannte, als seine Geliebte zu besitzen, *car à la fin la bagatelle s'y mela un peu*, (denn endlich mochte die Liebe wol ein wenig irdischer werden,) bey den Ältern um die Tochter an. Diese machten keine Schwierigkeiten; der alte Vater war vielmehr froh, einem so guten Manne seine Tochter mit seinem Erbtheile zu übergeben: denn Jacques hatte sich entschlossen, ein Landmann zu werden. Die Hochzeit ward angesetzt, und da er das Priestergelübde noch nicht abgelegt: so konnte niemand was dagegen haben. Der Pfarrer des Dorfs aber schrieb an Jacques Bruder, als er ihn zum erstenmale aufgeboten hatte; dieses war ein böser Mensch. Er konnte es nicht verdauen, daß sein Bruder heyrathen, und er dadurch genöthigt seyn sollte, mehr aus seines Vaters Erbschaft herauszugeben, als er ihm zugedacht hatte; er wußte es also dergestalt zu karten, daß er seinen Bruder zu sich lockte, ohne daß es jemand erfuhr, und ehe noch das zweyte Aufgebot geschehen. Er sperrte den armen Jacques ein, ohne daß jemand wußte, wo er geblieben wäre. *Mon Mari*, der einige Zeit nachher Geschäfte halber in *Moulins* war, hat erfahren, daß man gesagt: Jacques sey seiner Braut ungetreu geworden, und davon gegangen. Das war die allgemeine Sage, und das Mädchen ward von allen Leuten sehr bedauert, weil sie nachher sehr melancholisch geworden, immer mit einer jungen Ziege allein gieng, und nichts that als weinen, und auf der Flöte ihr Lied an die heilige Jungfrau spielen.« Hier konnte ich mich nicht länger halten, mein Herz wollte Luft haben, und meine Thränen rollten nicht sparsam. Die Wirthinn sah mich starr und voller Verwunderung an, als ob sie bey einem Manne von meinen Jahren so viel Weichherzigkeit nicht vermuthet hätte; und ich wiederholte still in meinem Herzen den schon bereu'ten Schwur, ich will nicht nach Brüssel reisen, es gienge denn Elisa mit mir, und wenn der Weg mich auch zum Himmel leitete!

Verzeihen Sie, Madame, sagte ich endlich zur Wirthinn, daß ich Sie mit meinen Thränen unterbrochen! es ist für mich eine sehr rührende Geschichte. Sagen Sie mir doch, ich bitte Sie, das Übrige, was Sie davon wissen.

»*Tres volontiers, Monsieur!*« sagte sie, und fuhr fort: »Vor ungefähr ein Paar Jahren gerieth Jacques Bruder mit einem seiner Knechte in Streit, der ihm einen tödtlichen Streich mit einer Axt versetzte, und sich davon machte. Der Bruder lebte nur etliche Stunden; alles was er hervorbringen konnte, war: Das hätte er an seinem Bruder verschuldet, den er auf einem kleinen Zimmer, das er bezeichnete, eingesperrt gehalten. Man sah darnach, und fand ihn in den elendsten Umständen; er konnte kaum von der Erde aufkommen, so sehr hatten ihn Jammer und Hunger abgemattet. Als man ihm sagte, daß sein Bruder gestorben, sagte er kein Wort, das Haß oder Unwillen angezeigt hätte, sondern weinte. Man hielt ihn besser, und ließ ihn in Freyheit; sobald ihm seine Kräfte zuliessen, sich derselben zu bedienen, war er eines Tages weg, und seine Kleider fand man. Er hatte auf keine Fragen geantwortet, und war immer sehr betrübt und tiefsinnig gewesen, so daß jedermann glaubte, er würde sein Leben freywillig geendiget haben. Eine Zeitlang darnach hatte man ihn im Felde in diesem Aufzug herumirren sehen, und bald darauf kam er hier ins Haus mit einem Bündel Holz, und machte es gerade wie heute. Er spricht nicht, thut nicht einmal einem Vieh was zu Leide. Seine Schwiegerin, die aus der ersten Ehe keine Kinder hat, hat schon wieder einen andern Mann, der sich aber auch um Jacques nicht bekümmert, und wo kein Kläger, da ist kein Richter; sonst hätte er noch wol so viel, daß er in eine bessere Pflege gegeben werden könnte. *Il faut etre charitable, Monsieur, mais n'est pas riche, qui veut!* Die christliche Liebe wäre eine gute Sache, aber man kann dann nicht immer, wie man wol wollte.«

Sie hätte noch lange mit ihren Reflexions fortfahren können, ehe ich sie unterbrochen hätte. Meine Seele hatte sich an die Geschichte geheftet, und war nur zu geneigt, ihr Mitleiden mit Murren zu vermischen. Gott! was ist der Mensch, wenn dein grössestes Geschenk, ein empfindsames Herz, sein Elend ausmacht! Maria! Jacques! ihr waret für einander gemacht, fandet euch, liebtet euch, und seyd elend. . . . Elend? . . . Verzeih! Verzeih! Ewiggütiger, den kühnen unüberlegten Ausdruck! . . . Du schicktest beyden einen schweren Traum, um desto freudiger in die Arme ihrer Geliebten zu erwachen! Sie ist erwacht, und sieht ihren Freund im Schlafe noch eine ängstliche Gebärde machen, und streckt schon ihre Arme aus, ihn an ihre jungfräuliche Brust zu drücken, wenn er seine Augen aufthun wird. Aber dein Lager, Jacques, ist hart, ich will suchen, es dir bequemer zu machen! . . . Gute Madame Girard, wie heißt der Gouverneur, unter dem Sie stehen?

»Das konnte sie nicht sagen, sie gehörten aber unter das Gouvernement von Paris.«

Gut, gut! ich habe die Ehre den Herrn von B*** zu kennen. Er ist zum Wohlthun gemacht, und liebt Gerechtigkeit . . . Suchen Sie ja Jacques gütig und an sich zu halten. . . . Noch eins: können Sie nicht muthmassen, ob Jacques etwas von dem traurigen Schicksale seiner Maria weis?

»Wir haben erfahren, aber nicht von ihm, daß er in der Zeit, da er hier verschwunden war, bey Moulins ist gesehen worden, es war aber eben zu der Zeit, da seine Maria auch unsichtbar geworden, ohne daß jemand wußte, wo sie geblieben. Weiter wissen wir nichts davon.« . . .

Wunderbar! Wunderbar, daß sich zwey der zärtlichsten und beständigsten Verliebten für untreu halten müssen!

. . . Aber, klitsch . . . klatsch . . . klitsch! Ich versteh dich, Postillon. . . . Madame, Ihnen danke ich ergebenst für Ihre Geschichte; was bin ich schuldig?

»*Six Livres neuf Sous, Monsieur!*« . . . *Les voila!* . . . Mein Reisegefährte saß noch beym Feuer, aber Jacques war weggegangen, und das angefüllte Glas Wein stund noch auf der Erde. Möge die Hand des liebreichsten Freundes aller seiner Geschöpfe deine Seele mit linderndem Troste berühren, bis eine in der Ewigkeit gekrönte Liebe Dich Deinen kurzen Jammer segnen läßt!

PARIS.

Meinen Reisegefährten hatte ich in seinem alten Quartier, in *La rue Guineygaude*, abgesetzt, woselbst er sich unter der Kleidung eines Abbe's verbergen wollte; ein Charakter, unter dem man in Paris am unbekanntesten bleiben kann, man müßte denn ein witziger Kopf von Profession, oder ein streitbarer Kritikus seyn. Wir hatten verabredet, uns um neun Uhr im englischen Caffeehause, gegen *Pont neuf* über, wieder zu finden, um mit einander zu Abends zu essen und zu überlegen, was er für seine Sicherheit am füglichsten zu thun hätte. Es war jetzt um fünf Uhr, so daß ich noch vier Stunden hatte, um herum zu schlendern und eine Wohnung zu suchen; wie konnte ich also wol besser meine Zeit zubringen, als mit einem kurzen, vielleicht auch längern Besuche bey der artigen *Handschuhkrämerin?* Erstlich war kein Frauenzimmer in der ganzen Stadt, das besser wußte, wo Logis zu bekommen wären, ihr Laden war eine Art von *Bureau d'adresse* von zu vermiethenden Zimmern. Dies wußte ich freylich nicht, als ich in ihren Laden trat: . . . Aber warum sollte der Umstand weniger zu meinem Vortheile seyn, weil ich ihn nicht vorher gekannt? Zweytens hatte kein weibliches Geschöpf frühere Nachricht von den Neuigkeiten der Stadt, und mir war daran gelegen, zu erfahren, ob die Händel meines Freundes schon in der Hauptstadt ruchtbar geworden: das mußte ich aber mit Vorsicht und Behutsamkeit zu erfahren suchen; deswegen war es nothwendig, uns in den Hinterraum zu begeben.

DIE WAPPEN VON PARIS UND LONDON.

Paris ... Du führst ein Schiff im Schilde; ... doch ist deine Seine nicht schiffbar. ... Nimm das Londonsche Kreuz ... (Ihr könnt den Dolch in den Canal zwischen Dover und Calais tauchen, um das Blut von der Klinge zu waschen,) und setze es auf die Spitzen von *Notre Dame;* indessen daß dein Schiff mit der Fluth die Themse hinaus segelt, und in dem Hafen des größesten Handels seine Anker wirft.

In welcher von den neunhundert Gassen ... Gäßgen wollt' ich sagen ... dieser Hauptstadt der Welt ... denn wer kann widerlegen, was ein Pariser behauptet, der niemals weiter gereiset ist, als zur *foire St. Laurent* ... In welcher, sag ich, soll ich meine Wohnung nehmen? Aber still! ... Hier wohnt meine schöne Ladenkrämerin ... diese seidnen Augenwimpern! Da steht sie an der Thüre ... das sind gewiß die wirklichen Liebesnetze, wovon die Poeten fabulirt haben. ... *Madame, la fortune m'a jetté encore une fois dans votre quartier, sans y penser. ... Comment se porte, Madame? ... »A merveille, Monsieur; charmée de vous voir.«*

Was für eine Lebensart gegen einen Fremden! was für eine feine Sprache ... und wie glücklich der Ausdruck, für die Frau eines Handschuhmachers!

DER HINTERRAUM IM LADEN.

Wir hatten hier wenige Minuten bey einander gesessen, als mir schon die schöne Krämerin alle Stadtneuigkeiten erzählt hatte. Ich ward alsobald von jeder neuen Connexion zwischen den Operntänzerinnen, *les filles d'honneur, filles de joye avec Messieurs les Anglois, les Barons Allemands, & les Marquis Italiens* unterrichtet. Die Schnelligkeit, womit sie erzählte, kann mit nichts verglichen werden, als mit dem reissendem Strome der Rhone oder dem Rheinfalle bey Schafhausen. In zehn Minuten hatte ich so viele Histörchen gehört, die sich mit einem: *Sçavez-vous deja?* anzufangen pflegen, daß ein neuer Atalantisschreiber zu zwey dicken Bänden Stoff daran gehabt hätte. »*Mais,* sagte sie, *à propos:* ... haben Sie schon von unsern neumodischen Handschuhen gesehen?« Was sind es für welche? fragte ich. ... Worauf sie eine Schachtel hervornahm und mir eine sonderbare Sammlung vorlegte. »Dieses hier, sagte sie, sind *les gans d'amour: Monsieur le Duc de* *** hat sie erfunden. Die Veranlassung war schnakisch genug, und werth, daß ich sie Ihnen erzähle. *Madame la Duchesse* hatte einen schottländischen Officier zu ihrem Cicisbeo, der eine ganz eigne Art von Ausschlag hatte ... Sie wissen, mein Herr, diese Nation hat ihre eigenthümliche Krankheiten, so gut als wir: ... Ein jedes Land hat seine Gebrechen. Madame ihr Kammerdiener sagte seinem Herrn im Vertrauen, daß er besorgte, *Monsieur le Capitaine* habe seiner gnädigsten Frau etwas mitgetheilt, das er nicht nennen möchte. ... *Qu'est-ce, que c'est?* Was ist es, sagte der Duc ... *ce n'est pas la gale?* Doch nicht die Krätze? Der Kammerdiener zuckte die Achseln, und die Düchesse trat herein. *La Politesse* verstattete dem Duc nicht, sich mit seiner Gemalin in eine Erklärung hierüber einzulassen; er sann also auf eine Erfindung, der Infektion vorzubeugen. Er hatte von einem englischen Obristen gehört, der in einem nicht sehr unähnlichen Falle ein glückliches Mittel erdacht hätte; dessen Name aber, den auch die Manufaktur bekommen hatte, war so barbarisch, daß man ihn nicht mit *Decence* aussprechen konnte; er nannte also seine Erflndung *les gans d'amour*, und nun macht man in Paris viel Wesens davon. Aber ich hätte Ihnen sagen sollen, daß die Düchesse nicht inoculirt worden, und daß sie einige Monate darnach an den Kinderpockken starb: man sagt, daß ihre Ärzte sich in der Krankheit irrten, und weil solche niemals in Ihrem Lande gewesen, so vergassen sie, daß *la gale* sowol als jede andre Krankheit, mit oder ohne Ausschlag, uns zugebracht werden kann. Ich hoffe, fuhr sie fort, indem sie einen sehr verliebten Blick durch diese schöne Wimpern schoß, welcher tiefer gieng, als ich geglaubet hatte, daß ein einziger Blick gehen könnte, daß Sie mein Kundmann seyn werden! ... Sie werden sie gewiß tragen, da solche so allgemein Mode sind.«

Bey diesen Worten machte sie ein Packet von verschiedener Grösse und Schnitt auf; die wenigsten stunden mir an, weil sie mir zu weit schienen. Zuletzt brachte sie ein Paar hervor, das nach meiner Meynung so ziemlich passen würde: »Ich will sie Ihnen anprobiren, Monsieur; ... aber es müssen nur sehr kleine Finger seyn, worüber diese passen sollen.« Ich bin freylich jetzt ein wenig warm; so daß ich glaube, Sie können ein klein wenig größere versuchen. Sie stellte sich an meine Seite, und war mit beyden Händen beynahe zu ihrem Zwecke gelangt, als ihr Mann durch den Laden gieng ... der mit dem Kopfe nickte, und sagte: »*Faites ... faites ... ne bougés pas.*« lassen Sie sich nicht stören.

DIE WIRKUNG.

Wie es zugeht, kann ich nicht sagen; aber mir ist allemal nicht wohl und ein wenig fieberhaft zu Muthe geworden, wenn mich ein Mann mit seiner Frau in einem Gespräche unter vier Augen überrascht hat, wenn wir auch noch so ehrbar und unschuldig bey einander sassen. . . . Daß wir uns gegenwärtig in der allerunschuldigsten Stellung von der Welt befanden, das wird wol niemand in Zweifel ziehen wollen. Zudem wars ja ihr Gewerbe. Wer kann eine Handschuhkrämerin tadeln, wenn sie solche dem Käufer im Hinterladen anpaßt?

Dem sey aber wie ihm wolle, die unerwartete Erscheinung des *Bon homme* hatte die Handschuhe fast gänzlich unbrauchbar gemacht. . . . Mein Hand zitterte der gestalt, (vermöge was für einer Art von Sympathie, das weis ich nicht) daß sie unfähig war, ihre Dienste zu verrichten. Der Handschuh glitschte ab, und fiel der Schönen aus der Hand. »*Mon Dieu!* sagte sie, *qu'est-ce, que vous avez?*« worauf ich etwas in die Quere antwortete . . . *Ma foi, Madame, je n'ai rien.* »Ihnen ist nicht wohl, Monsieur . . . nehmen Sie eine kleine Herzstärkung;« sie holte den Augenblick eine Flasche aus dem nächsten Cabinet. Der Trunk that einige Wirkung; aber nicht genug, um meine Lebensgeister aus der Unordnung zu bringen, worin sie durch die blosse Erscheinung des Ehemannes versetzt waren: so daß ich nicht Muth genug hatte, mich einem zweyten Versuche mit den Handschuhen von ihrer schönen Hand zu unterziehen; ich bat sie aber, etliche Paar von den engsten für mich zurück zu legen. Sie fragte, von was für Farbe? Schwarze, sagte ich. . . . »*Comment*, sagte sie, *avec des rubans noirs, sans etre en deuil?*« Ich öffnete ihr das Verständniß, indem ich ihr sagte, daß ein Geistlicher, obschon nicht in Trauer, schicklicher Weise keine Handschuhe (wärens auch *gans d'amour*) von bunter Farbe tragen könne.

Man denkt wol, daß die Ursache, warum ich erst eigentlich in dieser Frau ihren Laden getreten, über das Anprobiren der Handschuh und die Furcht vor dem Ehemanne auf den Lauf gegangen sey. . . . Das wahre Verhältniß der Sache ist aber, ich hatte meine Maaßregeln vorne im Laden genommen, ehe wir uns in den Hinterraum begaben. Ich hatte mir nemlich ein Quartier besprochen; und was die Erkundigung wegen meines unglücklichen Reisegefährten anbetrifft, so wußte sie von der Sache noch keine Sylbe. So viel, dachte ich, wäre ich mir selbst und meiner neuen Bekanntschaft schuldig.

DIE OPERNTÄNZERIN.

Der Unterschied zwischen einem empfindsamen Reisenden, und einem Avanturier ist freylich so groß, daß ihn kein Mann umspannen könnte, und enthielten seine Arme auch neun und eine halbe Kopflänge; aber dem ersten können doch eher zehn Avantüren aufstossen, als dem andern eine empfindsame Geschichte, ob sie sich gleich darin ähnlich sind, daß sie von solchen ungesuchten Begebenheiten nie die Schaale aufschlagen werden, um zu sehen, ob sie gesunden Kern oder Wurmmehl enthalten. Schlimm genug für den ersten, wenn ihm eine solche Nuß von ungefähr in die Hände fällt, und sich aufthut, daß ihm der Wurm ins Gesicht fliegt. ... Der Reisende, der selbst oder dessen Hofmeister erst an die Vormünder aus einem Reiche ins andre schreibt, und anfrägt, ob er ein öffentliches Schauspiel besuchen dürfe? ist von dem andern unmündigen Reisenden, dem die Obrigkeit einen Vormund gesetzt, in Nichts als im Sitze unterschieden; der eine sitzt nemlich zuweilen auf einem gepolsterten Stuhle, und seufzet, und der andre sitzt beständig auf einer harten Bank, und ... flucht. ... Ich hatte dem Grafen von B*** mein Wort gegeben, daß ich nicht gekommen, die Blösse des Landes auszuspähen, und nirgends kann man Frankreich in größrer Herrlichkeit gekleidet sehn, als in seiner *grand Opera.* Da ist prächtige Mannigfaltigkeit fürs Auge, vielleicht auch für ein französisches Ohr ... Du, mein Eugenius, warest nicht angelangt. Ich gieng also in die Oper, und sah. ... Ich sahe *Mademoiselle de la Cour* eine *Passecaille* tanzen. Man schrie *Merveille.* Ich wollte ihre Schritte, ihre Mienen, ihr Liebäugeln, die Beugungen ihrer Arme, die so sanft gelenkig waren, wie ein Schwanenhals, übersetzen; aber ich glaube, selbst Daniel hätte den Sinn nicht gefunden. Dagegen aber sah ich aus dem Parterre die schönsten Füsse und Schenkel, die der Meissel eines Protogenes oder Praxiteles nicht feiner hätte bilden können. Ich hatte also gegen das *Merveille* nichts einzuwenden. Ich sprach darüber mit dem *Abbé de M****. Er war bereitwillig, mich mit ihr bekannt zu machen. Ich nahm sein Anerbieten an; wer wollte nicht gerne mit einem Mondbürger Bekanntschaft machen? *Mademoiselle de la Cours* Sphäre war von der meinigen eben so weit entfernt, als der Mond von der Erde. Ich hatte die Ehre, sie in ihren Wagen zu führen; und als sie gehört, ich wäre ein Engländer, gab sie meiner Hand einen solchen Druck, der wie ein elektrischer Funke an den Spitzen meiner Finger bis zum Herzen lief, und ich fühlte in demselben eine Bewegung, die sich mein Leser einbilden mag, denn beschreiben kann ich sie nicht.

Sie gab uns ein *Petit Souper élegant.* Der Abee hatte kaum ein Glas Wein getrunken, als er fort war, ohne daß ich wußte, wo er geblieben? Die Unterredung war schon auf die zärtliche Leidenschaft gefallen, und ich erhob eine empfindsame Glückseligkeit, und pries alle die Süßigkeiten einer platonischen Liebe, als sie in ein lautes Gelächter ausbrach . . . und sagte, sie gestünde offenherzig, mein System wäre nicht allerdings das ihrige; ihre Sinnen könnten nicht blos vom Äther leben.

Zu einer jeden andern Zeit würde mich ein so materieller Gedanke von einem Frauenzimmer stutzig gemacht haben; aber jetzo wollte ich eine Tänzerin kennen lernen; ich füllte also ein Glas, und brachte ihr: *vive la bagatelle!* Ich zeigte ihr meinen neuen Einkauf, und fragte sie, ob ich damit in der Mode seyn würde? Sie wären, sagte sie, freylich *à la grecque*, aber nach einer zu winzigen Patrone geschnitten; und empfahl mir künftig meine Handschuh *à la mousquetaire* zu tragen.

Gerade als wir diesen wichtigen Umstand ins Reine gebracht hatten, ward Sir Thomas G*** angemeldet. Der Bediente wollte die Thüre aufmachen, aber zufälliger Weise war das Schloß eingesprungen, ohne daß draussen der Schlüssel darauf stecken geblieben, und er war in größrer Verlegenheit als wir. . . . Er, welcher dachte, der Knight sässe ihm auf der Ferse, unterstand sich nicht umzukehren, und ihm das Hinderniß zu entdecken. Er flüsterte durchs Schlüsselloch: »*Madame le Chevalier s'y trouve.*« Wir aber hatten unser Geschäfte mit den *Gans d'amour*. Sie passete mir einen an, und stellte sich drolliger dabey, als selbst die schöne Krämerinn, . . . sie war ungefähr so weit damit gekommen, daß sie ihr ziemlich gut zu sitzen schienen, als der Versuch mit der neuen Erfindung des Dücs abermal gestört wurde. »Ich habe meine Ursachen, sagte *Mademoiselle de la Cour*, Sie nicht mit Sir Thomas G*** in Gesellschaft zu bringen. Mir zu gefallen müssen Sie sich hier in dieses Nebenzimmer begeben. Aber machen Sie ja kein Geräusch! sobald er fort ist, mach' ich wieder auf.«

Hat man wol jemals einem Geistlichen so etwas zugemuthet? Sir Thomas G*** würde sich herzlich gefreuet haben, mich in *Madem. de la Cour* Nebenzimmerchen zu finden, ohne Licht und alles, hart an ihrem Schlafzimmer! Aber sie hatte ihn überredet, sie nähme von keiner andern Mannsperson jemals Besuche an, als von ihm; und zum Beweise, daß er ihr Glauben zustellte, schüttete er ihr jeden Sonntag morgen hundert Louis d'ors in den Schooß.

Ich ward nicht wenig gedemüthigt, als ich aus verschiedenen Tönen, die ich im benachbarten Zimmer vernahm, deutlich schliessen mußte, daß meine Rede von der platonischen Liebe auf *Mademoiselle de la Cour* wirklich gar keinen Eindruck gemacht hätte, daß ich nicht so beredt gewesen als Merkur, daß ich aber gezwungen war, trotz meinem Abscheu, einen andern Charakter dieses Götterbotens vorzustellen.

DIE RETIRADE.

Von dem Herzoge von Marlborough sagte man sehr fein, die einzige Kunst eines Generals, die er nicht verstünde, wäre die Retirade. Man hat die Liebe, und ich glaube nicht unschicklicher Weise, mit der Kriegskunst verglichen. ... Sir Thomas G*** nahm seine Retirade mit aller Gemächlichkeit in das Schlafzimmer, und ich saß in meiner Festung, und mußte es geschehen lassen. »Wie ungleich dem Betragen des Herzogs von Marlborough, sagt' ich! ... kann ich dieses wol jemals in meiner empfindsamen Reise erzählen? ... Doch ich liege ja noch im Hinterhalte.« Eben als ich diese Betrachtung anstellte, hörte ich *Mademoiselle de la Cour* ausrufen: »*Ha! que j'aime les gans à la mousquetaire.*«

Als Sir Thomas, nach seiner Meynung, sein Lager sicher genug gedeckt hatte, begab er sich nach seinem Quartiere. ... Ohne Metapher. ... Ich hatte, um vier Uhr des Morgens, Gelegenheit, mit Ehren und ohne Gefahr meine Retirade zu bewerkstelligen.

NICHTS.

»*Um vier Uhr des Morgens!*« sagt der argwöhnische Leser. »Was thaten Sie denn so spät, ... mit einer Operntänzerinn, einer *fille de joye?*« Hierauf ist meine Antwort ganz buchstäblich, *Nichts.* »Nein! ... Freund Yorick, das ist zu arg, das könnten Sie uns nicht einmal vom Catheder einschwatzen. Was gieng denn mit den Handschuhen von der Erfindung des Dücs vor? Versuchte es *Mademoiselle de la Cour* nicht von neuem, sie anzupassen? ... und was folgte dann darauf?« ... Ich sage es noch einmal ... *Nichts!*

Wie hart ist es nicht, mein theurer Eugenius, daß man das Schwert an der Kehle fühlt, um eingebildete Wahrheiten, oder vielmehr Unwahrheiten zu gestehen! Setzte man mir auch zehn Jahre lang die Daumschrauben auf ... ich könnte zu meiner Antwort nie etwas anders hinzufügen, als ... *Nichts!* ... *Nichts!* ... *Nichts!*

»Die arme *de la Cour*, sagt der Spötter, hatte wol Recht, mein Herr Yorick, Ihnen für die Zukunft zu empfehlen: *d'étre retroussé à la mousquetaire!*« ... Aber, mein Herr Splitterrichter, Ihr Einfall thut hier gar nichts bey der Sache. ... »Dieses Kapitel eben so wenig,« sagt der Schnarcher.

Nun gut! so sey's hier zu Ende!

DIE UNERWARTETE BEGEGNUNG.

Als ich auf meiner Retirade von *Mademoiselle de la Cour* um die Ecke der Rüe la Harpe beugte, fieng schon der Morgen an hervorzubrechen, und ich hörte mir aus einer Miethkutsche zurufen: hst, hst, hst! Einem Akteur oder einem dramatischen Schriftsteller hätte dieses ein sehr kitzelnder Ton seyn mögen; und er hätte es, wäre er nur ein wenig zum Aberglauben geneigt, für einen Vorboten seiner Verdammung halten können; da ich aber nie einen Fuß aufs Theater gesetzt, noch niemals weder Trauer- Lust- noch Possenspiele geschrieben habe: so war mir der Klang nicht so widrig, als er mir sonst wol hätte seyn mögen.

Wie ich mich umhersah, ward ich meinen verkleideten Abbee gewahr, der den Kopf aus dem Fenster der Miethkutsche steckte, und mir winkte. »Himmel! sagte ich, was kann dies bedeuten? ... Die *Marechaussé* oder die *Chasseurs* haben ihn gefangen, und führen ihn nun zum *Chatelet* oder nach *Bicétre*.«

... Ich irrte mich: sein ehrlicher Hauswirth hatte ihm gesteckt, daß diese Herren seine Spur aufsuchten, und hatte ihm gerathen, in aller frühe davon zu gehen, um den Folgen zu entweichen. Er war also auf dem Wege nach Flandern, um aus der Jurisdiction ihrer Gewalt zu kommen.

Ich war bey dieser Gelegenheit zugleich glücklich und elend. ... Es schmerzte mich ungemein, zu denken, daß dieser unglückliche junge Mensch eines Zufalls wegen ins Elend wandern müßte, den er aus allen seinen Kräften gerne vermieden hätte: Es war mir aber lieb, wenn ich dachte, daß er in etlichen Stunden ausser den Grenzen Frankreichs, und so weit weg seyn würde, daß ihn die Hände der sogenannten Gerechtigkeit nicht erreichen könnten.

Edward Collier (1640 – nach 1706):
»Steckbrett«. Trompe-l'œil in Öl auf Leinwand, 1706.

Als ich nach einem sehr zärtlichen Auftritte Abschied von ihm nahm, konnte ich mich nicht enthalten, ihm zu verstehen zu geben, daß eine so plötzliche Abreise und ein so weiter Weg seinen Beutel eher erschöpfen möchten, als er dächte, und daß, weil man doch ohne Geld nicht weit in der Welt reisen könnte, wenn er sich des meinigen bedienen wollte, ich auf meiner Rückreise nach England bey ihm ansprechen, und, wenns ihm alsdann gelegen, meine Wiederbezahlung abholen wollte.

Wäre ich durch Flandern gegangen, würde wol die Eincassirung das wenigste gewesen seyn, worauf ich gedacht hätte.

Er versetzte, er wäre hinlänglich versehen, um bis nach Nieuport zu reichen, und von da wollte er an seine Freunde schreiben.

Oh! Eugenius, du kennst meine Empfindungen bey dieser Gelegenheit. Ich unterstund michs nicht, in ihn zu dringen, aus Furcht eine Delicatesse zu beleidigen, die mir selbst nur zu natürlich ist. . . . Ich verließ ihn mit einer Thränenfluth, die eben so unfreywillig als aufrichtig floß.

DIE VOLLZIEHUNG.

Meine Ideen waren zu zerstreute, zu unzusammenhängend, als daß sie durch Schlaf hätten wieder gesammlet werden können. . . . Ich nahm einen andern Miethkutscher, und ließ mich durch ganz Paris herumfahren. Es ist sonderbar, daß die Leidenschaften, welche die Winde des Lebens, und unter einer gewissen Einschränkung, die einzigen Triebfedern unsrer Handlungen sind, zugleich alles unser Elend, alles unser Unglück hervorbringen. Ich konnte mich nicht enthalten mit Popen zu sagen:

Why charge Mankind on heav'n their own offence,
And call their woes the crimes of Providence.
Blind, who themselves their miseries create,
And perish by their folly, not their fate. (*)

Eben, als ich diese Zeilen wiederholt hatte, (welche, im Vorbeygehen gesagt, in ihrer griechischen Originalsprache meines alten Freundes Homers, wohlklingender, und auch wol rührender gewesen seyn möchten) ward ich über einer Thüre eine Inschrift gewahr, welche meinen Gedanken nicht wenig zu schaffen machte.

L'ON FAIT NOCES ICI.

Indem ich meine Augen auf diese ungewöhnliche Nachricht geheftet hatte, hörten meine Ohren eine nicht unangenehme Musik, nach welcher eine Gesellschaft von ziemlich lustigen Freunden tanzte. Ich befahl dem

---

(*) Wie kann der Mensch, was er versieht,
Auf dich, o Himmel legen,
Und seiner Leiden Zahl so kühn
Der Fürsicht Schulden nennen!
Wie blind! er, der stets selbst sein eignes Elend schafft,
Durch seine Thorheit blos, durchs Schicksal nie verdirbt.

Kutscher zu halten, und erkundigte mich, ob ich könnte *faire noces ici?*

Ich kann nicht umhin, hier die Anmerkung zu machen, daß in Paris ein Kutscher und seine Kutsche, als gleichleblose Wesen angesehen werden, so daß es gleichviel kostet, ob ich durch den einen oder die andre mit dem Degen renne; wie auch, daß die Vollziehung der Verheyrathungsceremonien, was auch die verheyratheten und unverheyratheten Männer für Wesens davon machen mögen, ihre Wirkung mehr auswendig an der Wand des Hauses zeigt, als inwendig im Hause.

L'ON FAIT NOCES ICI.

J'en suis bien aise, sagt' ich; das paßt sich recht für die finstern Gedanken meiner Seele; nur die Liebe allein kann sie zerstreuen.

Als der Kutscher den Hausherrn an die Thüre gebracht und ihm gesagt hatte, daß ein Engländer willens sey, *de faire noces:* so bestunden alle seine Fragen darin, wie viele Suppen, Torten, Fricasseen und Musikanten ich haben wollte?

Worauf ich versetzte: Gar keine.

Der Herr Wirth zuckte die Achseln, und sagte: »*Pauvre Monsieur Anglois, il est gris.*«

DER TRAITEUR.

Obgleich die Strafe, wenn man einen *Fiacre* (beseelt oder unbeseelt) mit einem Degen durchbohrt, auf einen Liard festgesetzt ist: so bleibt es doch eine sehr ernsthafte Sache, einem Traiteur das Leben zu nehmen, und könnte solches sehr ernsthafte Folgen nach sich ziehen. Die Etiquette und das Punctilio, einen Menschen in Frankreich zu morden, machen eine eigne Gelehrsamkeit aus, und sind eben so einträgliche Wissenschaften, als Quadrille und Piquet. Da mir diese Dinge nicht ganz unbekannt waren: so hielt ich für rathsam, es bey einem Paar *Diables* bewenden zu lassen, und dem Kutscher zu befehlen, daß er mich nach Hause bringen sollte.

LA FILLE DE JOYE.

Kaum waren wir in *la Rue St. Jacques* gekommen, als ich etliche Schaarwächter erblickte, welche ein junges Frauenzimmer in eine Kutsche packten, welches bitterlich weinte, und sie um Mitleid anflehte. . . . Mitleid! . . . Du göttliche Eigenschaft, fremde dem viehischen Busen solcher Menschenquäler!

Wie meine Kutsche vorbey fuhr, warf sie einen Blick nach mir, der mir bis ans Herz drang. . . . Ich befahl meinem Kutscher umzukehren, und dem Wagen zu folgen, worin die schöne Gefangne saß.

Es war jetzt ungefähr um sieben Uhr des Morgens, und man führte sie gerades Weges zum Commissair. Sie hielten still, und mein Herz hüpfte vor geheimer Freude, da ich fand, daß es das Haus des Herrn de L*** meines sehr guten Bekannten war. Ich stieg aus, und ließ mich bey ihm melden: er war noch nicht aufgestanden. Das junge Frauenzimmer brachte man in eine Art von Vorsaal, und mich führte man in das Cabinet des Commissairs, aus welchem man den Vorsaal übersehen konnte.

Nach einer sehr reichlichen Thränenfluth wischte sie ihr Gesicht mit einem Taschentuche ab; und ich erkannte alsobald die (obgleich durchs Weinen aufgeschwollnen) Gesichtszüge meiner kleinen, artigen *Fille de chambre*, die ich zuerst mit ihren *égaremens de cœur* antraf. Himmel! sagt' ich, ist das möglich? Betrügen mich auch meine Augen? Nein, sie ist es! . . . Mein sympathetisches Herz hat mich zu ihrem Beystande hergeführt, und wenn der Herr de L*** des geringsten Gefühls in dem seinigen fähig ist, so fällt dies unglückliche Mädchen kein Opfer der . . .

Eben da ich diesen Entschluß gefaßt, trat der Commissair herein; und nach vielen Complimenten und einigen Freundschaftsversicherungen, ergriff ich die Gelegenheit, ihm zu sagen, daß es jetzo bey ihm stünde, mich von der Aufrichtigkeit seiner Versicherungen zu überzeugen. Er verlangte meine nähere Erklärung, die ich ihm gab.

Hierauf versetzte er: »es wäre unmöglich, dem jungen Mädchen einige Erleichterung zu versprechen, bis er erst gehört, was man gegen sie vorzubringen hätte; wenn aber nur irgend eine Möglichkeit Statt fände, ihre Strafe zu mildern, ohne die Gerechtigkeit aus den Augen zu setzen, so sollte es, mir zu gefallen, gewiß geschehen.«

Sie ward verhört; und ob ich gleich bemerken konnte, daß ihr meine Gegenwart einige Zuversicht einflößte: so war doch so viel Unschuld und unverstellte Offenherzigkeit in ihrem Wesen, daß, nach meinem Bedünken, der Commissair etwas für sie eingenommen zu werden schien.

Die Schaarwache brachte gegen sie vor, daß ein Lärmen in ihrer Wohnung gewesen, wodurch die Nachbaren beunruhiget worden. Worauf sie erwiederte, »sie bekenne, daß einiger Lärmen gewesen, es wäre aber daher entstanden, daß sie etliche unruhige Besucher nicht habe einlassen wollen, welche gekommen, einem Frauenzimmer ihre Aufwartung zu machen, das vor ihr dieselbigen Zimmer bewohnt gehabt.« Die Miene der Wahrheit, womit sie dieses sagte, brachte den Commissair alsobald dahin, ihre Vertheidigung zu übernehmen, und zu dem Anführer der Wache zu sagen: »er habe Strafe verdient, daß er das Frauenzimmer über eine solche Ursache, gewaltsamer Weise aus ihren Zimmern gerissen; daß die allertugendhafteste Person in ganz Paris einem solchen verdrüßlichen Zufalle von unruhigen Leuten ausgesetzt wäre; daß, wenn sie ihr nicht beweisen könnten, daß sie in irgend einer andern Betrachtung ein unordentliches Leben führte: so könnten sie nur die Demoiselle für sehr gütig halten, wenn sie es ihnen auf eine förmliche Abbitte verziehe.« Hierzu waren sie sehr bereitwillig: giengen darauf fort, und liessen den Commissair, ihre gewesene Gefangne und mich beysammen.

Nachdem sie fort waren, sagte der Commissair: »Ungeachtet dessen, was er für Mademoiselle gethan habe, wüßte er doch gewiß, daß sie eine *Fille de joye* wäre, denn sie stünde schon auf seiner Liste; weil sie aber erst neu angeworben, und die Nachtwache noch nichts von ihrem Gewerbe wüßte, so hätte er sie auf Monsieur Yoricks Fürbitte dieses mal so durchschleichen lassen; er wolle es ihr aber sehr wohlmeynend empfohlen haben, zu vermeiden, daß sie auf eine oder die andre Art wieder vor ihm erschien.«

Es nahm mich nicht wenig Wunder, zu hören, daß sie wirklich auf der Liste des Herrn Commissairs stünde, und meine Neugierde ward ausserordentlich gereizt, ihre Geschichte zu erfahren.

Wir nahmen Abschied, nachdem wir dem Herrn de L*** alle die Danksagungen abgestattet hatten, die er für sein höfliches Bezeigen so billiger Weise verdiente, und ich begleitete sie zurück nach ihrer Wohnung.

DIE GESCHICHTE.

Nachdem sie mir zu wiederholten malen für meinen gütigen Fürspruch gedankt hatte, ersuchte ich sie, mir zu sagen, durch was für einen Zufall sie auf den Abweg gerathen wäre, auf dem sie, wie der Herr Commissair behauptet hätte, unglücklicher weise jetzt wandelte. Ein Strom von Thränen verhinderte sie, sogleich zu antworten: als sie sich aber wieder erholt, gab sie mir folgenden Bericht.

»Den Tag nach dem Besuche, den ich bey Ihnen in Ihrem Hotel ablegte, schickte mich Madame de Rambouillet, meine damalige Herrschaft, mit ihrem Complimente zu Ihnen, um mich zu erkundigen, wann es Ihnen gelegen seyn würde, sie zu besuchen, und ihr den Brief abzugeben, den Sie ihr von Amiens mitgebracht hätten; denn sie konnte nicht begreifen, warum sie solchen noch nicht erhalten; man sagte mir, Sie wären ausgereiset, und es wäre ungewiß, wann Sie zurück kommen würden. Als ich diese Nachricht meiner Herrschaft zurück brachte, gerieth sie darüber in heftigen Eifer, daß ich solchen den vorigen Tag nicht mitgebracht hätte, als ich deswegen ausdrücklich hingeschickt worden: da wirs aber, durch den sonderbarsten Zufall von der Welt, beyde vergassen. Sie ließ sichs merken, sie glaubte, wir müßten was ganz sonderlichs mit einander vorgehabt haben; und trieb es so weit, zu sagen: es wäre kein Wunder, daß wir ihren Brief über unsern eignen Kram vergessen hätten. Eine solche Beschuldigung verschnupfte mich nicht wenig, *da ich so unschuldig war:* und ich glaube, ich muß ihr etwas geantwortet haben, welches sie so übel genommen, daß sie mir befahl, stehendes Fusses aus ihrem Dienste zu gehen. Dieser plötzliche Abschied setzte mich in grosse Verlegenheit; und da ich gar keine

Angehörigen in Paris hatte: so wendete ich mich an eine Modekrämerin, bey welcher Madame de Rambouillet zu kaufen pflegte, und bat sie, mir ein Zimmer zuzuweisen, wo ich mich so lange aufhalten könnte, bis ich wieder eine Herrschaft bekäme. Sie merkte meine Ängstlichkeit, und sagte, ich sollte mich zufrieden geben, weil sie eben eine Gehülfin brauchte, und wir über die Bedingungen gewiß einig werden wollten. Also ließ ich meine Sachen nach ihrem Hause bringen, und ward von dem Augenblicke an betrachtet, als ob ich zu der Haushaltung gehörte.«

»Ich bekam das Amt, des Morgens die verfertigten Sachen auszubringen. Sie arbeitete am meisten für Herren, und besonders für fremde, und vermahnte mich immer, mich bey dieser Gelegenheit aufs vortheilhafteste anzukleiden, denn, sagte sie, diese Herren bezahlen immer am freygebigsten, wenn sie eine *schnikkere* Dirne vor sich haben. Sie empfahl mir auch, gegen die Herren sehr gefällig zu seyn, und ihnen niemals zu widersprechen; und, fuhr sie fort, »ich kenne in der ganzen *Rue St. Honoré*, noch sonst irgendwo, kein Mädchen, welches mehr das Ansehen hätte, sein Glück zu machen, wenn es solches nur nicht mit Füssen von sich stossen will. Denn, setzte sie hinzu, in Paris giebt es nur dreyerley weibliche Gewerbe, wobey was zu machen ist: das sind, Operntänzerinnen, hübsche Caffeeschenkerinnen, und Putzmacherinnen; aber wir haben den Vorzug, denn man betrachtet uns als die bescheidensten, und wir lassen uns am wenigsten öffentlich sehen.«

»Ich war wol eben nicht sehr eitel, ich fand aber gleichwol ein grosses Gefallen daran, daß meine Lehrmeisterin dächte, ich hätte einigen Anspruch darauf, mein Glück zu machen; und da ich fast vier Jahre *Fille de chambre* gewesen war, ohne daß mir ein annehmlicher Antrag geschehen, ausgenommen von einem

Maitre perruquier in Rue Guyneigaude: so fieng ich an zu denken, der Verlust der Stelle bey Madame de Rambouillet könnte wohl zu meinem Vortheil ausschlagen.«

Ich konnte nicht umhin, sie hier zu unterbrechen, und zu fragen, ob der *Maitre perruquier* einen Antrag in allen Ehren gethan hätte? und wenn das, ob es Stolz oder persönliche Abneigung gewesen, weswegen sie ihn abgewiesen?

Hierauf antwortete sie sehr offenherzig: »der Antrag hätte nichts geringers zur Absicht gehabt, als die Ehe; daß er für einen wohlhabenden Mann gehalten würde, und sie ihn für eine gute Parthie hielte; und was seine Person anbelangte, so wäre solche recht hübsch, weil er *Valet de chambre* bey der *Duchesse de L**** gewesen, und diesen Dienst deswegen verlassen müssen, weil der *Duc*, der eine Zeitlang auf ihn eifersüchtig gewesen, einige Entdeckungen gemacht hätte, daß aber seine gute Dame, als eine Belohnung seiner geleisteten treuen Dienste, ihm eine Summe Geldes gegeben, um sich als *Maitre perruquier* zu setzen.«

Als sie so weit in ihrer Erzählung gekommen, ward sie durch einen Zufall unterbrochen, der gleich fürchterlich und erschrecklich war.

DIE FEUERSBRUNST.

Von allen zeitlichen Zufällen, Unglück und Landplagen, ist wol keine grosser, als eine plötzliche Feuersbrunst. ... Sie verheert mit so erstaunender Schnelligkeit, daß sie nicht allein einer bestürzten Nachbarschaft sehr oft alle ihre Haabseligkeiten raubt, und ihr den Bettelstab in die Hand giebt, sondern ihr auch, wenigtens beym ersten Ausbruche, den Gebrauch der Vernunft untersagt, und sie unfähig macht, zu solchen Rettungsmitteln zu schreiten, die ihr Unglück wenigstens geringer machen könnten.

Wir hatten diesen Augenblick dieses schaudervolle Schauspiel vor uns: ... die ganze Reihe Häuser gegen uns über schien auf einmal in Flammen zu stehen. Unsre Ohren hörten nichts, als Geschrey, Winseln, Heulen und Wehklagen.

O, Eugenius! was würde hier dein mitleidiges Herz für Beklemmung gefühlt haben! ... Darf ich nach dem meinigen davon urtheilen, so würde solche zu heftig für die Vernunft und Philosophie gewesen seyn, um sich mit der Bedachtsamkeit vereinigen zu lassen. Ich stürzte mitten unter das Volk, half so viel, als in meinen schwachen Kräften stund, ... ich hatte seit langer Zeit nicht soviel gehabt, als jetzt ... als ich in einem zweyten Stockwerke eine fast ganz nackte weibliche Person gewahr ward; ... sie war eben aus dem Bette gesprungen, riß ihre schönen Haare aus, und flehte den Himmel um Rettung an, ... ich flog, ihr beyzustehn, und ob gleich schon das Feuer bis zu diesem Stockwerke gedrungen, brachte ich sie doch noch unbeschädigt davon. Ich führte sie nach den Zimmern, die ich eben verlassen hatte, und hier sorgte ich nicht allein für warmen Wein und andre Herzstärkungen, sondern auch für Kleider zu ihrer Bedeckung;

denn so wie ich sie herführte, bestand ihr ganzer Anzug in einem Hemde. Der Schrecken hatte sie indessen so sehr eingenommen, daß die Schamhaftigkeit, die zu einer andern Zeit, bey einem solchen Aufzuge, ihr ganzes Gesicht mit Purpur überzogen haben würde, sich nicht regte, sondern die blasse Lilienfarbe überall herrschen ließ. . . . Ach, nur zu stark herrschte sie! . . . Die Natur erlag unter der Last des Jammers. . . . Ich rann, um starken Spiritus zu holen, und durch geschäftige Anwendung desselben, bracht' ich sie wieder ins Leben und zu ihr selber.

»Wo bin ich? . . . Gewiß in einer andern Welt! . . . Nichts um mich her ist mir bekannt! . . . Sind Sie Bewohner der Erde . . . oder abgeschiedene Seelen? oder war alles ein Traum, und bin ich vielleicht noch nicht erwacht? . . . Nein . . . dies ist ein Zimmer, ganz gewiß . . . das ist ein Bette . . . dies ein Stuhl . . . dort steht ein Tisch: ich habe auch Kleider an, . . . aber ganz andre, als ich jemals getragen. Alles um mich her scheint in gleicher Bestürzung. . . . Sagen Sie, ich bitte Sie, Sie scheinen ja ein Mensch zu seyn, mein Herr, wer sind Sie, was sind Sie, und wo bin ich?«

Sie hatte es kaum gesagt, als sie wieder in Ohnmacht fiel; und dieser zweyte Anfall schien gefährlicher, als der erste. Ich hätte mein ganzes Lebenlang stehen und ihre schöne Engelsgestalt betrachten können, welche wirklich einen himmlischen Bewohner zu verrathen, und durch ein sehr sanftes Lächeln anzudeuten schien, daß er eben eine Reise nach seiner glückseligen Heymath angetreten habe. Aber jetzt war die Zeit nicht, solchen himmlischen Betrachtungen nachzuhängen; ihr irdischer Theil verlangte nach unserm Beystande.

Nachdem wir sie ein wenig wieder zu recht gebracht, hielt ichs für rathsam, daß sie zu Bette gebracht würde, und meiner Freundinn empfahl ich, die äusserste Sorgfalt für sie zu tragen. Dieses versprach sie mir, und ich fand hernach, daß sie sehr treu Wort gehalten hatte: ich nahm Abschied, und eilte den durch die Feuersbrunst Unglücklichen, wo möglich, noch mehr Beystand zu leisten.

DAS JUWELENKÄSTCHEN.

Ich that was ich konnte; und als ich bey den Mann kam, der allein in seinem Zimmer war und wehklagte, und mich so ernstlich bat, daß ich seine Feuerschaufel und Zange retten möchte, indessen daß er ein angefülltes Silberschrank bey sich stehen hatte: nahm ich die Zange, und zerschlug damit die Glasscheiben des Schrankes, ohne mich an die Bitten des Mannes zu kehren, daß ich doch seinen Schrank schonen möchte, packte ich das Silbergeräth in eine Teppichdecke, die zum Glücke über einem Tische ausgespreitet lag, und zwang den Mann fast mit Gewalt, daß er anfassen, und es mit mir forttragen mußte. Als ich ihn mit dem Packen in ein sichres Haus gebracht hatte, fieng er an sich zu besinnen, und dankte mir desto herzlicher. Da ich noch einmal zum Feuer zurückkehrte, ward mir aus einem Fenster eines zweiten Stockwerks zugerufen, und man bat mich, meinen Hut in die Höhe zu halten: sogleich fand ich in demselben ein kleines Kästchen, womit ich mich in dem Vorsatze wegbegab, es dem Eigenthümer wieder zuzustellen, sobald die Verwirrung, welche der Brand verursachte, vorüber wäre. Ich trug es sehr sorgfältig nach meinem Zimmer, und als ichs aufmachte, fand ich darin verschiedene kostbare Steine und ein Gemälde, welches mein Herz in keine geringe Bewegung setzte. ... Es war ein Miniatür Portrait von dem himmlischen Geschöpfe, das ich zuerst zu Calais kennen lernte, und weswegen ich fast nach Brüssel gereiset wäre. ... Gütiger Himmel, sagt' ich, durch was für einen Zufall ist dies Bildniß hierher gekommen? ... O wenn diese schöne Wittwe eben jetzt in den Flammen umkäme! ... Das verhüte die Liebe! O, verhüte Du es, gerechter Himmel!

Als ich nach Haus gieng, hatte ich gedacht, nach so vieler beschwerlichen Arbeit auszuruhn. ... Aber kein Schlaf wollte meine Augen besuchen. ... Ich hatte schon mein Kleid abgeworfen, und meine Schlafmütze aufgesetzt, eh' ich diese Entdeckung gemacht; aber ich flog den Augenblick wieder nach der Brandstelle, wo ich das Kästchen empfangen, um mich nach dem Eigenthümer zu erkundigen, und, wo möglich, zu erfahren, durch was für einen sonderbaren Zufall sich das Bildniß dieser Dame darin befände?

Das Feuer war nunmehr völlig gelöscht; die Unruhe meines Gemüths war aber noch so groß, als jemals. ... Wenn das Original umgekommen ... verwünscht sey der Gedanke! ... O weh mir! O, Eugenius, ich flog, ich rann, und wußte nicht, wohin.

DAS HÜNDCHEN.

Ich war in der Beklemmung meines Herzens in ganz unrechte Gassen gekommen; ich wußte nicht wo ich war, und nach dem allgemeinen Getümmel herrschte itzt eine todte Stille; es war kein Mensch auf den Gassen zu sehen, den ich hätte fragen können. Ich ging also in ein Haus, worin ich Stimmen hörte. Als ich hinein trat, und das Zimmer aufmachte, worin die Leute redeten, erblickte ich eine ziemliche artige junge Frau, mit einem Säuglinge auf dem Schosse, und einen Mann, der nicht viel älter, an ihrer Seite, der eine Hand von den ihrigen in seinen beyden hielt, und sie zu trösten schien, denn sie weinte bitterlich; weiter hinterwärts sah ich einen Knaben von ungefähr acht Jahren, der auf den Knieen und mit dem Gesichte in den Händen, auf einem Stuhle lag. Der Mann weinte nicht, sondern sah auf den lächelnden Säugling, als ob er die Frau auf denselben aufmerksam machen wollte. ... Ich bitte um Vergebung, sagt' ich, ich wollte fragen, wohin ich nach der unglücklichen Brandstelle gehen müßte; aber die Verfassung, worin ich Sie sehe, dringt mich, vorher mich zu erkundigen, ob vielleicht auch Sie ein Theil dieses allgemeinen Elendes betroffen hat? ... Sie sind gütig, mein Herr, erwiederte der Mann, wir sind freylich mit abgebrannt; das aber ist die geringste Ursache unsrer Betrübniß; der wenige Hausrath und was wir an Kleidern verloren, läßt sich wieder verdienen, denn ich bin Schreiber bey einem Procurator; wir sind auch noch so glücklich gewesen, meine liebe Frau hier, und meine beyden Kinder, unbeschädigt zu entkommen, aber der Jammer unsers Charlots geht uns zu Herzen. Er hat ein so weiches Herz der Knabe, und hat einen so lieben Hund verloren! Ich hab' ihm versprochen, einen sehr schönen wieder ... »Ach liebster Papa, unterbrach ihn der Knabe, niemals, niemals mag ich einen Hund wieder haben: er könnte wieder zu Tode kommen, und ich könnte das gewiß nicht aushalten, ich kann dies nicht aushalten, nein, ich halte es nicht aus; *o mon bon Monsieur*, fuhr er fort, und wendete sich an mich; Papa schenkte ihn mir, da er noch ganz klein, klein war; er nahm von niemand einen Bissen als von mir, und hat immer zu meinen Füssen geschlafen. Als Papa meine liebe Mama an der einen und mich an der andern Hand aus dem grossen Feuer wegführte, da folgte mir mein Mimi nach, und ein großer schwerer Stein fiel ihm hinten auf den Rücken; es war ein grosses Glück, daß er nicht Papa oder Mama traf, aber mein Mimi that nur einen Schrey und war gleich stille; ich nahm ihn geschwind in meine Arme. Ich zitterte, und mir war so angst, daß ich nicht gleich nach Mimi sah, als wir aber hier bey meiner Tante ins Haus kamen, da sah ich nach ihm, und da regte er sich nicht mehr; und da legte ich ihn dort in die Ecke, und setzte mich hier hin, und weinte über meinen Mimi: aber denken Sie nur, *mon cher & bon Monsieur*, als ich hier so sitze, und mich gräme und weine, da kommt mein Mimi auf den Vorderbeinen zu mir hergekrochen, und leckt mir die Füsse und die Hände, und da ich ihn aufnehme, und mich freue, daß er noch lebt, da stirbt er mir in den Armen. ... Nun ist er schon ganz kalt!« Bey diesen Worten fühlte er ihn an, und fieng an noch heftiger zu weinen ... Ich hätte die Sprache des empfindsamen Herzens dieses Knaben noch lange anhören können, ohne ihn zu unterbrechen. Endlich sagt' ich, Gott bewahre dein zärtliches Herz vor den Verführungen der Welt, und besonders vor einem falschen Freund! was würde seine Untreue deinem Herzen für Qual machen. *Helas!* seufzte die Mutter, und *Dieu en aura soin*, sagte der Vater, indem er aufstund, um mich zu rechte zu weisen. Eh ich aber Abschied nahm, erkundigte ich mich nach seinem und des Procurators Namen, denn diesen Philosophen der Natur und seinen liebenswürdigen Knaben muß ich noch wieder sprechen, sagt' ich bey mir selbst, ehe ich Paris verlasse.

DIE VERGEBLICHE NACHFORSCHUNG.

Endlich kam ich wieder nach der Gasse, wo es gebrannt hatte. Hier erkundigte ich mich, mitten in dem Getümmel, das hier noch herrschte, ob jemand ein Juwelenkästchen verloren hätte? indem ich hinzusetzte, daß ichs demjenigen ausliefern würde, der mir es richtig beschriebe. Aber niemand hatte dergleichen verloren. Ich forschte also, ob man mir nichts von einer Dame sagen könnte, die dem Portrait gliche, das ich in der Hand hielt; das war aber eben so vergeblich als das erste. Niemand in der ganzen Nachbarschaft kannte eine solche Dame. Ich konnte das Haus nicht ausfündig machen, aus dessen Fenster man mir solches zugeworfen hatte, denn das Feuer hatte alle Merkzeichen weggebrannt: so daß alle mein Suchen und meine Wiedererinnerung vergebens war. Indem ich so stehe, und meine Einbildung auf die Folter spanne, ob mir nichts einfallen wollte, wodurch ichs heraus bringen könnte, überrascht mich eine bekannte Stimme, welche ausrufte: *A la fin, Dieu merci! voila mon maitre!* Ich sah mich um, und wer könnte es anders seyn, als mein ehrlicher La Fleur? Derjenige, welcher glaubt, er könne für etliche Livres die Woche einen Bedienten mit allen seinen Leibes- und Seelenkräften zu seinem Dienste erkaufen, und solchen übrigens betrachtet als ein Spanischrohr, worauf er sich beym Spaziergehn gestützt und hernach zu Hause in eine Ecke setzt, bis ers wieder braucht: der wird mich ohne alle Gnade auslachen, wenn er hört, daß mich diese Ausrufung und dieser Anblick, mit Freude, Schaam und Verwirrung überhäufte. . . . Er hatte die ganze Nacht nach mir aufgepaßt; da der Feuerlärm entsteht, läuft er dahin, und hilft recht treuherzig; läuft wieder zu Hause, aber sein Herr ist noch nicht heim gekommen: nun wird sein Herz recht schwer, ob mir auch ein Unglück begegnet sey, und sucht voller Angst allenthalben, bis er mich in tiefen Gedanken gegen den abgebrannten Häusern über stehend fand.

Seine Freude, die sich in seinen funkelnden Augen und in jeder Bewegung des Körpers zeigte, ließ mich schliessen, wie groß seine Besorgniß gewesen ... Im Hause hätte ich ihn umarmen können, auf der Gasse aber halte ich nichts vom Umarmen und Küssen; ich schlug ihn also auf die Schulter, und sagte: Guter La Fleur! dergleichen Unruh soll Er nicht wieder haben; und mein Herz, das gewiß durch meine Mienen sprach, sagte, daß ich seine unverstellte Zuneigung mit nichts bezahlen könnte, als mit herzlicher, väterlicher Freundschaft. ... Ich will mich nicht wieder in Gefahr setzen, La Fleur, so spät auszubleiben. Jetzo helf' Er mir aber, und such' Er zu erfahren, ob niemand hier herum etwas von Madame de L*** weis? Jemand, ich weis nicht wer? hat mir im Brande ein Juwelenkästchen in Verwahrung gegeben, worin ihr Bildniß ist, und jetzt kann ich nicht einmal das Haus wieder unterscheiden. Seh' Er zu! ... Ich komme zum Essen. ... Auch er hatte nichts von ihr gehört oder gesehen.

Ich gieng endlich in dieser Verlegenheit zu meiner Bekanntin, Mademoiselle Laborde; (so hieß das Frauenzimmer, das ich bisher nur das hübsche Kammermädchen bey der Madame de Rambouillet genannt habe.) Ich erzählte ihr den Zufall, und meine Unruhe, daß ich den Eigenthümer des Kästchens, und den Zustand des Urbildes von dem kleinen Miniaturgemälde nicht entdecken könnte.

Ich gerieth in eine nicht geringe Verwunderung, als sie mir sagte, daß die Dame, die ich nach ihrem Zimmer gebracht, sobald als sie sich ein wenig von ihrem

Schrecken und ihrer Bestürzung erholt, sich über den Verlust eines ähnlichen Kästchens sehr bekümmert bezeigt hätte.

DIE ENTWICKELUNG.

Die Dame hatte sich bereits nach den andern Zimmern bringen lassen, die man für sie besorgt hatte, und also blieb ich so lange in der Ungewißheit, bis ich jemand fand, der mich zu der neuen Wohnung dieser schönen Erschrockenen führen konnte, woselbst ich von dem liebenswürdigen Originale Nachricht zu erlangen hoffte.

Der Leser bildet sich vielleicht ein, daß er die Entwicklung dieser Geschichte schon im Voraus sieht, und daß eben die Dame, die ich aus dem Feuer gerettet, das Original selbst sey. Aber, um allen solchen falschen Schlüssen und Errathungen vorzubeugen, muß ich ihm hiermit sagen, daß seine Muthmassung irrig, grundlos und voreilig ist. Es herrschte freylich eine gewisse allgemeine Ähnlichkeit in ihren Zügen; an Länge und Wuchs aber waren sie sehr unterschieden.

Ich machte ihr meine Aufwartung mit dem Kästchen in der Hand, bey dessen Erblickung sie eine grosse Zufriedenheit äusserte; und nachdem sie mir, mehr herzlich als höflich, für den Beystand, den ich ihrer Person geleistet, und wodurch ich ihr wahrscheinlicher Weise, ihr Leben gerettet hätte, gedanket, erhielt ich davon die Nachricht, daß das Original von dem Gemälde ihre Schwester wäre, deren Gemahl man in einigen Tagen zu Paris erwartete; daß dieser ihr seine Kleider, dieses Juwelenkästchen und ein groß Theil Silbergeräth voraus geschickt habe; daß aber alles, diese Juwelen ausgenommen, unglücklicher Weise verloren seyn würde, weil sie bis jetzo weder davon, noch von ihren eignen Sachen und Möbeln die geringste Nachricht erhalten.

Ich bezeigte ihr hierüber mein Beyleid, indem ich zugleich meine Freude darüber zu erkennen gab, daß ich ein Werkzeug der Rettung zweener so unschätzbarer Gegenstände gewesen, ... ihrer selbst, und des Portraits ihrer liebenswürdigen Schwester.

Ich sagte ihr darauf, ich glaubte, ich hätte die Ehre gehabt, ihre Frau Schwester zu Calais zu sehen, und daß ich aus einer Unterredung, die wir mit einander gehabt, geschlossen, sie sey damals nicht vermählt gewesen. Worauf die Dame erwiederte, sie sey noch nicht über sechs Wochen verehligt, und ihr Gemahl käme nach Paris, um einen Proceß, der zwischen seinen und seiner jetzigen Frauen Verwandten obgewaltet, durch einen gütlichen Vergleich beyzulegen, weil diese Verheyrathung eine allgemeine Versöhnung der Partheyen zu Stande gebracht.

Diese Nachricht, ich gesteh es, war sehr demüthigend für mich, und ich hätte fast wünschen mögen, daß der Proceß noch im Gange, und Madame de L*** unverheyrathet gewesen wäre. ... Eine Überlegung von einem Augenblicke aber sagte mir, der Wunsch sey lieblos, und eines empfindsamen Herzens unwürdig. ... Fern also sey es von meiner Seele, meiner eignen Zufriedenheit wegen, den Widerwärtigkeiten eines andern eine längre Dauer zu wünschen! O! du Remisenthüre! ... Der Gedanke war immer wieder da; und da ich fand, daß sich eine gewisse Melancholie über das Gespräch zu verbreiten anfieng, nahm ich, fast ein wenig eilig, Abschied.

DIE FORTSETZUNG.

Wo kann eine mit Kummer erfüllte Brust Ruhe finden, wenn sie von der Liebe gequält wird? Ein verlassener Corydon hat nur ein Mittel; eine gütige, liebreichere Phyllis. Meine Schritte schienen mich aus einem blinden Triebe zu Mademoiselle Laborde zu leiten. Ich fand sie alleine, und in Thränen. Ach, sagt' ich, warum macht denn die Natur in ihren wetterläunischen Stunden, aus dem Mittelpuncte der Munterkeit und des Ergötzens, einen Auftritt des Jammers? . . . Wie widersprechend! . . . wie paradox! . . . Doch warum soll die Natur die Schuld tragen? Sie kann nicht irren.

Mademoiselle, (sagt' ich nach diesen Gedanken) es geschiehet ihnen vielleicht ein angenehmer Dienst damit, wenn man Sie um die Gewogenheit bittet, in ihrer Geschichte fortzufahren, welche bey meinem letztern Besuche durch die traurige Begebenheit so plötzlich unterbrochen wurde.

»Ja, mein Herr, sagte sie, es wird meiner Melancholie schmeicheln, der ich allein, auch mit der stärksten Rücksicht auf meine vergangene Widerwärtigkeiten, nicht Nahrung genug verschaffen kann; jetzt aber bin ich glücklich, da ich diese Gelegenheit habe, meiner Betrübniß Luft zu machen.«

»Als ich das erstemal ausgehen mußte, war es nach einem italiänischen Grafen, den man für eben so freygebig als prächtig hielt. Seinen Kammerdiener fand ich, daß er sich zwischen eilf und zwölf Uhr die Augen ausrieb, weil er nach seinem Herren aufgesessen, der die ganze Nacht nicht zu Hause gekommen war. Der Graf kam an die Thüre, als ich noch mit seinem Bedienten sprach; nachdem er ihm gesagt, ich wäre gekommen, ihm einige Manschetten zu bringen, ließ er mich die Treppen hinauf kommen. Ich war noch zu unschuldig, die Absicht eines solchen Kundmanns zu vermuthen, und gieng also hinauf, ohne einiges Arg daraus zu haben. Der Graf warf kaum einen Blick auf die Manschetten, als er mir mit einer Hand unter das Kinn und mit der andern unter das Halstuch fuhr: mich deuchte, er thäte mir hierdurch einen so großen Schimpf an, daß ich so böse ward, und ihn ins Gesicht schlug. »Ho, ho, Mamsellchen, sagt' er, Sie thut wol sehr breit! Ich muß Ihr wol bessere Mores lernen,« Er zog die Glocke, und sein Kammerdiener trat herein. »Nun, Jüngferchen, fuhr er fort, hat Sie die Wahl ... mit gutem oder die Volte.« ... Ich fiel auf meine Kniee und bat um Gnade; aber er war gegen alles mein Bitten taub. Der bübische Kammerdiener war nicht faul ... O, sparen Sie mir die Schaam der Erinnerung!«

Gerne, gerne, meine kleine Unglückliche! Welch ein Schurke! ... Mit Gewalt eine That zu thun, wozu er vielleicht durch Bitten Ihre Einwilligung ...

»Ganz gewiß niemals, mein Herr, sagte sie mit Thränen ... Ich hätte in meinem Leben nicht darein gewilligt.« ...

Das verändert freylich die Umstände gewaltig ... Aber er war gewiß freygebig ... Was für ein Geschenk macht' er Ihnen?

»Darauf wollte ich eben kommen. ... Nach dem zu urtheilen, was mir meine Lehrmeisterinn von ihm gesagt hatte, bildete ich mir ein, er könnte mir unmöglich weniger als ein hundert Louisd'ors anbieten, in Betracht der Schwierigkeit und meiner Gegenwehr. ... und ich darf bey meiner Ehre behaupten, ein vornehmer Engländer würde das für eine Bagatelle gehalten haben.« ...

Für eine geringe Bagatelle, ich versichre Sie; ich habe von einem meiner vornehmen Landsleute gehört, daß er funfzigmal so viel für eine dergleichen That bezahlt hat, wobey er nicht halb so viel Schwierigkeit gefunden, als der italiänische Graf bey Ihnen.

»Nun, sehen Sie wol? das dacht' ich auch; ... und weil sich doch geschehne Dinge nicht ändern lassen: so dachte ich, es wäre wol eben so gut, ich nähme den ...«

Sündenlohn.

»Ja, Sündenlohn, glaub' ich, nennen es einige, als daß ich mit leerer Hand weggienge.«

Geschlossen und gerechnet wie ein Thorschreiber!

»Also stund ich da, und wartete, und schluchzte ... und dachte alle Augenblicke, er würde mir einen solchen Schimpf mit einem erklecklichen Geschenke abwischen ... Als er mich endlich fragte, ob ich noch nicht verheyrathet wäre?«

Der Schimpf war zu arg, nach einer solchen Gewaltthätigkeit! ... Aber was antworteten Sie ihm?

»Ich sagt ihm, ich möchte einige kleine *égaremens de cœur* gehabt haben, aber von Ehestandsgeschäften hätte ich bis auf den heutigen Tag nichts gewußt.«

Das Verbrechen ist auf seiner Seite, nach dem Ausspruche aller Casuisten auf dieser Welt.

(Es ließ sich auf beyden Seiten vieles sagen, aber ich hielt damit an mich.)

Nun aber die Belohnung?

»Er sagte, ich sollte Morgen früh wieder kommen, und er wollte mir alle Manschetten abkaufen, die er brauchte ... und wollte mir was schenken.«

Giengen Sie hin?

»Ja pünktlich.«

Fürchteten Sie sich nicht? ...

»Was sollte ich fürchten? ... Ich dachte, er könnte es nicht ärger machen, als er schon gethan hatte: ... hierin aber irrte ich mich ... denn er war den Abend vorher ausgezogen mit samt dem Kammerdiener, und hatte in der Eile vergessen, seine Miethe zu bezahlen.«

Das ist ja erstaunlich!

»Ganz und gar nicht: ... Er war ein Spieler; und die Nacht vorher, als ich den Morgen bey ihm war, hatte er seinen letzten Heller in der Akademie verspielt.«

DIE AKADEMIE.

In der Akademie! was bey allem was wunderbar und gelehrt heißt, erlaubet man in dem Sitze der Wissenschaften, unter solch einer verfeinerten Nation, in einer solchen ordnungsvollen Hauptstadt, als Paris, woselbst kaum ein bekanntes Laster unbestraft bleibt: erlaubt man hier, sag' ich, ein so hohes Spiel, wodurch sich ein Mensch zu Grunde richten kann?

»*Je ne vous entends pas*!«

»Ich verstehe nicht, was Sie meynen,« sagte Mademoiselle Laborde.

Ni moi non plus, ce que vous voulez dire.

Ich gleichfalls nicht, was Sie sagen.

Sagten Sie nicht, der Graf habe sein Geld in der Akademie verloren?

»Ja, und was für eine Verwunderung kann das erregen? Werden daselbst nicht jeden Abend sehr grosse Summen verloren?«

Und erfährt denn das die Policey?

»Die Akademie steht unter ihrem unmittelbaren Schutze, das ist ganz ausgemacht.«

Und was sagen die Professores dazu?

»Die Spieler von Profession sind sehr wohl damit zufrieden: . . . zuweilen mags ihnen einmal unglücklich gehen, wenn sie jemanden antreffen, der seine Sache eben so gut versteht, als sie selbst; das begiebt sich aber so selten, daß sich ganz Paris über die plötzliche Verschwindung des Grafen gewundert hat.«

Ich bitte Sie, erklären Sie mir doch ein wenig deutlicher, was es mit dieser Akademie für eine Bewandtniß hat, denn ich glaube, wir verstehen uns hierüber nicht völlig . . . . unter einer Akademie versteh ich, einen Sitz der Musen, einen Garten der Wissenschaften und einen Weinberg der Gelehrsamkeit.

»Nein, es ist weder ein Sitz, noch ein Garten, noch ein Weinberg, sondern ein Spielhaus, das der Magistrat frey gegeben hat, woselbst die Spieler ungestraft betrügen können, wenn sie es nur mit Geschicklichkeit anfangen, und wo die Leichtgläubigen und Unvorsichtigen, ohne Gnade und Hülfe, ihr ganzes Vermögen verlieren können.«

Welch ein schändlicher Misbrauch der Namen!

»Gar nicht; *c'est l'Academie des Grecs*. . . . Es ist die Akademie der Spieler.«

Wenn falsch Spielen eine privilegirte Wissenschaft ist, so gesteh ich, paßt sich der Titel recht gut; . . . da es aber eine von den schwarzen Künsten ist, welche ich niemals studiren werde: so bitte ich, dieses Seminarium dahin gestellt seyn zu lassen, damit Sie in Ihrer Erzählung fortfahren können.

DIE ERZÄHLUNG.

Als meine Lehrmeisterin fand, daß sie von dem Grafen um die Manschetten betrogen worden, gerieth sie in einen heftigen Eifer gegen alle fremde Edelleute, die Englischen ausgenommen, von welchen sie gestund, daß sie freygebig, ehrlich und gerecht wären. »Gut, sagte sie, Sie sollen morgen zum Lord Spindle gehn; er bezahlt wie ein Prinz.« Ein Strom von Thränen verhinderte mich, ihr sogleich zu antworten: als ich mich aber wieder erholt hatte, sagte ich ihr, daß ich mein Unglück vorher sähe; daß ich schon Gewaltthätigkeit erlitten hätte.

»*J'en suis ravie*,« sagte sie.

»Aber um nichts und wieder nichts« sagt' ich.

»*C'est domage*.«

»Und vielleicht finde ich meine verlorne Ehre nicht wieder, so lange ich lebe.«

»Hierüber fieng sie herzlich an zu lachen, und sagte, die Ehre eines Frauenzimmers wäre allezeit nach dem Verhältnisse der Anzal der Eroberungen, die sie gemacht, und der Anzahl der Galans, die sie bey der Nase geführt, gesichert genug; sie für ihr Theil, habe das ganze männliche Geschlecht als ihre Beute, und das Vermögen desselben als ihr Eigenthum betrachtet; und daß, wenn ihr auch einige aus den Händen entschlupft, sie sich an denen reichlich erholt hätte, die in ihre Gewalt gefallen wären; daß in diesem Stücke, wie in allen übrigen Arten des Handels, die guten Bezahler, die bösen Schuldner übertragen müßten; und daß, wenn ich an dem Grafen einen Bankerot erlitten hätte, der Lord Spindle mir meinen Verlust ohne Zweifel sehr reichlich ersetzen würde, weil die Umstände meines erlittenen Unglücks völlig zu meinem Vortheile wären.«

CANTHARIDEN.

Dieses war ein Plan, davon ich nichts begriff. Es war eine funkel nagel neue Art zu schliessen, welche der gesunden Vernunft zu widersprechen schien.«

»Ich sehe, fuhr sie fort, Sie verstehen mich nicht; kommen Sie aber nur in mein Putzzimmer, da will ich Ihnen, indessen daß ich ein wenig Carmin aufsetze, das Geheimniß erklären.«

»Sie müssen wissen, mein Kind« sagte sie, als wir die Treppen hinauf giengen, »daß Lord Spindle schon seit einiger Zeit Canthariden genommen hat; und daß solche jetzt gar keine Wirkung mehr thun wollen. Nun, sehen Sie, sagte sie, ihr gehabtes Unglück erleichtert. . . .«

Ich sage, wenn Sie dies Unglück nicht erlebt hätten, was würde daraus erfolget seyn?... Wahrscheinlicher Weise würden Sie sich noch in einem vestalischen Zustande befinden. ... Ich sage blos deswegen *wahrscheinlicher Weise*, weil ich eben nicht wünsche, alle Geheimnisse eines jungen Frauenzimmers zu wissen; und dann, in Betracht, daß Lord Spindle gänzlich an Kräften erschöpft ist, wäre es ihm nicht möglich gewesen, wie Alexander den gordischen Knoten, den Knoten des Gürtels zu zerhauen; oder auch ... (hier ward sie durch die Dazukunft des Aufwartmädchens unterbrochen, welchem dieser Theil ihres Nachttisches ein tiefes Geheimniß war) ... da aber die Sachen so gelegentlich gekommen sind, so ist nach aller Vermuthung Ihr Glück gemacht, wenn er nicht noch vorher stirbt, ehe er ... (von neuem unterbrochen) für Ihren Unterhalt gesorget hat.«

»Durch ein *Codicill*, meynen Sie gewiß?« sagt' ich.

»So meyn' ich.«

WIEDER HINUNTER.

Als sie mir diese Geheimnisse unter vier Augen anvertrauet hatte, und die *rothe* mit ein wenig *weisser* Schminke (das ist aber ein grösser Geheimniß, als alles übrige, und ich hätte es nicht ausbringen sollen) gehörig angebracht war, giengen wir wieder hinunter ins Vorzimmer.«

»Das Steigen und Fallen im menschlichen Leben, sagte sie mir im Hinuntergehen, wäre bey unsrer Profeßion so häufig, daß ein kluges Frauenzimmer die größte Aufmerksamkeit darauf verwenden sollte; daß sie aber hoffte, wenn mir's mit dem Lord Spindle nicht misglückte, ich mit sehr wenigem mein Glück gemacht haben würde.«

DAS *BON MOT*.

Eine Französin, von was für Stande sie auch seyn mag, wird schwerlich eine Gelegenheit vorbey lassen, wo sie ein *double entendre* anbringen kann; und als sich hier, so gleichsam von selbst eine anbot, so war's gar nicht zu verwundern, daß sie ihren Witz fliessen ließ.

Ein *Bon Mot* ist wörtlich übersetzt, ein *gut* Wort. Wir pflegen zu sagen: *ein gut Wort findet immer eine gute Stelle;* ob dieses bey uns allemal zutrifft, weis ich nicht; bey den französischen Damen fehlt es aber fast niemals.... Man hat mir von einer Figurantin bey der Opera comique erzählt, daß sie vier Eroberungen gemacht habe, mit einem einzigen *mon* *** ... Sie verlor dabey einen Stern durch den Ausdruck, das ist wahr; aber vier Sterne waren der Gegenstand, und jeder ein Ritter vom Heiligengeistorden.

Ich könnte einen ganzen Band von der Schande voll schreiben, welche sich Ritter von solch einem Orden zuziehen, wenn sie sich zu Rittern einer Figurantin aufwerfen, die eine eben so grosse **** ist, als jemals eine auf zween Füssen getanzt hat.

Aber es ist unter mir, auf Ritter neidisch zu seyn, ... wären es auch Ritter von den zwey rothen und zwey schwarzen Königen ... auch nicht auf Frauenzimmer, sie mögen leben, wovon sie wollen.

LORD SPINDLE.

Wer kennt nicht den Lord Spindle? Sollte aber ein Leser seyn, dem er unbekannt wäre, dem will ich eine kurze, ganz kurze Geschichte davon machen.

Seine Lordschaft stammte von einer alten Familie, die in dem nördlichen Theile von England, grosse Güter besaß. Von seinem Oncle, der ohne Kinder starb, erbte er noch in seiner Minderjährigkeit, als er das ein und zwanzigste Jahr erreicht, den Titel und das Vermögen. Er war schon drey Jahre vorher sein eigner Herr, und unter keiner andern Aufsicht, als der Aufsicht eines Hofmeisters, der ihn auf seinen Reisen durch Europa begleitete; der aber, anstatt irgend eine von seinen bösen oder unordentlichen Neigungen zu beugen, solche beständig stärkte; weil er dabey Gelegenheit hatte, seinem eignen, natürlichen Hange zur Liederlichkeit zu folgen; und über dem allen noch seine Rechnung dabey fand, diese Unordnungen gut zu heissen, weil er nicht allein allen übermäßigen Profit beym Einkauf mit den Verkäufern theilte, sondern sich sogar von dem, was seiner Lordschaft die Maitressen abzwackten, reichlich zehnten ließ.

Eine solche Erziehung konnte nicht fehlen, alle Früchte der Zügellosigkeit und Schwelgerey hervor zu bringen. Als Se. Lordschaft mündig ward, fand er, daß er sich in ein hunderttausend Pfund Schulden hinein gearbeitet hatte, und der erste Schritt, den er zu thun sich gemüßigt sahe, war, seine Güter für eine ähnliche Summe zu verpfänden.

Sein Hofmeister, der nunmehro in seinen Korkzieher verwandelt, und aus seinem Führer sein Spührer geworden war, gab ihm den Rath, sich zu vermählen, und dadurch die Scharte wieder auszuwetzen, die er seinen

Glücksumständen versetzt hatte. Die Gelegenheit fand sich bald: die Mäckler trieben eine reiche bürgerliche Erbin auf, welche gegen einen Titel und eine adeliche Verwandtschaft barattirt wurde. Eines Ostindischen Actienhändlers Tochter, mit zweymal hunderttausend Pfund, hatte hinlängliche Reizungen für Lord Spindle. Der Kauf wurde geschlossen, die Police unterzeichnet, und die Ablieferung geschah in weniger als drey Monaten.

Se. Lordschaft hatte bald darauf Veranlassung einzusehen, daß es sein Vermögen nicht allein gewesen, das durch seine Schwelgereyen gelitten, sondern daß seine Gesundheit, verhältnißmäßig, noch mehr dabey zu kurz gekommen. Mit einem Worte, seine Ärzte riethen ihm, als das einzige Mittel, das ihm noch wieder helfen könnte, eine Reise nach Montpellier zu thun.

Dürfen wir noch wol fragen, wie es mit Lady Spindle gieng? Sie kehrte um zweymal hundert tausend Pfund schlechter am Beutel, und vielleicht um eben so viel Millionen an der Gesundheit, nach ihres Vaters Hause zurück. Es kam bald darauf zur Ehescheidung, . . . und Se. Lordschaft genas ... doch gieng es nicht ohne einige scharfe chirurgische Operationen ab, welche ihn lebenslang mit Schmerzen an die gutwilligen Schwestern Italiens erinnerten.

Sein ehrlicher Hofmeister blieb sein treuer Begleiter, und tröstete ihn mit alle der Beredsamkeit, auf die er sich besinnen konnte. Er hatte, so wenig er's auch vorher geglaubt haben mochte, das System von der Prädestination angenommen, weil er fand, daß sich seine jetzigen Lehrsätze darin am besten fügten. Er bewies Sr. Lordschaft, daß jedermann geboren sey, eine gewisse Anzahl Trübsale zu haben, so gut als jede Frau eine gewisse Anzahl Kinder; also, je eher man solche bekommen, je besser sey es.

Man konnte dem Lord Spindle eben keiner gar zu

grossen Verstandstiefe, oder einer List und Schlauigkeit, das Lahme in einer Schlußfolge zu entdecken, beschuldigen. ... Ein bißchen Sophisterey konnte man bey ihm für baare Logik anbringen, und wenn er solche von seinem Hofmeister mit einem dogmatischen Tone vortragen hörte, so ließ er sichs nicht einfallen, die Richtigkeit eines Vordersatzes zu leugnen; dergestalt, daß der folgende Syllogismus Se. Lordschaft dahin brachte, alle seine Liederlichkeiten, in die Länge und Breite, so weit sein Vermögen reichte, wieder vorzunehmen.

Major.

Jeder Mann ist geboren, seine gewisse Anzahl Trübsale zu bekommen;

Minor.

Ew. Lordschaft haben schon mehr gehabt, als irgend ein Mann von Dero Alter:

Ergo.

Haben Sie desto weniger zu erwarten.

Wenn ein Mann erst nach Syllogismen sündigt, so ist's kein Wunder, wenn ihm die Peccadillo's süß und leicht sind! Sr. Lordschaft Willen in Gang zu bringen, dazu brauchte es nicht so vieler Sophisterey; es gehörten aber viele Reizungen dazu, ihn in den Stand zu setzen, seine Begierden zu erfüllen.

Pedagogus (denn so will ich diesen Spührführer nennen) hatte von den meisten Wissenschaften ein wenig oben weggeschöpft; und da er in seiner Jugend ungefähr eben so ausgelassen gelebt, als sein ehemaliger Untergebner und jetziger Herr: so hatte er sich aus Sparsamkeit ein wenig auf die Medicin gelegt, wenigstens auf den Theil, den man nach der Mutter des Liebesgottes zu benennen pflegt. Er wußte aus eigner Erfahrung, wie man das unangenehme Gefolge, welches gewöhnlich diejenigen begleitet, die der cyprischen Göttin opfern, einladet, oder entfernet. Er war nunmehro hierüber Se. Lordschaft Ceremonienmeister, so wie er vor dem sein eigner gewesen, und vielleicht bis auf diese Stunde noch mit dabey war.

DER RATHMANN UND DIE SCHILDKRÖTE.

Der sinnliche Wollüstling überlegt oft nicht, wie sehr die Sättigung seines erkünstelten Hungers seiner Gesundheit schaden kann; und ein Aldermann, der seine drey Pfund Callipash und Callipee (*) zu Magen bringt, denkt selten an die schädliche Wirkung der sechs Unzen von cayennischem Pfeffer, die zu der Dosis verbraucht worden. Indessen hat doch auch das *Nostrum* einst einen Rathmann von ein Paar Hörnern gerettet, und hat sonach seine Tugenden.

Herr Skate war seit zehn Jahren verheyrathet, ... war ein Mann von Geschäften ... verstund seinen Handel, ... und wenn man an der Börse nach ihm fragte, war stets die Antwort: *Der Mann ist gut.* Madame Skate war nicht völlig dieser Meynung. Sie brachte ihm fünftausend Pfund zu, (welche er freylich schon bis auf dreßyig verbessert hatte) und glaubte also ein Recht auf gewisse Attentions zu haben. Herr Skate, als ein erwerbsamer Mann, gieng fleißig zu seinen Kränzchens, legte sich spät nieder, und stund früh wieder auf. ... »*Weniger Geld und mehr Liebe*« pflegte Madame Skate täglich zu sagen: »Warte nur, mein Schatz, bis ich meinen Avanz auf fünf Nullen hinter einer Zahl gebracht habe, so will ich den Handel angeben, und nichts anders vornehmen, als dich lieb haben« ... *Ey, ja, das ist gut genug*, war wol ihre Antwort, *aber dann sind Sie wol schon zu alt, Herr Skate,*

(*) Der Zusammenhang zeigt, daß dieses zwey vorzügliche Gerichte von den vielen seyn müssen, welche die Engländer aus einer Schildkröte zu machen wissen. Sollte ein Schmauser unter den deutschen Lesern seyn, der sich mit seinen Gedanken nicht bis zu einer Schildkröte schwingen könnte: der mag sich mit einem Schweser Ragout mit Hahnenkämmen behelfen. Anmerkung des Übers.

und wozu nützt der Reichthum, noch irgend sonst ein Ding in der Welt, wenn mans nicht brauchen kann? Für die Frau eines Kauf- und Rathmanns war diese Logik gut genug, und wol so gut, als Pedagogus seine.

So ungefähr stunden die Sachen in dieser Familie, deren Geschäfte und Pflichten, Herr Skate sehr treulich alle, bis auf eine, ausrichtete und erfüllete ... als Madame Skate, nachdem sie den Doktor über einige Zweifel wegen des Eheknickens zu Rathe gezogen, ihn auf den andern Morgen um zehn Uhr, wenn Herr Skate nach dem Zollen gegangen wäre, zu sich bestellet hatte, um den Doktor zu überzeugen, daß er sie überzeugt habe. Zum grossen Glück aber, für Herrn Skates Ehre, und zum noch grössern Glück, für Madame Skates Tugend, war Herr Skate den Tag auf einem Schildkröten Gastgebot in des Königs Wappen.

DIE FOLGE.

Die Folge ist für jeden ehrlichen Mann, der seine Geschäfte, zuweilen Gelegenheit zu einem Gastmale, (es sey nun auf Schildkröten, Austern, Artischocken, Schweser oder auch nur auf gefüllte Sellerieköpfe,) und eine Frau hat, die keine Herrnhuterin ist, und doch mit Gewissensscrupeln geplagt wird, so wichtig, daß ich solche nur gerne besonders betrachten muß.

Herr Skate war auf einem Schildkröten Gastgebot in des Königs Wappen.

Diese Worte sollen mir zu einer sehr moralischen und praktischen Betrachtung Anlaß geben.

»Es ist bekannt, meine hochzuehrende Anwesende, daß das Schildkröten Fleisch ein herrliches Leckerbißlein sey; welches zugleich die gar vortrefliche Eigenschaft und Tugend hat, daß es, wenn es mit cayennischem Pfeffer und nahrhaften Brühen erhöht, versetzt und zubereitet worden, die kälteste Constitution erwärmen und stärken kann. Wenn wir dabey zugleich nicht unbemerkt lassen, meine hochzuehrende Herren und Gönner, wie wenige von ihnen, mit ein, zwey oder drey Glas altem oder feinem Wein in Feindschaft leben, und . . . wie sehr ein der Gestalt gewürztes Gericht dem Tischweine Geschmack giebt: so ist es keinesweges etwas, worüber sich jemand zu verwundern hat, daß von einem solchen Mahle die Gäste sehr guter Dinge zu Hause gehen.«

»Das war eben der Fall mit dem Herrn Skate: . . . Er hatte vergessen, daß das Banko den Tag um ein Achtel gestiegen, und daß er gestern einen starken Posten verkauft: er hatte vergessen, daß er aus dem Zeitungs-Comtoir eine geheime Nachricht erhalten, die er sich erst zu Nutze machen könnte, ehe sie öffentlich bekannt würde: er hatte sogar die Nachricht vergessen, daß ein Schiff verloren gegangen, auf welches er funfzehnhundert Pfund gezeichnet hatte. Die Schildkröte, der cayennische Pfeffer, der gute Tisch und feine Wein wirkten so mächtig, daß sein Herz sich ausdehnte, sein Gemüth fröhlich ward, und ihm nichts im Sinne lag, als Madame Skate.«

»Madame Skate begann um zwey Uhr des Morgens zu bereuen, daß sie den Doktor zu sich bestellt hätte. ... Hätte doch der gute Skate erst seine fünf Nullen hinter der Zahl in seinem Avanz; ich hasse das Ehebrechen, und wollte an kein Eheknicken, ja nicht einmal an das Ehebeugen denken!«

»Die Glocke Zehn kam herbey, und mit ihr der Doktor. ... Himmel, lieber Mann! Sie schlafen ja lange: ... Wissen Sie, was die Glocke ist? Schon Zehn; in Wahrheit!«

»Hiermit schlief sie wieder ein, ... träumte aber vom Doktor; ... Seine weiße Hand kam ihr immer vor; wie sanft! ... und sein eignes krauses Haar, wie es ihm allerliebst zustund! ...

»Was gehet's mich an? ... Noch ein Glas aus ihrer Bouteille, Herr Allspice, es ist ein excellenter Wein. ...«

»Hoho! was ist das? ... Er träumt. Ich muß ihn nur wecken, sonst schläft er, wer weis, wie lange?«

»Warum weckt mich mein Schatz? ... Mir träumte ich hätte fünf Nullen hinter einer Zahl in meinem Avanz, und war so glücklich als ein Prinz.«

Herr Skate stund auf, kleidete sich aber nicht an; ... Er legte sich wieder auf seine Seite, und schlief bis Mittag. ...

Der Doktor ärgerte sich über die Nase, die man ihm seiner Meynung nach angedrehet hatte: und wenn Herr Skate zu einem Schildkröten Gastgebot eingeladen wird, so streichelt ihn Madame Skate über die Wangen, und sagt: Sie müssen ja hingehen, mein Engel!

DER HOFMEISTER.

Sie wird schon sorgen, daß er nicht wegbleibt; wenn ich aber nicht sorge, daß wir bald wieder zu unserm Pedagogus kommen: so können sie, da wir ohngefähr wissen, wie er und sein Lord, so allen Fleisses zu Werke gehen, uns durch die Finger schlupfen, und in die Elisäischen Felder fallen, ehe wir mit ihnen fertig sind.

Mich deucht, ich sagte zuletzt von ihm, daß er seines Herrn Ceremonienmeister war, und seinen Herrn reizte, Besuche zu wünschen, und gerieth dadurch auf den Schluß: daß der sinnliche Wollüstling selten überlegte, wie sehr die Sättigung seines erkünstelten Hungers seiner Gesundheit schaden könne.

Wenn man bedenkt, was Pedagogus, als Korkzieher des Lord Spindle, für ein weiches Polsterleben führte, und, welches freylich wol eher hätte angemerkt werden sollen; daß er auf niemand in der Welt sonst rechnen konnte: so sollte es einem fast ein wenig wunderbar vorkommen, wie er Systeme anbohren, Lehrsätze ausstreuen und Recepte verschreiben konnte, die dem zarten Gewebe des Körpers Sr. Lordschaft so höchst schädlich waren; worauf ich aber *in eilf* Worten antworte:

»Sein Herr hatte ihm in seinem Testamente drey tausend Pfund vermachet.«

Ich bin desto sorgfältiger, die genaue Zahl der Worte, welche drey tausend Pfund werth sind, anzuzeigen, weil, leider! die grössesten Kunstrichter sehr geneigt sind, über solche wichtige und wesentliche Genauigkeiten hinzusehen; Ja, so gar ein Reviewer hat wol ehedem gesagt, *mit einem Worte*, und hat ein *Schock* hingeschrieben. Der Aufmerksamkeit eines Scholiasten sollte nichts von dem entwischen, *was für die Kritik gehöret.*

BESCHLUSS DER GESCHICHTE.

Der leibhafte Lord Spindle, ich kann Sie versichern.« ... »*Ich dachte ich kennte meinen Mann; ... Aber, ich bitte, fahren Sie fort.*«

»In seiner Lordschaft Hause empfieng mich der Pedagogus, welcher mich bey der Hand nahm, solche sehr sanft drückte, mich dabey schmachtend ansahe, und sagte: Ich weis nicht, ob Mylord heute im Stande seyn möchte, Sie zu sprechen. ... Sollte er heute nichts von ihrer Waare brauchen, so will ich ihnen alles abkaufen, was Sie bey sich haben.

Ich sagte, es thäte mir leid zu hören, daß Mylord sich nicht wohl befände, und wenn er heute nicht zu sprechen wäre, wollte ich ein andermal wieder kommen.

»Nein, mein schönes Kind, sagt' er, sprechen kann er Sie, aber ...«

Se. Lordschaft schellete für Chocolate, die er im Bette nahm; und als ihm gesagt wurde, daß ich da sey, ließ er mich hinein kommen. ... So, wie er den Vorhang zurück zog, bekam ich eine äusserst abgezehrte Gestalt zu sehen, die sich besser zu einem Liebhaber für die Königin Dido zu schicken schien, als für eine Pariser Putzkrämerin. Dem ungeachtet sagte er mir allerley artige Sachen vor, ... kaufte mein kleines Magazin auf einmal, ... und sagte, er möchte mich selbst kaufen, wenn sein Vermögen so weit reichte. Worauf er seine Börse aus den Taschen seiner Beinkleider hervor suchte, mir solche in die Hand drückte, und ...

... Ich will nur noch soviel hinzusetzen, daß ich noch eben so geschickt war, das heilige Feuer der Göttin Vesta zu unterhalten, da ich Se. Lordschaft verließ, als da ich hinein gieng.

»Er bat mich, ich möchte in drey Tagen wieder vorsprechen, . . . aber da war er schon gestorben. Nun erklärte mir Pedagogus seine Liebe in aller Form; miethete für mich diese Zimmer, und gab mir eine anständige Unterhaltung, biß auf die letzt verfloßnen zehn Tage. Man hat ihn im Verdacht, daß er dem Lord Spindle Gift gegeben, und sitzt im *Bicêtre*.

Da er nicht mehr für mich sorgen konnte, mußte ich meine Zuflucht zu andern Mitteln nehmen, die ich hier nicht zu nennen brauche, und die meinen Namen auf die Liste des Herrn Commissairs gebracht haben.

MORAL.

Der Leser erwartete ohne Zweifel, eine lahme abgedroschne Geschichte, so bald er von dem Wimmern des Kammermädchens hörte. ... Ich hoffe, er hat sich nicht unangenehm betrogen gefunden; wo nicht? so mag er Romane genug finden, die nach seinem Geschmacke seyn werden. Liefert ihm England und Frankreich nicht genug: so kanns ihm bey den Deutschen nicht fehlen, seit dem ein neuer Donquichot unter dieser Nation aufgestanden, der sein Vaterland (und warum nicht auch andere Länder? wenn nur die Colliers (*) ihre rechte Pflicht erst kennen lernen) mit noch mancher eben so schönen Dulcinea beschenken wird, als seine *Miss Judith Mayor*, und seine *Miss Philippine Damiens* (**) sind. Fast hätte ich Lust, eine Stelle aus diesem *German Author* zu übersetzen, und meinen Lesern Gelegenheit zu einer Schadloshaltung für die hier verlorne Zeit zu geben; aber ... Man muß sie zwar nicht mit tiefen Erdbohrern suchen dürfen: wenn aber die Moral einer Geschichte, so mit hinein komponirt ist, als etwa die Waldhörner zu einer *Sym-*

(*) Berühmter Englischer Übersetzer des Massias von Klopstock. Yorick scheint hier sagen zu wollen, daß Herr *Collier* mehr Beruf habe, einen deutschen Roman, als das deutsche epische Gedicht zu übersetzen. ... Ich kann nicht umhin, meinen Unwillen einmal bey dieser Gelegenheit öffentlich darüber zu bezeigen, daß man uns Übersetzern die uns gebührende Ehre nicht erzeiget, und ein jeder glaubt, er dürfe uns gleich anzapfen, so bald er nur ein Genie ist. Anmerkung des Übers.

(**) Ich bin mit dieser Stelle meines Verfassers nicht allerdings zu frieden. ... Es ist vergeblich, den Verfasser der beyden hier angeführten rührenden Geschichten mit irgend einem andern, geschweige denn mit Cervantes zu vergleichen. Er ist der einzige in seiner Art, man möchte denn behaupten wollen, daß die Geschichte von der Insel Felsenburg und die Werke des erhabenen Italiäners *Chiari* eine gewisse Vergleichung mit den seinigen aushalten könnten. Anmerkung des Übers.

phonie; so hört man sie zwar mit, aber auch nichts mehr ... Nehmt aber ein Stück, *Allegro, Adagio* oder *Presto,* gleichviel was? worin der Komponist auf die Flöten oder Oboen nicht gedacht zu haben scheint, nun aber treten auf einmal ein paar von diesen Instrumenten auf, tragen in einigen wenigen Takten einen Gedanken reizend vor, der aus dem *Hauptinhalte* des Stücks fließt.... Wer hätte das gedacht!... Es fließt doch aber daraus. ... Ihr werdet keinen Tackt aus diesem Stücke trällern, oder der kleine Satz der Oboen oder Flöten wird euch einfallen.... Oder ... weil vielleicht einige von meinen Lesern noch weniger von der Musik verstehn, als der Graf *de B**** ... wenn der ehrwürdige Pater in seiner Fastenpredigt, über Malchus abgehauenes Ohr sagt: *Nun hätte ich euch, meine Leser, zwar gründlich erbauet; aber merkt darauf und hört mich, nun will ich euch auch rühren,* so sind alle Zuhörer so neubegierig darauf, wie er das anfangen wird, bis er Amen! sagt. ... Herr Walther Shandy, von dem ich schon im ersten Bande dieser meiner empfindsamen Reise gesagt habe, *daß er über alles seine eigne Meynung für sich hatte;* war durch eine ganz besondere Veranlassung ... ich thue wohl eben so gut, daß ich solche in ein paar Worten erzähle: ... »Sein jüngster Sohn hatte bey seiner Geburt Schaden an einem wesentlichen Gliede ... der Nase ... erlitten; neun Monat vor der Geburt hatte schon ein Unfall dieses Kindes Gemüths- und Seelen-Kräften gedroht; bey der Taufe, worinn es mit dem glücklichen Namen *Trismegistus* benennt werden sollte, empfieng es von meinem Diacono durch ein seltsamens Mißverständniß den Namen *Tristram,* den sein Vater für völlig unglücklich hielt.« ... Von allen diesen unglücklichen Zufällen die Wirkung zu hindern, fand Herr Walther Shandy kein beßres Mittel, als wenn er seine ganze Zeit, sein ganzes Wissen und Bemühen auf die Erziehung seines Tristrams ... selten sprach er den Namen aus, ohne mit dem Fusse auf der Erde hin zu fahren, als ob er da geschrieben stünde, und er ihn auslöschen wollte . . . verwendete. Er las zu dem Ende den *Prignitz*, den *Schroederus*, den *Andreas Pareus*, *Hafen Slawkenbergius*, kaufte um vieles Geld einen raren *Bruscambille* und viele andere. Endlich kam er zu dem Schlusse: »Die beste Cyropädie ist die Geschichte, so wie das beste Kleidungsstück gegen den Regen, ein Mantel. Ist der Mantel aber zu kurz, so bedeckt er nicht den ganzen Körper, ist er gar zu lang . . . Mein Sohn wird, leider nach aller Vermuthung nicht aus meinem Mantel wachsen . . .« Er schrieb also seine eigne Geschichte, zur *Warnung* sowol als *Nachfolge* für seinen Tristram und für niemand anders. Die Hefte davon, die sein Sohn, seines zarten Alters halber, noch nicht lesen konnte, gab er mir Lebens und Sterbens halber in Verwahrung, daß ich den besten Gebrauch davon machen sollte. Jetzt kann ich, leider! Gebrauch davon machen, und glaube seinem Willen gemäß zu handeln, wenn ich ein paar Capitel *zur Warnung* hiermit abdrucken lasse. Ich erinnere also meine künftige Scholiasten, hier von † bis †† nicht für meine eigne Arbeit, sondern für das, was es ist, für ein Fragment aus Herrn Walther Shandys Cyropädie zu halten.

Quodlibet von Christian Gottlob Winterschmidt (Nürnberg 1755 – nach 1809). Radierung von 2 Platten in Schwarz und Rötel, Feder, Gouache und Aquarell, zwischen 1775 und 1780.

† *VENDREDI SAINT.*

STILLER FREYTAG.

Obgleich kein Mensch die Ceremonien einer Religion mehr in Ehren halten kann, als ich, und ob ich gleich, wenn mir auch zu der Zeit, da ich noch nach der Levante handelte, der reichste Armenianer in Constantinopel dafür meine ganze Ladung um doppelten Preis abnehmen wollen, keine Satyre, nicht einmal über einen Gebrauch in der türkischen Religion, sagen mögen: so giebt es doch gewisse Dinge, die mit ihren Verbrämungen von Goldpapier so sehr ins Lächerliche fallen, daß man fast ein steinerner Heraklitus seyn müßte, wenn man nicht einem paar Muskeln Raum geben wollte, sich zum Lächeln zu ziehen, indem man solche sieht oder hört. Ich habe nichts gegen das Beugen und Knieen, wenn die Monstranz in feyerlicher Proceßion herum getragen wird, und will bey einer solchen Gelegenheit lieber ein paar Schmutzflecken auf ein paar neuen Beinkleidern haben, als Ärgerniß geben wollen. Ich habe nichts gegen das Klingeln mit der kleinen Glocke, noch gegen das Brustschlagen, indem es geschiehet, einzuwenden; und meinetwegen mögen die Einwohner in Paris gerne durch die Bank ihren *petit écu* bezahlen, um am stillen Freytage vor einem hölzernen Kreuze zu knieen, und es zu küssen: aber ich kann nicht ernsthaft bleiben, wenn ich höre, daß eine öffentliche *Fille de joye* es für eine so verdammliche Sünde hält, an diesem Tage einen Flügel von einem Capaun zu essen, wovon sie kein Priester, er sey von was für einem Orden in der Welt er wolle, kein Cardinals-Conclave, ja der Pabst selbst nicht absolviren könnte, und doch keine sechs Livres ausschlägt, um dafür ihre Profession in ihrer völligen Ausdehnung zu exerciren.

Als ich Anno 1689 in Paris war, besuchte ich am stillen Freytage eine gewisse Mlle. Gillet. Ich kam von Versailles, war ziemlich müde, und eben etwas kränklich: da ich also ohne einige Erfrischung nicht gut nach meinem Quartier reichen konnte, bat ich sie, nach dem Traiteur zu schicken, und ein gebratenes Huhn mit Sallat holen zu lassen.

FRÖSCHE IN EINER NEUEN CLASSE.

Was, Mr. Shandy, sie wollen an einem stillen Freytage Fleisch essen?« Es möchte meinetwegen Fisch seyn, wenn er nur guten hätte; Aber Karpfen und Schleye habe ich diese Fasten schon bis zum Ekel gegessen, und ihr Stockfisch ist nicht um ein Haar besser, als die schwarze Brühe der Locedämonier.

»Es giebt ja aber noch andere Art Fische; was sagen Sie zu Aal oder Fröschen?«

Frösche? ha! ha! ha! Nehmen Sie nicht übel, daß ich lachen muß, Mlle. Gillet. . . . Es ist das erstemal, daß ichs höre, daß man Frösche mit unter die Fische rechnet.

»Wie? Frösche sind in der That gute Fische, und sind erlaubt.«

Mögen sie doch! ich würde es aber für eine sehr schwere Busse halten, wenn man sie mir zu essen auflegte, wenn sie auch zum wilden Geflügel gerechnet würden. »Ein Froschtractement ist für einen Engländer das allerstrengste Fasten.«

DAS ENGE GEWISSEN.

Der Traiteur wurde gerufen; er sagte mir aber, er könnte mir heute unmöglich Fleischspeisen schikken, es sey denn, daß ich einen Attest von einem Doktor hätte, daß ich mich nicht wohl befände.

Sehn Sie mir doch nur ins Gesicht! ... Ist meine Farbe noch nicht Attests genug? ... Überdem habe ich hier einen Erlaubnißschein von einem Doctor der Sorbonne.

Der Traiteur verstund kein Latein, glaubte aber, es wäre schon richtig, weil es schlecht und unleserlich geschrieben war.

Das Essen ward gebracht. Mademoiselle, hätte aber um alles in der Welt keinen Bissen davon angerührt. Sie erwartete den Nachmittag einen Besuch von ihrem Beichtvater, um sie auf ihre Ostern zu bereiten; und er würde ihr gewiß die Absolution versagen, falls sie an einem so wichtigen Tage ihre Fasten bräche.

Sagen Sie mir doch, Mademoiselle, ich bitte Sie, beichten Sie ihrem Beichtvater alles?

»Alles, ohne Ausnahme, Monsieur.«

Und was würde er sagen, wenn eben ein guter Kundmann einspräche? ... Sie würden ihn doch nicht wegweisen?

»*Non certainement: c'est là une autre affaire.*«

Der Burgunder, mein Sohn, erwärmt die Lebensgeister, zumal wenn man sich auf eine gute Mahlzeit ein wenig Bewegung macht. Diese beyden Ursachen kamen zusammen, und thaten ihre natürliche Wirkung; ... und da der Casus hier eine *autre affaire* war, ... Ich will dir es gestehen, du wirst klug genug seyn, wenn du dieses liesest, einzusehen, daß dein Vater nicht in allen Stücken dein völliges Muster seyn kann. ... Ich war leichtsinnig genug, zu glauben, ich hätte nicht nöthig, ein engeres Gewissen zu haben, als Mademoiselle. Ich will dir vorrechnen, wie der Fall stund:

	Grade.		Grade.
Religion	6	Fleisch	7
Vernunft	$4^{1}/_{2}$	Begierde	16
Gefahr	3	Vermögen	$2^{3}/_{4}$
Gewissen	$^{1}/_{8}$	Gegenstand	33
Guter Name	14	Gelegenheit	99
	$27^{5}/_{8}$		$157^{3}/_{4}$
	$157^{3}/_{4}$		
	$27^{5}/_{8}$		

Ach! Ach! $130^{1}/_{8}$ Welch eine Bilanz!

Wie leicht sind Religion, Vernunft, Gefahr, Gewissen und selbst ein guter Name, wenn sie gegen Fleisch, Begierden, Vermögen, Gegenstand und Gelegenheit zu stehen kommen! . . .

O mein Sohn, es giebt Zeiten, ich weiß es aus der Erfahrung, wo die vier ersten Puncte umgekehrt stehen; aber die wichtigen Posten 33 und 99 behalten fast immer ihr Verhältniß; suche sie also, so viel als möglich, immer ganz aus der Rechnung zu schaffen!

DAS ERRÖTHEN.

Da ich dieses niederschreibe, brennt mir noch das ganze Gesicht wie Feuer. Aber ich war auch eben so roth vor Schaam, als ich diese Bilanz zum erstenmale, nicht auf Speculation, machte; und ich zweifle, daß der Traiteur bey dieser hohen Farbe meinem Worte, oder auch gar dem lateinischen Erlaubnißscheine, wegen meiner Unpäßlichkeit, Glauben zugestellt hätte; und in dem Falle wäre mein Fall nicht so tief gewesen; denn, hätte das Geflügel nicht den besten Nahrungssaft enthalten, und zu einer Flasche Burgunder gereizt . . . weder Stockfisch noch Frösche, es möchten sonst noch so excellente Fische seyn, würden eine so gefährliche Wirkung gethan haben. . . . O, noch will sich mein Gesicht nicht abkühlen. Selbst mein Papier wird vom Widerscheine roth, und ich kann von dem Falle nicht länger schreiben.

DIE WIEDERERLANGTE NATÜRLICHE FARBE.

Als ich einige male im Zimmer auf und nieder gegangen, und meine gewöhnliche blasse Farbe wiederkehren sah, nahm ich meinen Huth, und empfahl mich, weil die kritische Minute der Beichte herannahete; und Mademoiselle Gillet hatte, nach meiner Meynung, ein Peccadillo mehr auf ihr Gewissen geladen, ob sie ihre Fasten gleich unverbrüchlich gehalten hatte.

DIE BEICHTE.

Neubegierde, Neubegierde! wozu kannst du nicht den Menschen bringen? Mein Vorsatz war, gerades Weges nach Hause zu gehen, und mich zu kleiden. ... Auf den Stiegen aber begegnete mir ein breitschulteriger Mönch, und da dachte ich: »Dieser Mann muß gewiß ander Fleisch und Blut haben, als die übrigen Kinder von Adam, wenn er, bey Mademoiselle Gillets Beichte aller ihrer Geheimnisse, standhaft genug seyn kann, einem solchen Angriffe auf die Sinne zu widerstehn.«

Ich kehrte wieder um, und da ich sehr gelegentlich eine kleine Öfnung in der Thüre fand, stellte ich mich davor, um zu sehn, wie andächtig die Beichtigerin seyn würde.

Wie manchen Seufzer bekam ich da zu hören!

Es kam mir vor, als ob es keine geringe Glückseligkeit seyn müßte, im Pfärche einer Kirche zu ruhen, wo man mit seiner Gewissenslast allemal wohin weis, wenn man nur an den Fasttagen kein Fleisch isset. Ich fieng an zu wünschen, ein Mönch, ein breitschulteriger Mönch zu seyn!

Welch ein Zufall aber!

Ich habe niemals trockne Thürangeln und hölzerne Bettstellen leiden können: die ersten schreyen immer, so oft man in ein Zimmer geht, und die andern krachen, so oft man sich von einer Seite auf die andere kehrt. Dennoch habe ich seit langer Zeit nicht erhalten können, daß man die Angel in meinem Hause getränkt, und bin auf Reisen sehr oft, trotz dem, was des Sonntags von der Tugend gepredigt seyn möchte, durchs Krachen hölzerner Bettstellen in meinem süssesten Schlafe gestört worden. ... Aber einen solchen Zufall hat wohl niemand vorher erlebt. ... Am stillen Freytage arbeitet kein Zimmermann, kein Tischler in ganz Paris, . . . und um Neune, eine Stunde nach der Beichte, hatte sich der reiche Finanzpächter anmelden lassen. Wie sie es gemacht, daß alles wieder in Ordnung gebracht worden, darnach habe ich nicht fragen mögen.

DIE *GUINGUETTE*.

Ich bekenne dir es, mein Sohn, weil ich dir meine Fehler und Ausschweifungen aus guten Gründen nicht verbergen will; bis dahin hatte ich keinem Menschen das Seinige beneidet, mochte es bestehen, worin es wollte, aber jetzt steckte mir immer der grosse breitschulterige Mönch im Kopfe. Ach Neubegierde! was kannst du für Quaal anrichten! ... Der Gedanke an den Mönch marterte mich den Sonnabend und den Sonntag; ich weis nicht, ob ich nicht möchte sein Kloster ausgefragt, ihn besucht, und selbst mich haben bereden lassen ... ein junger Mensch kann närrisch Zeug machen, so bald er nicht stets auf seiner Hut ist ... wenn nicht ein guter Freund gekommen wäre, mich abzuholen, um mir zu zeigen, wie es an einem Ostersonntage in den *Guinguetten* hergeht.

Guinguetten sind eine Art von kleinen öffentlichen Wirtshäusern vor Paris, woselbst man *petits soupers* giebt, und so lange bis solche angerichtet sind, eine Flasche Wein trinkt. In einer jeden findet man etliche Musikanten, und der vornehmste Zeitvertreib, den man sich da macht, besteht im Tanzen. Da diese Örter hauptsächlich von der Pariser *Bourgeoisie* besucht werden: so sind sie des Sonntags am vollesten, weil in Paris sowol das Tanzen, als Oper und Comödie am Sonntage erlaubt ist. An einem Ostersonntage pflegt es daselbst nicht allein sehr voll, sondern auch mehr brillant als gewöhnlich zu seyn, weil ein jeder, der sich ein neues Kleid spendiren kann, es gerne auf diesen Tag zum erstenmale anzieht.

DIE FREUDENSTÖRER.

Es giebt eine gewisse Art Geschöpfe, welche aus einem Grundsatze von falscher Ehre, oder noch lächerlicherer Eitelkeit sich einbilden, sie wären berechtigt, den Bürgern von Paris ihre Freuden und Lustbarkeiten zu verderben. Dies sind gemeiniglich Musquetairs oder Pagen. Da man sie von Kindesbeinen an lehrt, mit Degen und Rappier umzugehen, so werden es gemeiniglich gegen ihre männlichen Jahre gute Fechter, und auf diese Geschicklichkeit gründen sie ihr Recht, unverschämt und grob zu seyn.

Eine *Guinguette*, besonders des Sonntags, ist der bestimmte Schauplatz ihrer Geschicklichkeit; hier kramen sie ihren falschen Witz und Herzhaftigkeit aus, und beydes bringen sie oft für ächt an den Mann: gleichwol fallen sie zuweilen in solche Hände, die die falsche Münzer entdecken und hart züchtigen.

Mein Freund und ich hatten uns in den entferntesten Winkel des Zimmers gesetzt, um unbemerkt zu beobachten, was vorgienge, als ein paar solcher Raufer hereintraten. Nachdem sie die Gesellschaft übersehen, zeichneten sie sich einen jungen Juwelirer, der sein Schätzgen bey sich hatte, zum Gegenstande ihrer Neckereyen aus.

Der junge Mensch war sehr artig gekleidet, trug einen Degen, und man konnte ihm nichts Handwerksmäßiges ansehen. Sie wußten aber, wer er wäre; und diese Raufer haben es zur Regel, nach ihrer Sprache, es allen einzutränken, die sie in besserer Kleidung oder in besserer Gesellschaft finden, als ihnen zukommt. Das junge Frauenzimmer war sehr hübsch, und die Bescheidenheit, die auf ihrem Gesichte gemalt war, berechtigte sie, selbst von dem lüderlichsten Menschen Ehrerbietung zu erwarten. Diese Rumorbrüder aber halten Bescheidenheit und Sittsamkeit für Laster, deren sich ein Musquetaire oder Page niemals schuldig machen müsse, und hüten sich also sorgfältig, darin zu verfallen.

Einer von ihnen gieng nach dem Tische, an welchem der Juwelirer mit seiner Geliebten saß, und ein Glas Wein vor sich hatte, fragte: ob sein Wein gut sey? und schenkte sich, ohne genöthigt zu werden, ein Glas ein; er wäre sehr gut, sagt' er, und schenkte sich und seinem Cameraden so lange ein, bis die Bouteille leer war.

Der junge Juwelirer ertrug dieses alles mit kaltem Blute, forderte eine andere Bouteille, und sagte ihnen, er wäre sehr stolz auf die Ehre ihrer Gesellschaft; und falls sie nicht im Stande wären zu bezahlen: so stünden ihnen gerne noch ein paar andre für seine Rechnung zu Befehl.

»*Comment, Monsieur le Jouaillier? comptez-vous, que vous n'êtes pas connû? . . . Allez balayer votre boutique, & laissez votre épée chez vous.*«

So, Monsieur Goldphilister, meynt Er, daß man Ihn nicht kennt? Geh' Er, und feg' Er seine Werkstatt aus, und leg' Er seinen Degen hübsch in seine Zeuglade.

»*Je le ferai bien;*« versetzte der Juwelirer, »*mais auparavant je verrai, s'il est possible de vous donner un peu de politure.*«

Ich werde nicht ermangeln; aber erst muß ich sehn, ob man den Herrn nicht ein wenig abschleifen kann.

Sie giengen mit einander hinaus, und die Geliebte des Juwelirers fiel in Ohnmacht: Vermittelst Wasser und Salz aber brachte man sie wieder zu sich selbst, eben als ihr Geliebter siegreich wieder kam.

Der Musquetaire, welcher ganz hochmüthig mit dem Juwelirer gespielt hatte, weil er ihn in der Klinge weit zu übersehen glaubte, war zufälliger Weise ins Straucheln gerathen, und durch den Leib gestochen worden. Man schickte alsobald nach einem Wundarzte, welcher die Wunde für sehr bedenklich hielt. Man brachte ihn gleichwol zu Bette, und trug für ihn alle mögliche Sorge.

DIE NATUR IST KEINE STIEFMUTTER.

Die Natur ist bey der Austheilung ihrer Gaben so gerecht, daß sie weder den einen mit ihren Glücksgütern überladet, noch den andern mit Unglück ganz zu Boden schlägt. Vermöge ihrer klüglichen Vermischung des Guten und Bösen für jedes Geschöpfe, hat keines Ursache, weder eitel zu seyn, noch zu verzweifeln. Sie giebt, zum Exempel, etlichen grosse Reichthümer und ein unruhiges Gemüth; andern viel Widerwärtigkeit mit Unempfindlichkeit.

... Wenn die ersten bey ihrem Reichthume die Gleichmüthigkeit des Dürftigen besässen, so wären sie gewiß zu glücklich; und wofern die letzten bey ihren Widerwärtigkeiten auch noch am Gemüthe krank wären, so verdienten sie ohne Zweifel das höchste Mitleiden.

Wenn wir also den Reichthum des Einen, gegen die Gleichmüthigkeit des Andern, und die Unruhen des erstern, gegen die Unglücksfälle des letztern abwägen, so werden wir die Schaalen ungefähr gleichschwebend finden. Der arme Mann, welcher die Bedürfnisse des Wohllebens nicht kennet, verachtet den Geizhals, welcher, indem er Schätze häuft, vor Furcht, sie zu verlieren, elend ist.

Diese Bemerkung erstreckt sich weiter, als blos auf Armuth und Reichthum. Schönheit und Häßlichkeit haben jede ihren Trost. Das schöne Frauenzimmer sieht mit Verachtung auf die Ungestalte herab, welche hinwiederum den schönen Götzen auslacht, der nur gemacht ist, zur Schau gestellt zu werden. Der Soldat betrachtet Muth und behende Geschicklichkeit in den Waffen, als die grössesten Vorzüge eines wohlerzogenen Mannes, und denkt, daß er vermöge seines Standes,

Ehre und Hochachtung vom Kaufmanne und Fabrikanten verlangen kann. Diese hingegen behaupten, daß Fleiß und Handel wichtigere Dinge sind, als die *Etiquette* der Höfe, oder der Ruhm eines Feldzugs. Dergestalt findet ein jeder Stand des Lebens, womit er sich befriedigen und beruhigen kann, weil kein Stand, für sich selbst betrachtet, verächtlich ist, so lange die Person, welche in solchem lebt, diesem Stande gemäß handelt.

ANWENDUNG.

Hätte der Musquetaire das mit Aufmerksamkeit überlegt, so hätte er gewiß ein Leben sparen können, das jetzt *umsonst* verschleudert wurde. ... Ein Leben, wovon sein Vaterland Dienste seine Familie Ehre, und seine Freunde Wohlthaten hätten haben können: das aber jetzt keine von allen diesen Hoffnungen erfüllte.

Möge dieser Rumorbruder da hangen, als ein Spiegel; möge seine Geschichte nicht allein dir, sondern allen als ein Denkmaal der Thorheit und Eitelkeit einer Gattung von Geschöpfen bekannt werden, welche, wie man hoffen muß, bald von der Erde ausgerottet seyn werden; das wünsche mit mir, mein lieber Tristram! † †

DIE ERKÄLTUNG.

Die Arbeit beym Feuer, welche für meinen gar nicht handfesten Körper zu stark gewesen war, zusammen genommen mit den heftigen Bewegungen, die meine Seele herum gestossen hatten, zeigten ihre Folgen, als ich von einem sehr unruhigen, durch beständige ängstliche Träume unterbrochnen Schlafe völlig aufwachte. Es war ein Erkältungsfieber, mit einer leichten Entzündung im Halse. Anfangs dachte ich, es würde leicht wieder übergehen; hielt mich warm, eine strenge Diät, gurgelte fleißig mit Thee, schrieb nieder, was ich von Mlle. Laborde gehört, las ein wenig im Petrarcha, im Bourdaloue, und, um ein wenig Schlaf zu bekommen, im Mercüre; ich hätte eben so gut ein paar *Opera Comiques* dazu nehmen können, aber ich hatte keine. ... Als aber der ehrliche La Fleur den dritten Tag sahe, daß ich fast gar nichts genoß, als Thee, kam er mit einer so entschuldigenden und zugleich so besorgten Miene mit einer Bitte hervor, die er in England nicht nöthig gehabt hätte. ... *Si Monsieur vouloit me pardonner!* ... Ich bitte um die Erlaubniß, einen Arzt zu rufen. ... Einen Arzt, La Fleur? Ja, rufe er meinen Eugenius. ... Fort war La Fleur, und hörte nicht, daß ich ihm nachrufte. Du, mein theurer Eugenius, wohntest jenseits dem Canale. Sein redlicher Eifer für meine Gesundheit hatte gewiß an sich nichts komisches, und dennoch mußte ich lachen, als er so geschäftig fortflog, einen Mann zu rufen, der ihn nicht hören konnte, und hätte er auch geschrieen, wie Mars vor Troja.

Er war keine halbe Stunde weg, als er wieder herein trat und sagte: Der Apoticaire, dem die Namen der ganzen Facultät bekannt wären, kennte keinen Doktor Eugenius; er hätte ihm aber einen andern sehr vortrefflichen Mann vorgeschlagen, von dem er Wundercuren zu erzählen wüßte, der würde sehr bald hier seyn. Was sollte ich thun? Mehr um La Fleur zu gefallen, als aus Neigung gab ich nach. Der Doktor kam endlich mit aller seiner langsamen medicinischen Würde; lief seinen Catechismum und Handgriffe durch, zupfte an seiner grossen Perücke, und foderte ein Schreibzeug. (O, welcher Unterschied, Eugenius! dein Anblick, der sympathetisches Gefühl meiner Krankheit zeiget, dessen Gespräch erquickender Balsam für die Seele ist, und deinen wenigen Arzneyen die grosse Kraft des Zutrauens erwirbt, fehlte diesem steifen Notarius des Pulses.) Er verschrieb eine lange Liste, mehr für seinen Freund, den Apotheker, als für seinen unbekannten Kranken; steckte sein Recept in die Tasche, und versicherte, der Apotheker sollte die Medicin in einer Stunde bringen. La Fleur glaubte mehr an die Kunst des Arztes, als ich, das sah ich aus seiner zufriedenen Miene. Der Apotheker brachte seine Gläser, Düten und Schachteln; kramte sie auf den Tisch, und seine Anweisung nach den Nummern dazu. Ich überrechnete den Vorrath, und war fest entschlossen, er sollte mir auf ein Jahr wenigstens hinreichen, weil ich merkte, daß mein Fieber und meine Halsschmerzen von selbst gelinder wurden. Ohne eben geizig zu seyn, bedauerte ich das weggeworfene Geld, und wußte nicht, was ich mir für einen angenehmen Zeitvertreib damit gekauft hatte.

DER UNVERHOFFTE FUND.

Unter andern Paketchen war auch eins dabey, Numero 9. mit Kräutern, um solche eingenähet warm um den Hals zu legen. Das Unschädlichste, dacht' ich. Da, La Fleur, laß Er die einnähen! Ich machte die Düte erst auf, um ein wenig hinein zu sehen; aber siehe! das Papier zog bald meine Aufmerksamkeit mehr an sich, als die Kräuter. Ich wußte es dem Apotheker Dank, daß er ein wenig *mal propre* gewesen, und die Kräuter in beschrieben Papier gemacht. Es war eben die Hand, als das Fragment, wovon ich meinen Lesern im zweyten Bande dieser meiner empfindsamen Reise, den Anfang übersetzt mitgetheilt habe. Geschwind schüttete ich die Kräuter auf ein ander Blat Papier, und sahe den Makulaturbogen sehr ämsig durch. Es war wirklich die Geschichte des alten Edelmanns, die der Notarius aufgeschrieben, aber leider! nur der letzte Bogen. Ich las so viel davon vorhanden, und war verdrüßlich, daß eine so grosse Lücke darin war, die mich verhinderte, Gebrauch davon zu machen. Indessen hob ich den Bogen auf. Des andern Tages befand ich mich durch die Gegenwart der Arzneyen oder vielmehr durch das Bestreben der Natur weit besser, und sagte zu La Fleur, ich wollte, daß er eine Violine und ich eine Baßgeige hätte, so wollten wir eins zusammen spielen! . . . *J'en trouverai d'abord, Monsieur!* Ich hatte den Einfall schon wieder über Petrarchs *Trionfo della Divinità* vergessen, als La Fleur mit beyden Instrumenten angezogen kam, mit einem Triumphe in seinem Gesichte, als ob er Tartini selbst zu Boden geigen wollte. . . . Pling, plang, pling! . . . hat er auch Noten, La Fleur? . . . Er spielte alles auswendig. . . . Was weis er denn? »*Je vous donnerai l'aimable vain-*

queur, Monsieur.« Schön! der Name sagt viel; aber mein Bogen ist ganz stumpf; wenn wir ein bischen Colophonium hätten! der Musikus, (verzeihe mirs, edle Kunst, daß mir der Name hier aus der Feder entschlüpft, und ich nicht gerne ausstreichen mag) der Fiedler hatte ihm ein Stück in Papier gewickelt mitgegeben, davon man in zwanzig Komödiengewittern hätte blitzen können. ... La Fleur, wir wollen ein andermal spielen; ich habe es gefunden. ... Was doch eine Krankheit ... nein, was ein Concert für wichtige Begebenheiten hervor bringen kann! Elisa sahe ich in *Vauxhall* zum ersten male; ... im Concerte mit La Fleur finde ich ... es lautete, ... ich konnte La Fleur nicht helfen, es mußte diesmal beym Stimmen bleiben; ... da ich es übersetzt hatte, folgender Gestalt:

TESTAMENT DES ALTEN EDELMANNES.

Alles mein Unglück kommt daher, daß ich mich verheyrathet habe:« ... Der Notarius nickte einigemale geschwinde hinter einander mit dem Kopfe, und flog mit der Feder auf dem Papiere, als ob er aus seinem eignen Gedächtniß schriebe; ... »obgleich niemals einem Manne eine liebenswürdigere Frau, mit mehr Tugend und einem sanftern Herzen zum Loose gefallen seyn kan.« Mir nicht! seufzte der Notarius, und schrieb langsam fort. ... »Bis in mein funfzehntes Jahr ward ich in dem Hause meiner Mutter, (meinen Vater hatte ich frühe verlohren) und unter ihrer Aufsicht, in allen einem Edelmanne anständigen Wissenschaften unterrichtet. Meine Mutter hatte ein Kammermädchen, das michs fühlen lehrte, was mir meine Lehrer verschwiegen, nemlich: das weibliche Geschlecht sey zum Vergnügen des unsrigen geschaffen. Dieses Mädchen kam mir so schön vor, daß ich ein inniges Vergnügen empfand, wenn ich ihr auf die Wangen küssen durfte, und dieses erlaubte sie mir oft. Aber ein jeder befriedigter Wunsch von dieser Art, erzeugte neue, grössere, heftigere, und mir selbst Anfangs unbekannte Verlangen. Aber läßt uns die Natur über ihre Geheimnisse lange in Unwissenheit, wenn uns solche so nahe angehen?« ... Nein, murmelte der Notarius. ... »Ich drang so oft und so anhaltend in das Kammermädgen, daß sie mir die Erlaubniß gab, sie des Nachts ohne Licht in ihrer Kammer zu besuchen.«

»Dieser Besuch« ...

... [Die Dinte ist hier so abgebleicht, daß ich diese Stelle einem kühnern Ergänzer alter Manuscripte überlassen muß, als ich bin.] ...

... Die Feder hinter den Ohren. ... »Etliche Tage

darauf,« fuhr der alte Edelmann, nachdem er sich ein wenig erholt hatte, fort, »stellte mir meine Mutter vor, daß es die höchste Zeit sey, meine Beförderung persönlich am Hofe unsers Königs zu suchen. Ich mußte folgen, und da ich in Kriegsdienste trat, machten mein Fleiß, meine neue Profession aus dem Grunde zu lernen, und meine Begierde nach Ehre, daß ich mein schönes Kammermädchen, und alle übrige ihres Geschlechts ziemlich aus den Gedanken verlor. Ich hatte länger als funfzehn Jahre gedienet, und war Colonel, als mich der König Ludewig der Zwölfte in einer geheimen Commission an den letzten König von Navarra, Albert, schickte. Zeit meines Aufenthalts an diesem Hofe lernte ich eine Gesellschaftsdame der Königin kennen, die sie als eine Waise eines armen Edelmanns zu sich genommen hatte. Diese flößte mir durch ihre Person und ihren Geist eine solche Liebe ein, daß ich mich entschloß, mich um sie zur Gemahlin zu bewerben. Ich erhielt meinen Wunsch . . . o, hätte ihn mir doch der Himmel aus Barmherzigkeit versagt!« . . . *Amen pour moi*, sagte der Notarius bey seinem Schreiben, . . . »so hätte ich Ihnen nur eine halb so schreckliche Geschichte zu erzählen.«

»Meiner Mutter, die ich, seitdem ich in Diensten war, nicht besucht, mit der ich aber öfters Briefe gewechselt hatte, meldete ich meine Verheurathung, als solche vollzogen, mit der Anzeige, daß ich ihr auf meiner Rückreise meine junge Gemahlin selbst vorstellen wollte; aber ich erhielt bloß einen kurzen Brief mit einer Entschuldigung, daß sie eben in Begriff stünde, eine Reise zu einem Anverwandten in einer entlegenen Provinz zu thun, und also meinen Besuch nicht annehmen könne. Es that mir leid, daß ich meine Mutter, die ich sehr liebte, nicht sehen, und meines Glückes nicht vor ihren Augen geniessen sollte. Ich kam aber mit meiner jungen Gemahlin wieder an meines Königs Hof, und ward wohl empfangen; mein Herr war mit meiner Ausrichtung völlig zufrieden, und jedermann beneidete mich, oder wünschte mir Glück, eine Gattin gefunden zu haben, die man gleich Anfangs für die schönste, und in der Folge für die tugendhafteste Person von der Welt hielt. Wie glücklich war ich in dem Besitze eines Herzens, das kein ander Vergnügen fand, als in meiner Zufriedenheit!« ... Ausserordentlich, mein Herr, sagte der Notarius: aber noch sehe ich nichts darin, was mein Glück machen könnte, verzeihen Sie! ... »Mein Unglück ist zu groß gewesen, Herr Notarius, daß es nicht Ihr Glück machen sollte, wenn Sie die Erzählung desselben, mein Testament, drucken lassen. Die Welt liebt so sehr grauenvolle Geschichten zu ihrer Ergetzung! ... Als Franciscus der Erste zur Regierung kam, fand ich an demselben noch einen gnädigern Herrn, als an dem vorigen, und ich hatte keinen Wunsch übrig, als von einer solchen Frau Kinder zu haben, da ich eines Morgens zum Könige gerufen ward, der mich in sein Cabinet allein zu sich kommen ließ. »Sie müssen, wie Sie da sind, noch in dieser Stunde nach Deutschland abgeben; Sie sollen mir an dem *** Hofe eine geheime Commission ausrichten.« ... Ich ward wie von Blitze gerührt ... Ew. Majestät würden mir eine grosse Gnade erzeigen, wenn Dieselben nur ein paar Stunden ... »Die Sache leidet nicht den geringsten Aufschub. Der Reisewagen steht unten mit Bedienten und Zubehör vor dem Schlosse. Ihrer Frau soll Ihre Abreise schon auf eine gute Art bekannt gemacht werden; vielleicht kommen Sie bald wieder.« Ich bezeigte dem Könige meine tiefe Ehrerbietung, empfahl mich seiner Gnade, und reisete ab. Als ich in Brüssel meine Instruction erbrechen durfte, fand ich, daß meine Commission so wenig wichtig war, daß solche durch einen kurzen Brief hätte ausgerichtet werden können. Die angebognen Anweisungen auf Geld aber zeigten mir, daß ich zu einer langen Abwesenheit bestimmt seyn müßte. Ich ward von einer Menge zweifelhafter Gedanken gequält, ohne die Ursache ergründen zu können, warum mich der König so eilig entfernt habe, da ich mir doch nichts entsinnen konnte, wodurch ich seine Ungnade hätte auf mich ziehen können; und eine Art von Verbannung war es doch, so verdeckt sie auch durch den Fürwand scheinen mochte. Endlich glaubte ichs zu finden, und fühlte zum erstenmale, was Eifersucht für eine Marter sey. Es schien mir ausgemacht zu seyn, daß der König meine Frau liebte. Und so fest ich von der Tugend meiner Frau überzeugt seyn konnte, so gefährlich schien mir doch der Glanz einer Krone. Und was fürchtet nicht das Herz, wenn es einmal der Eifersucht Raum gegeben hat! Mit solchen herzpeinigenden Gedanken erreichte ich den Ort meiner Bestimmung. Der Minister, bey dem ich meine so unwichtige Commission auszurichten hatte, empfieng mich ausserordentlich freundlich; versicherte mich auf Befehl der völligen Gnade unsers Herrn, daß aber Ursachen, die mir der König aus sehr gütigen Absichten nicht entdecken wollte, meine Entfernung aus Frankreich unumgänglich nöthig machten; daß ich, so lange als diese Ursachen bestünden, mich in Deutschland, ohne an einen Ort gebunden zu seyn, aufhalten müßte; daß es mir am nöthigen Gelde nicht fehlen sollte, u. s. w. Itzt wurde der Wurm in meinem Herzen nagender als jemals; die Untreue meiner Frau schien mir bereits entschieden, oder doch in der Folge unvermeidlich, und die Liebe des Königs zu ihr die ungezweifelte Ursache meiner Entfernung, als mir der Minister auf die Frage: ob ich meine Gemahlin nachkommen lassen könnte, ganz rund mit Nein antwortete. Diese Sylbe betäubte mich mehr, als ein förmliches Todesurtheil hätte thun können. Der Minister merkte es mir an, trotz meiner Bemühung, ruhig zu scheinen; und ob er gleich meine Besorgniß errathen mochte, ließ er sich doch darauf nicht ein, sondern wendete auf die gefälligste Art von der Welt alles an, mich aufzuheitern, oder wenigstens zu zerstreuen, ohne daß es ihm glückte.

Ich erhielt bald einen Brief von meiner so geliebten Frau; er war so zärtlich, daß er mich in Thränen zerschmelzte, ohne meine Angst zu mindern. Sie sprach von der Hoffnung mich bald wieder zu sehen; und ich konnte keine fassen. Es war ein kleiner Trost, daß wir uns schreiben durften, aber er war auch nur sehr klein. Sie schien von den mir geworden Befehlen nichts zu wissen, und ich wollte ihr weder den Kummer, noch, wenn sie untreu wäre, die Freude machen, ihr solches zu schreiben. So vergiengen einige Jahre, bis endlich das edle Weib mir nachreisen will, und vom Könige selbst durch ein Handbillet die Ordre erhält, nicht aus dem Lande zu gehen. Wobey er sehr beklagte, daß er in seinem Gewissen verbunden sey, einen solchen Befehl zu geben, der uns beyden so hart und grausam scheinen müßte, daß er aber gerne alles thun wolle, was er sonst könne, um uns von seiner Gewogenheit zu überzeugen. Der Brief, mit welchem meine Gemahlin mir dieses Billet des Königs überschickte, war ein lebhaftes Gemälde alles dessen, was eine tugendhafte und zärtliche Gattin über die gewaltsame Trennung von ihrem Manne empfinden kan.«

... Wenn er ihn doch dictirte, murmelte der Notarius, damit ich einen Begrif davon bekäme. ...

»Dadurch, und durch andere Nachrichten, die ich von dem Leben meiner Frau eingezogen hatte, ward zwar alle Eifersucht aus meinem Herzen verbannt, aber nicht der Kummer über die quaalvolle Ungewißheit, was die Ursache unserer Trennung seyn möchte, und meine Sehnsucht, meine Geliebte und mein Vaterland wieder zu sehen, wuchs mit jedem Morgen, den ich erwachte.«

. . . Mein Kummer, dachte der Notarius, wächst mit jedem Abend, den ich zu Bette gehen muß.

»Ich war gegen alles, ausser gegen mein Leiden, unempfindlich geworden, und glaubte, es wäre kein unglücklicherer Mensch in der Welt, als ich, hielt es auch für unmöglich, daß meine Leiden steigen könnten. Aber wie irrte ich mich!«

»Indessen, daß ich allerley Entwürfe machte, wie ich die Freyheit erhalten wollte, nach Hause zurückkehren zu dürfen, wovon einige die äusserste Verzweiflung verriethen, und wovon ich nur durch die Unmöglichkeit, sich gegen einen mächtigen König aufzulehnen, abgehalten ward, gerieth ich mit dem grossen Philosophen und Naturforscher Theophrastus Paracelsus (er muste dem Notarius den Namen zweymal vorbuchstabiren) in Bekanntschaft. Als ich so vertraut mit ihm geworden, daß ich ihm meine kummervolle Situation entdecken konnte, bezeigte er mir so viele Freundschaft, woran ich glaube, daß bey einem so grossen Philosophen blos das Mitleiden Schuld seyn kann, daß er mir anbot, mich in allen seinen Geheimnissen zu unterrichten, welches mich, wie er sagte, am sichersten von meinen quälenden Gedanken befreyen würde. Ich war so müßig und so unentschlossen, daß es ihm nicht viel Mühe kostete, mich zu einem solchen Endschlusse zu bringen; und ungeachtet, (es mochte nun Gefühl von dem seyn, was ich damals wirklich litte, oder dunkle Ahndung von dem, was mir noch bevorstund) ich mich nicht entsinne, daß ich eine einzige ruhige Stunde gehabt; so war Paracelsus doch mit meiner Gelehrigkeit sehr vergnügt, und hielt keinen Prozeß für mich geheim. Wir haben viele und mannigfaltige Versuche gemacht, das Geheimniß des Steines der Weisen zu entdecken, aber, warum sollte ein armer sterbender Mann nicht die Wahrheit bekennen? wir haben ihn nie gefunden, wohl aber manches für die Gesundheit und zu andern Dingen nützliche Arcanum herausgebracht.«

... Hier sahe dem Notarius das heftigste Verlangen und die brennendste Neugierde aus beyden Augen, ob er ihm nicht etliche davon entdecken wollte; aber es sey nun, daß der alte Edelmann es nicht merkte, weil er zu sehr mit seiner Geschichte beschäftigt war, oder es auch nicht merken wollte, weil er glaubte, chymische Geheimnisse müßte man niemand entdecken, der nicht behutsam damit umzugehen wüßte; er fuhr ununterbrochen also fort. ...

»Ich hatte so viel bey ihm gelernt, daß ich, wenn mich auch alles in der Welt verliesse, in der Chymie meinen ordentlichen Unterhalt finden konnte, als man mir eines Morgens die Nachricht brachte, mein Freund und Lehrer sey gestorben. Ich glaubte aber vielmehr, weil er gar zu herrliche Mittel, die Gesundheit zu erhalten, wußte, daß er aus politischen Gründen seinen Tod nur aussprengen lassen, und sich an einen unbekannten Ort begeben habe, um der Last der vielen neugierigen Besuche zu entgehen; vielleicht besorgte er auch gar, daß ihn ein grosser Herr, der von ihm glaubte, daß er mit wenigen Kosten Gold machen könnte, zwingen möchte, für ihn zu arbeiten. Genug, man sagte mir, er sey gestorben, und habe befohlen, daß man seinen Körper mit einer gewissen Phiole im Sarge begraben sollte, ohne ihn irgend jemand, es sey wer es sey, sehen zu lassen. Und als man ihn, etliche Tage darauf, weil ihm die Geistlichkeit als einem Irrgläubigen keine heilige Ruhestätte lassen wollte, wieder aufgegraben hatte, fand man in dem Sarge nichts als die Leinwand. Doch muß ich gestehen, daß ich ihn auf meinen, nachdem ich mein ganzes Elend erfahren, gethanen weitläuftigen Reisen, auf welchen ich unter allerley Gestalt und Personen, fast alle Reiche durchwandert bin, und von welchen ich hier viel Merkwürdiges aufschreiben lassen könnte, wenn ich nicht merkte, daß meine Kräfte dahin . . . Ich habe ihn nicht gefunden, soviel ich ihn gesucht, so oft ich nur von einem Mann hörte, der einsam und eingezogen lebte.«

»Aber ich muß eilen, um auf den grossen Punkt zu kommen« . . . Hier machte der Notarius eine neue Feder zurechte. . . .

»Als der König Franciscus gestorben, schien man mich bey Hofe nach und nach zu vergessen; meine Rimessen kamen sehr sparsam; doch getrauete ich mir nicht, Anfangs um meine Freyheit, nach Hause kehren zu dürfen, anzuhalten. Endlich aber wagte ichs, und man gab mir zur Antwort: man wüßte nicht anders, als daß meine Entfernung völlig freywillig gewesen; ich möchte also wiederkommen, so bald ichs möglich machen könnte. Die vierzehn Tage, die ich mit den schnellen Anstalten und der eben so schnellen Reise bis Strasburg zubrachte, daureten mir, so fröhlich ich auch zu seyn glaubte, so lang, als die übrige Zeit, die ich in Deutschland hatte zubringen müssen. Aber, Gott! wie unerforschlich sind deine Wege, worauf du uns zu Leiden oder Freuden führest! Meine geliebte Frau hatte es erfahren, daß ich wiederkommen sollte. Sie hatte, weil sie vernommen, daß meine Mutter tödlich krank läge, es für ihre Pflicht gehalten, zu ihr zu reisen, und hatte mir nach allen Grenzorten an die Commendanten addressirte Briefe entgegen geschickt, worin sie mich ersuchte, den nächsten Weg nach meiner Mutter zu nehmen. Ich eilte dahin; . . . aber meine Mutter war bereits begraben, und meine Gemahlin wollte man eben zu ihrer Ruhestätte bringen, als ich anlangte. . . . Der Schmerz war entsetzlich, der sich meiner Seele bemächtigte; wer sollte es glauben können, daß er eines Zusatzes fähig gewesen? Er wars. Ein Brief von meiner Mutter; . . . ein alter Bedienter gab ihn mir. Aber ich fühle. . . . Gott! laß nach deiner

Güte ihn mit diesem jammervollen Leben geendigt seyn! . . . Herr Notarius, hier ist der Brief,« . . . sagte er mit schwächrer Stimme, und zog ihn aus einer Brieftasche wohl verwahrt hervor, . . . »machen Sie ihn bekannt, doch schonen Sie meines Namens! Möchte mancher daraus bedenken lernen, daß ein kleiner Fehltritt, wie es uns scheint, den größten Jammer über unser Leben, . . . ach, Gott, laß es nur über dieses Leben seyn! . . . verbreiten kann.«

»Und nun, Herr Notarius, lassen Sie mich die wenige Minuten, die mir übrig, ehe ich vor meinem Richter erscheinen muß, allein zubringen, seine Gnade anzuflehen.«

BRIEF EINER MUTTER AN IHREN SOHN.

Ich weis Dich nicht zu nennen; und doch *muß* ich Dir schreiben. ... Meine ganze Seele empört sich, vor dem Geschäfte; und doch schaudert mir noch mehr bey dem Gedanken, was für Gräuel mein Schweigen verschulden würde. Warum konnte ich nicht alleine ganz elend seyn? Wie glücklich für Dich, hätte der Tod ein Eheband getrennt, welches. ... ewiger Gott! sey barmherzig, und laß die unaussprechliche Marter, die mich bey diesem Geständniß peinigt, nicht ewig, ewig dauren! ... welches das schuldvolleste Eheband ist, das jemals auf Erden geknüpft worden. Wenn Dich dieser Brief trift, ehe Du sie, die Du Deine Gemahlin nennst, gesehen, und Du kannst das heldenmüthige Herz haben, das heiligste Gelübde zu thun, sie lebenslang nicht wieder zu sehen, zu sprechen, oder noch weniger Dich ihr zu nähern: so lies, so lieb es Dir seyn mag, die geringste Ruhe der Seelen zu behalten, lies nicht weiter! Nur dieses noch: Sie ist völlig unschuldig, und verdient nicht meinen Jammer zu theilen. ...

Kannst Du aber Deiner Begierde nicht widerstehen; ... kannst Du den harten Schluß, warum ich Dich flehend und knieend bitten möchte, nicht fassen, ohne Gründe davon wissen zu wollen: so falle in den Staub, und erkenne die Hand des Heiligen, der Dir den Kelch des Jammers ganz, wie mir, zu trinken geben will, und wisse ... Deine *Frau* ist deine *Schwester!* Schaudre noch nicht so heftig! Sie ist auch Deine *Tochter*. ...

Gewissensangst, Reue, und besonders die Schaam, *Dir*, über den ich Mutterrechte haben sollte, eine Sünde zu bekennen, deren Folgen so erschrecklich gewesen ... haben mich endlich dahin gebracht, daß ich ein nahes

Ende *dieser* Leiden hoffen darf. Aber Du möchtest glauben, ein Märchen, aus einem von Krankheit zerrütteten Gehirne entsprungen, zu hören, wenn ich Dir nicht Umstände anführte, die Dich an der Wahrheit, leider! nicht werden zweifeln lassen. Wie ungerne! ... und ich muß! ...

Erinnerst Du Dich noch der Caton? Du hattest sie so unabläßig mit Deiner jugendlichen Liebe verfolgt, daß das redliche Mädchen mir ernsthaft sagt, ich möchte ihr vor diesen Nachstellungen Frieden schaffen, oder sie meiner Dienste entlassen. Ich versprach ihr das erste, und redete mit ihr ab, daß sie Dir einen Abendbesuch in ihrer Schlafkammer erlauben sollte. Du solltest mich statt ihrer finden, und mein Vorsatz war, Dich durch ernsthafte und zärtliche Vorstellungen und mütterliche Bestrafungen, inskünftige vor allen dergleichen Jugendsünden zu bewahren. Aber ... ach! ... warum muß ichs bekennen? und doch ist diese Stunde keine Stunde des Verhehlens! ... Ich war frühe hingegangen; mich überraschten der Schlaf und Du ... Dein Feuer hatte Dir nicht erlaubt, Deine vermeynte Caton anders, als durch eine sträfliche Umarmung, zu wecken ... und ... der ewig verfluchte Augenblick! Meine Sinne liessen mich zu spät entfliehen. ... Du hieltest meine stumme, mit vielen Seufzern begleitete Flucht, für die Wirkung einer jungfräulichen Schaamhaftigkeit Deiner Caton, und es war der Anfang der Gewissensquaal, die mich seit dem ohn' Aufhören begleitet hat. Du weißt, daß ich Dich wenige Tage darauf an den Hof schickte, nachdem ich noch vorher die Caton entfernt hatte, damit Du solche nicht sprechen oder sehen, und die schwarze That erfahren möchtest. Ihre Folge war, daß ich Mutter von einer Tochter wurde, die ich auf meines Bruders Landgute, dem ich mein Verbrechen entdecken mußte, heimlich gebar, und die er bald darauf als das Kind eines armen

Anverwandten aus einer andern Provinz zur Erziehung mir zuschickte. Sie war kaum zwölf Jahre alt, als man schon in der ganzen Nachbarschaft von ihrer Schönheit und ihrem Verstande sprach. Die Königin von Navarra verlangte solche von mir, um, wie sie sich ausdrückte, eine solche Juwele an ihrem Hofe zu haben. Ein Wetterstrahl hätte mich nicht ärger betäuben können, als die Nachricht, daß sie Dir zur Gemahlin gegeben worden. Ich war dadurch so betäubt, daß ich in einiger Zeit zu keinem Endschlusse kommen konnte. Zuletzt siegte die Angst meines Gewissens, ob ich gleich durch meinen Beichtvater ehemals war losgesprochen worden, über meine Schaamhaftigkeit, und ich entdeckte, unter dem Siegel der Beichte, mein fürchterliches Geheimniß unserm würdigen Erzbischof. Er verlangte Anfangs von mir, ich sollte es Dir entdecken, um dadurch Dein Eheband zu trennen. Als er aber weiter nachdachte, sagte er mir, er wolle schon ein Mittel finden, die Folgen dieser ungeheuren Blutschande, ohne Euer Wissen, zu hemmen, und sich deshalb unmittelbar an den König wenden. Von mir aber verlangte er das feyerlichste Gelübde, daß ich, wenn ich ihn überlebte, mich durch nichts abhalten lassen wollte, selbst durch ein öffentliches Bekenntniß meiner Schande, Euer Band zu trennen. Der König, der Dich auf die gnädigste Art entfernte, ist, wie der Erzbischof, mit dem Geheimniß gestorben. Dein höchstunglückliches Gestirn hat Dich Deine Zurückberufung suchen und erhalten lassen, sonst hätte ich noch schweigen können, ob etwan der Tod eines von euch beyden mein Bekenntniß unnöthig gemacht hätte. Aber jetzt ... die Hölle hat keine grössere Quaalen, als mir dieses Bekenntniß verursacht, daß ich Dir, ehemals meinem Sohne, thun *muß*. Bitte, wenn Du zu beten, und *der* zu verzeihen vermagst, die so viel Elend auf deine Seele gehäufet, für meine Seele, und hilf ihr durch Opfer und Messen zur Ruhe. Mit angstvoller Freude hoffe ich, daß meiner Stunden nur noch wenige seyn werden.

... O! meinem Tode soll an seiner ganzen Bitterkeit nichts fehlen! ... Sie, die ich auch geboren habe, ist gekommen, mir, wie sie glaubt, meine Krankheit ertragen zu helfen! Möge dies die letzte Folge des Fluchs seyn, den der beleidigte Himmel hat aussprechen müssen über deine sterbende

N. N.

P. S. Auch Sie hat mir in den Augenblicken der heftigsten Angst, durch ein übereiltes Wort, das tödtende Geheimniß entrissen. Der Himmel hat es beschlossen, sie sollte die Schuld ihrer Mutter mit tragen. Es scheint aber. ... Ja, ich darf sterben, ohne Eure Wiedervereinigung zu fürchten. Erlebe ich ihren Tod, so erfährest Du nichts; wo nicht, so muß ich diesen Brief meinem alten ehrlichen *Rigauld* anvertrauen. Und nun noch ...

DIE GELEGENHEIT.

Mademoiselle Laborde hatte es bloß vergessen, mir den Brief abzufordern, wie es ihr *Madame de Rambouillet* befohlen hatte, und dieser geringscheinende Fehler hatte dem armen Mädchen gleichwohl alles das Unglück zugezogen, wodurch sie auf die Liste des Herrn Commissairs gerathen. Dieser Gedanke ward bey mir so lebhaft, daß ich mich entschloß, mein erster Gang, so bald ich ausgehen könnte, sollte zu dieser Dame seyn, und daß ich die wenige Beredsamkeit, die mir verliehen, alle dazu anwenden wollte, sie, wo möglich, zu überreden, ihre *Fille de chambre* von neuem unter ihren Schutz zu nehmen.

Auf meinem Wege nach ihr, gieng ich durch die Thuillerie, war etwas müde und setzte mich neben ein Frauenzimmer nieder, welches mir sehr gesellig schien; Wir kamen bald ins Gespräch, und vom Allgemeinen aufs Besondere: so daß ich, ohne den geringsten Schein von Unschicklichkeit, sie fragte, ob sie *Madame de Rambouillet* kennete? ... »*Madame de Rambouillet?* (wiederholte sie) »*c'est moi-même.*«

Lieber Himmel, sagte ich, welch ein glücklicher Zufall! Sie sind also die Dame selbst, der ich auf dem Wege war, meine Aufwartung zu machen, und einen Brief zu überreichen, den ich, unachtsam genug, ein paar Monate in der Tasche behalten habe.

»*Vous êtes donc Mr. Yorick? ... & comment est-il arrivé que vous n'êtes pas venû me voir?*«

Bey diesen Worten stund sie auf, faßte mich in den Arm, und gieng mit mir nach ihrer Kutsche. Hier wollte ich mich ihr empfehlen, sie sagte mir aber mit einem ziemlich entscheidenden Tone: »*Il faut souper avec moi.*«

DIE THUILLERIE.

Ich bildete mir ein, daß ein gewisses Spektakel, oder vielmehr ein paar Spektakel, *Madame de Rambouillet* bewogen hätten, so plötzlich aus den Gärten zu gehen: denn in der That sollte ein solcher Anblick in einer weniger polirten Welt und Stadt, als eine Verfassung gegen alle Regeln einer anständigen Optik, gehalten und daher verbannet werden.

An dem Spaziergange zur linken Hand vom Louvre ist eine Hecke gesetzt, die ungefähr sechs Fuß von der Mauer entfernt ist, und längst derselben fortläuft. Im Sommer, wenn diese Hecke völlig belaubt ist, dienet sie zu einer Art von Blende, hinter welcher allerley Obscönitäten verrichtet werden können, ohne daß solche den Spaziergängern in die Augen fallen. Im Winter und Frühlinge aber darf hinter dieser Hecke nichts vorgehen, das nicht eben so öffentlich wäre, als geschehe es an einem jeglichen andern freyen Orte der Thuillerie.

Nachdem ich die Topographie dieser Blende berichtiget, will ich auch ihren Gebrauch erklären.

Es giebt zwo Gottheiten, denen jeder gesunde Mensch opfert, aber alle wohlerzogene Leute halten es für einen Schimpf, dergleichen Opfer zuzusehen oder darüber betreten zu werden. Deswegen wählt man ordentlicher Weise die allergeheimsten Örter zu dergleichen Handlungen. Allein, durch eine sehr sonderbare Wirkung der französischen Lebhaftigkeit, vergessen die Pariser die Jahrszeit; und da dies im Anfange des Maymonats war, so hatte die Hecke kein einziges Blatt, welches die Verrichtung zweener Andächtigen, die eben einer der Göttinnen opferten, hätte verbergen können.

DER IRRTHUM.

Ob ich gleich in der Meynung gestanden, dieser Anblick habe die Delikatesse der *Madame de Rambouillet* so sehr beleidigte, daß es ihr deswegen unmöglich gewesen, einen Augenblick länger in dem Garten zu bleiben: so ward ich doch nachgehends völlig überzeugt, daß sich die Französische *Politesse* bey solchen Kleinigkeiten nicht aufhält. Ihre Eile ward durch ihre Ungeduld veranlaßt, mir tausend Fragen zu thun, ohne mir Zeit zu lassen, eine einzige zu beantworten, so hinlänglich meine Antworten auch hätten seyn mögen. An der grossen Pforte nahm sie also von *Madame de la Garde* Abschied, und sagte ihr, sie wollte Morgen früh Chokolade bey ihr nehmen.

DER VERSUCH.

Als ich dachte, *Madame de Rambouillets* Neugierde möchte ungefähr so ziemlich befriedigt seyn, hielt ichs für eine günstige Gelegenheit, der armen *Mademoiselle Laborde* das Wort zu reden.

Um Vergebung Madame, hatten Sie nicht ein Kammermädchen, welches Sie nach meinem Logis schickten, um den Brief abzufordern, den ich Ihnen jetzt überliefert habe? . . . Sie ist doch noch in ihren Diensten? . . .

Ah, la coquine? Elle a fait bien des faux pas; non, Monsieur, elle est sur le pavé même. . . .

Ach, die Metze! Sie hat sich sehr unehrbar aufgeführt, mein Herr, und läuft itzt schon so gar auf den Gassen.

Das sieht noch gar nicht nach einer Aussöhnung aus; ich muß wol meine Batterie verändern.

»In Wahrheit, es thut mir leid, das zu hören. Ich hoffe, sie ist noch wieder auf guten Weg zu bringen. . . . Wie kam es Madame, daß Sie solche abschafften?« . . .

Je crains, Monsieur, que vous n'y ayez un peu de part. . . . Ich fürchte, mein Herr, daß sie ein wenig mit Schuld daran sind.

»Wenn dem also, so erlauben Sie mir, daß ich ihr Fürsprecher seyn darf. Ich bitte, nehmen Sie solche wieder in ihre Gunst auf. Vergessen Sie ihre vergangenen Fehler; und ich will für ihre künftige gute Aufführung Bürge seyn. Ich habe ihre Begebenheiten gehört; sie verdient Mitleiden.«

Ich fand, daß ich auf *Madame de Rambouillets* Herz einigen Eindruck gemacht hatte, und erzählte ihr also die Geschichte im besten Lichte. Sie stutzte nicht wenig über die Gottlosigkeit ihrer Putzhändlerin; und in ihrem Eifer konnte sie sich nicht enthalten, ein

»Oh, la vilaine bou . . . gresse!« heraus zu stossen, so äusserst züchtig sie auch sonst war.

Nun glaubt' ich, wäre es Zeit: ihre Leidenschaft war flott geworden; ihr Mitleiden begann sich zu bewegen; und wenn die einmal unter Seegel gebracht wäre, dacht' ich, wollte ich sie bald im Hafen der Vergebung vor Anker bringen.

DIE BUSSFERTIGE.

Es ist eine ausgemachte Wahrheit; so wol auf Erden, als im Himmel ist mehr Freude, wenn man ein verirrtes Schaaf wieder zurückbringt, als darüber, wenn man eine ganze übrige Heerde in Ordnung bey einander hält.

Madame de Rambouillet willigte darein, der Laborde ihre Gunst wieder zu schenken, mit der Bedingung, sie sollte alle Mißhandlungen ihrer Putzkrämerin entdekken, und vor einem Commissair aussagen, damit nach den Gesetzen mit dieser verfahren werden könnte. Dieses war leicht von ihr zu erhalten; und den andern Tag hatte *Madame la Roche* die Gerichtsbedienten im Hause.

DIE FESTUNG *BICÊTRE*.

Wenn Jemand auf seinen Eid aussagt, daß eine Frau die schleichende Profeßion einer Kupplerin treibt, so ist das hinlänglich, ihr ein Recht auf eine Wohnung in *Bicêtre* zu geben. Also ward, zufolge dessen, was *Mademoiselle Laborde* ausgesagt hatte, die Frau Mama *la Roche*, und drey von ihren adoptirten Töchtern dahin gebracht.

CUL DE SAC DE L'ORATOIRE.

Ich bitte um die Erlaubniß, hier einen Irrthum zu berichtigen, der sich in den ersten Band meiner empfindsamen Reise (Seite 115.) eingeschlichen hat, und zwar um desto mehr, weil es ein geographischer und chronologischer Fehler ist, wofür sich jeder Reisebeschreiber, besonders von der empfindsamen Classe sehr sorgfältig hüten sollte. Die Stelle heißt also:

»Madame de Rambouillet erzeigte mir, nach dem ich ungefähr sechs Wochen mit ihr bekannt gewesen, die Ehre, mich in ihrem Wagen, ungefähr zwey Meilen, mit sich aus der Stadt zu nehmen. . . . Ich kenne keine züchtigere Frau, als Madame de Rambouillet; und wünsche keine mit mehr Tugend und reinerm Herzen zu sehen. . . . Als wir zurück fuhren, bat mich Madame de Rambouillet, die Schnur anzuziehen. . . . Ich fragte, ob ihr was fehlte ? . . . *Rien que pisser*, sagte Madame de Rambouillet.«

Das Factum ist richtig, und behält daher seine Kraft; allein die Zeit *Wann*, und der Ort *Wo*, erfordern, daß ich solche genauer angebe.

Es war erst eine Woche nachher, da ich mit ihr in der Thuillerie bekannt geworden; und die Begebenheit trug sich zu, in dem *cul de sac de l'oratoire.*

Dieses wird auch den Anachronismum, den man wegen meiner ersten Bekanntschaft mit Madame de Rambouillet bemerken möchte, wegbringen; weil solche erst in die Zeit nach meiner Zurückkunft aus den südlichen Provinzen fällt.

DER *PET EN L'AIR.*

Der *Pet en l'air* fängt an, unter den Damen von neuem Mode zu werden; und also braucht er hier nicht eigentlich beschrieben zu werden; ich will hier blos den Ursprung der Benennung dieser beliebten Tracht bekannt machen.

Madame Pompadour fuhr an dem Tage, da sie diese Kleidung von ihrer Erfindung zum erstenmale trug, durch den *Cul de sac de l'oratorie.* Die Tracht hatte noch keinen Namen. *Mademoiselle la Tour*, eine von ihren Gesellschafts-Damen, oder vielmehr deh- und wehmüthigen Gespielinnen saß bey ihr, als zufälliger Weise ein Theil zusammengepreßter Luft, nach Hudibras Ausdrucke, den natürlichen Weg suchte und fand. Sie brach in ein lautes Gelächter aus, und sagte, *voila le nom, voila le nom;* und seit dem ist diese Tracht unter dem Namen *Pet en l'air* bekannt und gemein geworden.

Ähnliche Umstände erzeigen ähnliche Gedanken. Als Madame de Rambouillet ausstieg, um *rien que pisser*, leistete sie mehr, als sie versprochen hatte, und als sie sich wieder in den Wagen gesetzet, sagte sie mit Lachen: »*c'est un pet pas en l'air, mais dans le cul de sac de l'oratoire.*«

Solche kritische Richtigkeit bey einer so delikaten Sache, muß ihren Witz in ein sehr hohes Licht setzen; und ob der Einfall gleich ursprünglich von Madame Pompadour herkam: so ist doch die letzte Verbesserung wenigstens eben so viel werth, als der erste Einfall selbst.

DER ZUSAMMENHANG.

Ich wette darauf, daß es den Leser verdrossen hat, zu finden, daß, als Mademoiselle Laborde ihre Geschichte fortsetzte, der Zusammenhang gänzlich zerstört ward, und daß gar keine Erwähnung von dem *Perruquier* geschah, der ihr auf die ernsthafteste und ehrbarste Weise eine eheliche Verbindung angetragen hatte, und der sich so wohl stund, und ein so angenehmer Mensch von Person war, daß er alle Eigenschaften an sich zu haben schien, den heiligen Ehestand vollkommen glücklich zu machen.

Die Wahrheit zu gestehen, ich merkte selbst eine Art von Lücke an dieser Stelle ihrer Erzählung; da ich sie aber nicht gerne unterbrechen wollte: so ließ ich sie erzählen, was ihr ihr Gedächtniß eingab.

»Ey Mademoiselle,« sagte ich eines Tages, als ich bey ihr in Madame de Rambouillets Zimmer saß, auf deren Zuhausekunft ich wartete, »*à propos*,« (obgleich, im Vorbeygehen gesagt, die Frage so wenig *à propos* war, als nur irgend eine aus der Luft gegriffene Frage es seyn kan) »*à propos*, Mademoiselle Laborde, Sie haben mir ja nicht erzählt, was aus ihrem Liebhaber, dem *Perruquier*, geworden ist?«

»O liebe Zeit! das ist wahr! Ich hatte ihn ganz vergessen. Ich hatte den Kopf so voll von dem italiänischen Grafen und dem Lord Spindle, daß er keinen Raum darin hatte. . . . Der arme Mann! Ach!«

Warum seufzen Sie, und nennen ihn der *arme* Mann? Ich dachte, er wäre in sehr guten Umständen gewesen.

»Ja, was das anbelangt, so waren seine Umstände auch recht gut; aber er war sehr unbedachtsam. Er ward zweymal vor das Amt gefodert, und in Strafe verdammt, weil er das Meisterrecht nicht gewonnen hatte;

und doch war er so unvorsichtig, daß er sich im geringsten nicht daran kehrte, und zum drittenmale ward er in ein Gefängniß gesetzet, wo er, glaub ich, noch sitzet.«

Was? konnte ihn seine vormalige Herrschaft, die Düchesse, nicht los machen?

»Sie mochte sich wol nicht öffentlich in diese Sache mischen wollen.... Überdem, glaub ich, hatte sie ihn wol schon so ziemlich vergessen. Ein irländischer Colonel hatte seit einiger Zeit seinen Platz so gut ersetzt, daß diese hohe Familie anfieng, einen Erben zu hoffen, nachdem die gnädige Dame eilf Jahre in einer unfruchtbaren Ehe gelebt hatte.«

Und so sollte der arme Mensch im Gefängnisse verschmachten, weil der irländische Colonel dieser hohen Familie so ersprießliche Dienste geleistet? Das verhüte die Gerechtigkeit! das verhüte das Mitleid!

DIE FÜRSPRACHE.

Den folgenden Morgen erkundigte ich mich nach dem Orte, wo der Schor Tournelle gefangen saß. Darauf schrieb ich an den Ältesten des Amtes, und schlug ihm vor, daß ich alle Kosten seiner Gefangenschaft bezahlen, und die Bürgschaft finden wollte, daß er in keine neue Übertretung fallen sollte. In diesem Briefe erwähnte ich des Namens des Grafen von B***, mit welchem ich auch von der Sache sprach; und ich erhielt eine sehr höfliche Antwort, in welcher man mir sagte, Tournelle sässe im Gefängnisse mehr seiner Halsstarrigkeit wegen, indem er sich der eingeführten Ordnung nicht unterwerfen wollte, als daß er im geringsten unvermögend seyn sollte, die Kosten für seine Gefangennehmung oder des Meisterrechts zu bezahlen.

Ich gieng also selbst zum Tournelle, den ich sehr gutes Muthes fand, weil er sich auf den Schutz der Düchesse verließ: denn man hatte ihm gesagt, sie sey auf dem Lande gewesen, und würde sich seiner gewiß annehmen, sobald sie daher zurück käme. Ich konnte ihm über diesen Punct seinen Irrthum nicht so leicht benehmen: als ich aber des irländischen Colonels erwähnte, den er einige Zeit frisirt hatte, dazu der andern Umstände, welche desselben Bekanntschaft mit der Düchesse begleiteten, und meine zuverläßige Gewißheit hinzufügte, daß sie seit zwey Monaten keine Nacht von Paris abwesend gewesen: so ließ er den Ton sinken, und ersuchte mich sehr unterthänig um meine Fürsprache.

Alsdann sagte ich ihm die Bedingungen, vermöge welcher ich mich um seine Befreyung bemühen, und alle Kosten bezahlen wollte, die durch diese Gelegenheit veranlasset worden wären.

Das war seine Verheyrathung mit Mademoiselle Laborde. Hier machte er nicht die geringste Einwendung; sondern sagte, daß sie das einzige Frauenzimmer wäre, das er wirklich geliebt habe; und daß ich ihm keine angenehmere Verbindung vorschlagen könnte.

ZWEIFEL.

Casuisten und Theologen werden vielleicht ihre Lehrbegriffe meinem Betragen entgegen setzen, und das Urtheil fällen, daß ich bloß jesuitisch für Tournelle gearbeitet habe, . . . Ich hatte meine Zweifel.

Ob dieser Mann nicht glücklich seyn könnte, wenn er mit einem Frauenzimmer verbunden würde, welche, ob sie gleich einige Vergehungen auf ihrer Rechnung hätte, solche einsieht, und völlig zu bereuen scheint;

Oder:

Ob ich ihn nicht unglücklich machen, und eine zu beyderseits Zufriedenheit gedeihenden Ehe verhindern möchte, wenn ich ihm die wahre Beschaffenheit ihrer Aufführung entdeckte?

Alle ihre öffentlichen Vergehungen waren vorgefallen, derweile er von der Welt entfernt war; und Unwissenheit in diesem Punkte, war ihm so gut, als Tugend von ihrer Seite. . . .

Aber dann bedacht' ich, wozu schadenfrohe Menschen nicht fähig wären.

On Eagle's Wings immortal scandal fly
Whilst virtuous actions are but born and die. (*)

(*) Ein Fehltritt wird unsterblich durchs Erzählen;
Der edlen That wirds selbst an Pathen fehlen.

DER ENTSCHLUSS.

Ich sagte Madame de Rambouillet alle die Schritte, die ich gethan hatte, und zog sie zu Rathe, was ferner am besten bey der Sache zu thun wäre? Sie sagte, sie wollte zu ihm schicken, um sie zu frisiren, und während daß er damit beschäftigt wäre, wollte sie ein Gespräch auf die Bahn bringen, worin sie ihm einen Charakter zu zeichnen dächte, der der Laborde ihrem ähnlich seyn sollte, und wenn er ein solches Frauenzimmer nicht unfähig hielte, eine gute Ehefrau zu werden: so würde ihm alles, was er hernach von geschwätzigen Zungen erfahren möchte, an seiner Ruhe nicht hinderlich seyn.

»Wundarzt«.
Trompe-l'œil von Gabriel Gresly (1712–1756)
um 1750, Öl auf Leinwand.

DAS WICHTIGE GESCHÄFTE.

Das *Haarfrisiren* ist jetzt in Europa, ja sogar in Amerika (denn wie mancher *ehrliche Friseur* hat nicht schon die Reise nach diesem neuen Welttheile angetreten!) so gemein, daß es für einen Mann, geschweige denn für eine Dame, unanständig oder gar lächerlich scheinen sollte, sich ein paar Stunden ganz müßig hinzusetzen, und den Kopf von heissen Eisen quälen zu lassen. Die christliche Liebe gewinnt immer dabey; sie dringt uns eine Fürbitte für die Bewohner der Pole ab. . . . denn es ist ein schrecklicher Tod, verbrannt zu werden.

Aber wie bescheiden ich bin! Zwo Stunden ist gar nichts! Eine französische Dame müßte sich halb todt schämen, wenn sie mit ihrer Toilette in dreyen fertig wäre. Dies war also gewiß eine hinlängliche Zeit, die obwaltenden Sachen in Richtigkeit zu bringen. . . . Madame de Rambouillets Kopf, und Mlle. Labordes . . . Charakter.

DIE UNTERREDUNG.

Madame de Rambouillet.

Also wäre Ihnen wol möglich, ein Mädchen hochzuschätzen, wenn solche gleich eines Fehltritts mit einem andern Manne schuldig wäre?

Tournelle.

Das, Madame, würde blos auf die Umstände ankommen.

Madame.

Was für Umstände meynen Sie?

Tournelle.

Erstlich, ob sie ihm den Vorzug aus Wahl gegeben, ob sie dazu gezwungen worden, oder ob die Dürftigkeit sie dazu gebracht hätte.

Madame.

In diesen dreyen Fällen also könnten Sie einem Frauenzimmer verzeihen, das Sie vorher geliebt hätten?

Tournelle.

Vorausgesetzt, daß ihre nachherige Aufführung deutlich bewiese, daß ihr Herz und Gemüth nicht davon angesteckt sey; und daß ihr ihre vergangene Aufführung zum Leuchtthurme dienen würde, die Klippen zu vermeiden, woran so manches weibliches Geschöpf scheitert.

Madame.

Aber, also könnten Sie ihr auch verzeihen, daß sie verschiedene Liebhaber gehabt hätte, wenn Sie versichert wären, daß sie aus Dürftigkeit dazu gebracht worden, und daß sie völlig wiedergekehrt sey?

Tournelle.

Die Zahl, Madame thut, nach meiner Meynung, in diesem Falle nichts zur Sache. Eigentlich und hauptsächlich käme es auf ihre gegenwärtigen Gesinnungen an.

Madame.

Und könnten Sie wol so weit gehen, ein Mädchen unter solchen Umständen zu heyrathen?

Tournelle.

Warum nicht? Wenn ich sie einmal dazu lieb genug gehabt hätte, glaub' ich, würde ich gegen ihre vergangene Schwachheiten blind genug seyn, vielleicht wäre ich auch eitel genug, zu denken, ihr künftiger Ehemann könnte wohl eine recht gute Frau aus ihr ziehen.

Madame.

Ich lobe es, daß Sie so vernünftig denken; und wenn nur die pariser Ehemänner halb so richtig in Ansehung ihrer Frauen dächten, so deucht mich, würde die Anzahl der Hörnerträger oder Hörnermacher nicht halb so groß seyn. . . . Der Henker! Sie brennen mir da eine Locke weg; eine Hauptlocke! Was fangen wir nun an?

Tournelle.

Que diable! Das kommt vom Heyrathen! . . . Aber die äusserlichen Fehler an einem Damenskopfe kann ich recht gut verbessern, laß sie so groß seyn, als sie wollen. . . . Ich will gleich nach Hause laufen, und meine neu erfundene Haartour holen; sie wird Ihnen ganz gewiß gefallen, Madame.

DIE HEYRATH.

Der Leser, wäre er auch noch so abergläubisch, muß ja nicht meynen, daß dieser Zufall im geringsten was Böses vorbedeutet habe; denn ich kann ihn versichern, daß ich bis auf diese Stunde ganz und gar nichts weis, das vorgefallen wäre, wovon man glauben könnte, es sey dadurch vorbedeutet worden. Übrigens wurden sie bald darauf getrauet; ich war Mademoiselle Labordens, der nunmehrigen Madame Tournelle, Brautführer; und man findet keine bessere Ehefrau in der ganzen *Rue St. Honoré*, nicht einmal in *Renomée.*

Was kann ich mehr sagen?

Sie ist guter Hoffnung. Und wenn ich gegen den Tauftag in Paris bin, werde ich Gevatter stehen; wo nicht, so ist schon ein anderer ernannt, der für mich das Kind zur Taufe heben soll.

ICH.

Nachdem ich dergestalt Mademoiselle Laborde, glücklich, ehelich, moralisch und fast tugendhaft an Mann gebracht habe; so bleibt meiner Fürsorge nichts weiter übrig, als mein Ich.

Vielleicht denkt man, ich hätte doch noch wol von Madame de Rambouillet, dem *Comte de B**** der artigen Ladennymphe, dem *Marquis de B . . .*, dem Herrn *P . . .*, dem *Fermier General*, von *Madame de G . . .*, *Madame de V . . .*, *Monsieur D . . .*, dem *Abbé M . . .*, dem Grafen *Fainéant*, und von allen meinen übrigen pariser Bekanntschaften, etwas zu sagen. Aber ich antworte, Nein!

Mein Ich . . . das ist es, was ich in einigen Monaten nicht untersucht habe. . . . Mit diesem Wesen habe ich eine Unterredung zu halten; dem Leichtsinne der *Petitmaitres* sey es überlassen, sich mit dem Dunste ihrer genoßnen Ergötzlichkeiten zu speisen . . . Genuß im Traume!

Wie steht die grosse Rechnung zwischen mir und der Vernunft? Etwas ist bezahlt, aber weit mehr noch bin ich schuldig . . . Eine lange, lange Rechnung. . . . Ach! wann werde ich einmal saldiren können!

O mein Eugenius! bedenken wir den schnellen Flug der Zeit, die lächerlichen Fesseln eines so grossen Theils des Lebens, seine kurze Dauer, die Phantomen, die wir verfolgen, die Schatten, die wir haschen: Ich erröthe, in mich selbst einen Blick zu thun, und wünsche, einer Untersuchung auszuweichen, davon der blosse Gedanke mir schon ein Grauen erweckt.

Eitelkeit, Thorheit,

Wie prächtig glänzen eure Altäre! Wie zahlreich sind eure Anbeter! Wie häufig eure Hekatomben!

DER BESUCH.

Als ich bis so weit in dieser moralischen Selbstuntersuchung gekommen war, hörte ich eine Equipage vor meiner Thüre stille halten, und als ich aus dem Fenster sah, ward ich den Comte de B*** gewahr, der nach Monsieur Yorick oder nach Monsieur Sterne fragen ließ. Er sah mich im Fenster, und stieg augenblicklich aus.

Er kam sogleich die Stiegen herauf, und man sah es ihm an, daß es ihm sehr lieb war, mich zu Hause zu treffen. Es hätte etwas schwer gehalten, mein Logis zu finden, sagte er; daß niemand Monsieur Yorick kennte: und hätte nicht glücklicher Weise einer von seinen Leuten einen aus England zurück gekommenen Bekannten auf Pontneuf angetroffen, den er gleichfalls gefragt, so würde wol in seinem Hause niemand auf den Einfall gekommen seyn, unter dem Namen Herr Sterne nach mir zu fragen. Auf diese Weise aber sey er hinter die Auflösung des Räthsels gekommen, und habe er augenblicklich nach dem Buchführer geschickt, ihm alle Theile des Tristram Shandy, und Sternes Predigten in einerley saubern Band binden zu lassen.

Ein solches Compliment erforderte natürlicher Weise, daß ich ihm eins dagegen über seine Menschenliebe und weitläuftige Belesenheit machte; doch gieng das Gespräch bald zu politischen Dingen über. Der Graf verrieth viel Einsicht und eine grosse Kenntniß in den Verfassungen, Gesetzen und Gebräuchen, und schien mit unsern berühmten politischen Partheyen und Charaktern sehr gut bekannt zu seyn.

Doch mit alle dem, sagte er, ist dieses nicht die Ursache meines Besuchs. Mr. de L***, hat, mit dem Beystande des Abee T***, eine kleine, sehr hämische Schrift gegen den Marquis de M*** geschrieben, welche jetzt herum geht. Nun sehen Sie fuhr er fort, habe ich eine Gegenschrift aufgesetzet, und ich bin so eitel, zu glauben, daß ich seine Gründe über den Haufen geworfen, und die Lacher auf meine Seite bekommen habe; und nun möchte ich mir Ihren Rath über eine schickliche Vignette ausbitten.

Mein Einfall ist ein Elephant, den ein Affe auf dem schlaffen Seile tanzen lehrt.

DER EINWURF.

Monsieur le Comte, sagt' ich, da Sie mir die Ehre erwiesen, mich bey dieser Gelegenheit um meine Meynung zu fragen, so hoffe ich, werden Sie es nicht übel deuten, daß ich solche ganz offenherzig sage.

»Auf keine Weise!« versetzte er.

Also, *Monsieur le Comte*, der Gedanke ist gut; aber, *pardonnez-moi*, er ist nicht neu.

»Nicht neu! . . . Wo ist er denn jemals gebraucht?«

EINE ANEKDOTE
von der verstorbenen Herzogin
VON MARLBOROUGH.

Lord Grimstone, machte in seinen Jünglingsjahren, da er noch auf Schulen war, eine Komödie, genannt: Das *Advokaten-Glück*. Dieses Stück war so weit entfernt, einiges dramatisches Verdienst zu haben, daß es kaum etwas anders enthielt, als handgreifliche Ungereimtheiten. Betrachtet man aber die jungen Jahre des Verfassers und daß der Druck dieses Stückes wahrscheinlicher Weise von seinen partheyischen Ältern veranstaltet wurde, um einem Kinde zu liebkosen; wenn man ferner in Erwägung zieht, daß der Verfasser bey reifern Jahren, als er das Stück wieder durchsahe, die Fehler desselben merkte, und alle mögliche Sorgfalt anwendete, die ganze Auflage an sich zu kaufen, damit, wo möglich, ein so nichtsbedeutendes Werk nicht einmal gegen seine Talente, selbst als Kind, angeführt werden könnte: so scheint ein solcher Irrthum völlig entschuldigt zu seyn: und in der That sind die strengsten Kunstrichter weniger zu tadeln, als eine gewisse Dame, welche für gut fand, sich ihm bey einer Parlamentswahl, bey der er sich als ein Candidat angegeben hatte, zu widersetzen, und daher auf ihre eigne Kosten eine grosse Auflage von dieser Komödie drukken, und unter die Wählenden austheilen ließ. Sie hatte eine Vignette davor stechen lassen, welche eine Anspielung auf des Verfassers Verstand enthalten sollte. Man sah darin *einen Elephanten, der auf dem schlaffen Seile tanzte*. Indessen ward doch dieser Herr, trotz dieser Bemühung, ihn in den Augen seiner Wahlherrn lächerlich zu machen, zum Parlamentsgliede erwählt.

DER AFFE.

F*ort bien, Monsieur, mais oû est le singe?*«
Recht gut, mein Herr, wo ist aber der Affe?

O, mit dem hämischen Affen habe ich nichts zu schaffen, *Monsieur le Comte;* obgleich im Hintergrunde etwas war, das einem Affen sehr ähnlich sah.

DIE ÜBERZEUGUNG.

Nichts in der Welt ist schwerer, als einen Franzosen von seinem Irrthume zu überführen, besonders wenn sein Witz oder Verstand dabey in Gefahr zu kommen scheint, bezweifelt zu werden; dergestalt, daß der Graf de B*** so ein wohlgezogener Herr er auch war, doch noch so viel von einem Franzosen an sich hatte, daß ich ihn roth werden sah, sobald ich der allegorischen Vignette der alten Herzogin erwähnte; und ich merkte deutlich, daß er sehr gerne alle zerstreuten Exemplare von dem *Advokaten-Glücke*, um einen höhern Preis an sich gekauft hätte, als selbst Lord Grimstone, um sich dadurch das Verdienst einer neuen Erfindung zu versichern.

POLITESSE.

Indessen behielt doch der Graf jedes Merkmal von äusserlicher *Politesse* bey, und schien über einen Wink, den ich ihm zur Verbesserung seines Kupfers gab, sehr vergnügt zu seyn. Er bestund darauf, ich sollte des folgenden Tages bey ihm essen, setzte aber hinzu: »*Vous me ferez un plaisir très singulier, de ne mentioner à personne l'idée que vous m'avez donnée à l'égard de cette planche.*«

»Sie werden mir einen ausserordentlichen Gefallen erzeigen, wenn Sie des Winkes, den Sie mir in Ansehung dieses Kupfers gegeben haben, gegen keinen Menschen erwähnen.«

Ich versprach, ich wollte das nicht thun.

Das ist die Ursache, warum ich solches hier nicht beschreibe; ob ich gleich dadurch vielleicht das Lob erwerben könnte, etwas ähnliches mit Hogarth zu haben — und ob es gleich als ein sehr gutes Titelkupfer vor diesen vier Bänden meiner empfindsamen Reise hätte zu stehen kommen können.

Aber Yoricks Wort ist kein Spaß.

NEUBEGIERDE.

Neubegierde war stets die Quelle des menschlichen Elendes. Wie theuer bezahlte nicht Eva dafür! welch einen Preis bezahlt nicht dafür das menschliche Geschlecht jeden Tag! Man kann solche in zwo Classen abtheilen: Die Erste ist das Verlangen, sich vermittelst der Geschichte mit den vergangenen Zeiten bekannt zu machen, die Geheimnisse der Natur zu erforschen, die Tiefen der Wissenschaften zu ergründen, oder dergleichen löbliches Bestreben. Diese Classe von Neubegierde kann nicht sorgfältig, nicht beständig genug unterhalten und aufgemuntert werden, weil wir durch eine Kenntniß des Vergangenen lernen, wie wir uns bey vorfallenden Gelegenheiten nehmen sollen; denn, wie Cicero sagt: *nescire quod, antequam natus esses, actum est, id semper esse puerum.*

Die zweyte Classe der Neubegierde besteht in dem vorwitzigen Verlangen, alles zu wissen, was andre Leute thun oder vornehmen; und diese Art von Neubegierde ist eben so höchst tadelnswürdig.

Die alten Einwohner von Creta machten ein Gesetz, vermöge dessen verboten war, bey Strafe des Auspeitschens, keinen Fremden zu fragen; wer er sey? woher er käme? oder was er für Gewerbe habe? und denen, die auf dergleichen Fragen antworteten, untersagte man den Gebrauch des Feuers und des Wassers. Der Grund, den sie für dieses Gesetz anführten, war, daß ein Mann, der sich um andrer Leute Geschäfte nicht bekümmert, den seinigen desto besser vorstehn könne.

Himmel! wäre ein solches Gesetz in Europa, oder besonders in Paris, dem Mittelpunkte aller Neubegierde, in Kraft, wie sehr würde nicht noch der Vorwitz der Pariser durch die Begierde erhitzt werden, diese Reize ohne alle Hülle zu sehen, welche zwar freylich das Frauenzimmer eben nicht sorgfältig verbirgt, die es doch aber ungern auf diese Art öffentlich zur Schau gestellt, und ausgestrichen haben möchte! Ich will damit eben nicht sagen, daß sie auf diesen gezwungnen Spaziergängen keine männliche Begleiter haben würden, die nicht mehr wären als blosse Zuschauer; denn ich glaube, daß in dieser Stadt die *Petit-maitres* die grössesten *Frau Gevatterin, wie gehts?* von der Welt sind.

Diese dummdreisten Schwätzer scheinen keinen eignen Gedanken in ihrem Kopf erzeugen zu können; man möchte sagen, daß ihr ganzes Wissen in der Kenntniß von ihres Nächsten Handlung besteht; und derweile sie mit tadelndem Tone wieder hersagen, was sie schwatzen gehört haben, vergessen sie den lächerlichen und schändlichen Charakter, in welchem sie eben alsdann erscheinen.

Plutarch und *Plinius* haben beyde zum Lobe des Römers, *Marcus Pontius* geschrieben, der nie so neubegierig war, sich zu erkundigen, was in Rom, oder auch nur in seines nächsten Nachbarn Hause vorgieng. Doch dies ist ein ausserordentliches Beyspiel, und wird keine Nachahmer finden, so lange politische und alle andere Arten von Neuigkeiten die ganze Aufmerksamkeit des Menschen auf sich zu ziehen scheinen.

DIE KRITIK.

Ich sehe zum voraus, daß mich die Schnarcher anfahren und sagen werden: ... »So, Herr Yorick, wollten sie alle Neugierde, allen Durst nach Wissen verbannen, wenn sie nicht unmittelbar auf Wissenschaften geht? ... Wer beym Henker, wollte dann ihre Werke lesen?«

Antwort ... Man würde alsdann nichts anders lesen, weil sie die Quintessenz aller Gelehrsamkeit, die Tiefe aller Wissenschaften, und das *non plus ultra* des Genies enthalten.

DIE ANWENDUNG.

Ich will hier meine Ursachen anführen, warum ich besonders der pariser Neugierde so spinnenfeind bin.

In einem Stockwerke mit mir wohnte ein Mann, der wie ein Offizier gekleidet gieng: er stund an der Hausthüre, als der Graf de B*** unter zweyerley Namen nach mir fragen ließ. Sie waren alle beyde seinem Ohre und seinem Verstande fremde, und dies war genug, seine Neugierde zu erregen. Er horchte in jedem Caffeehause in Paris, ob er etwas von mir erfahren möchte: was er dort von mir hörte, setzte er mit zu seiner vorhergemachten geheimnißvollen Rechnung, um, wie Gift sehr leicht ander Gift an sich zieht, desto mehr Gift aus meinem Charakter zu pressen.

In jedem Caffeehause in Paris findet man einen politischen Löwen, oder Hofspion, der alles, was er anmerkt, das nach seiner Meynung dem Minister gefallen, oder zu einer Entdeckung leiten könnte, überbringt. Da mein Name auf diese Weise herum gieng, lagen des andern Morgens nicht weniger als zwey und dreyßig Nachrichten von meiner Person auf dem Schreibzimmer des *Duc de Choiseul*, welche alle dahin giengen, ich sey ein gefährlicher Mensch.

An eben dem Tage machte ich meinen Besuch bey dem Comte de B***, bey welchem ich auch zum Essen blieb. Während meiner Abwesenheit ward meine Wohnung durchsucht; man bemächtigte sich aller meiner Papiere, und bey meiner Zuhausekunft wartete eine *Lettre de cachet* auf mich.

DIE FÜRSEHUNG.

Dunkel und gekrümmt sind die Wege der Fürsehung ... Kurzsichtige Sterbliche! euch war es nicht heilsam, einen Blick in die Zukunft zu thun; oder dürftet ihr das, dann würde das Vorauswissen der Zufälle, statt eure Glückseligkeit zu beschleunigen nur euer Elend vermehren.

Mit was für einem muntern Gemüthe kleidete ich mich an, um den Comte de B*** zu besuchen! Mit welcher Ruhe und Fröhligkeit stieg ich in den Wagen, und sagte zu La Fleur er sollte nach B***s Hotel fahren lassen. Wie wenig vermuthete ich, daß gerade in diesem Augenblicke die Hand des Ministers mein Urtheil unterschrieb.

Der Graf de B*** empfing mich mit der größten Höflichkeit; und sagte mir als ein Geheimniß, daß der *Duc de Choiseul* meinen Einfall mit der Vignette sehr schön gefunden habe. »Er wird heute zu Mittage hier essen« ... Kaum hatte er diese Worte ausgesprochen, als der Minister erschien. Der Graf stellte mich dem Herzoge vor; aber ich merkte in seinen Antworten eine Kälte und ein Zurückhaltung, dergleichen ich bis dahin noch nie an einem Franzosen bemerkt hatte.

Sie giengen auf eine Zeitlang in ein Zimmer alleine. ... Der Graf kam zurück und that mir allerley Fragen, die ich mit meiner gewöhnlichen Freymüthigkeit beantwortete. Sie waren etwas ungewöhnlich; aber ich dachte, er habe ein Recht, meine Erklärung zu erwarten.

Ungefähr eine Viertelstunde nachher, kam der Düc wieder mit dem Grafen ins Zimmer, und zwar mit einem so heitern und offenen Gesichte, das sich von dem vorigen ganz unterschied. Die Gesellschaft ward zahlreicher, und das Gespräch allgemein, witzig und angenehm.

DIE ZUHAUSEKUNFT.

Sobald meine Kutsche vor der Thüre stille gehalten, lief der Wirth auf mich zu, mir zu sagen, wenn ich nicht Lust hätte, in der Bastille zu wohnen, so müßte ich so schnell wegfahren, als ich nur immer könnte. Ich stutzte über diesen Vortrag, und bat ihn, in meine Kutsche zu steigen, und wir fuhren durch verschiedene Gassen, indessen er mir von allem Nachricht gab, was vorgegangen war.

Gütiger Gott! ist das möglich? . . . da ich noch diesen Mittag mit dem *Duc de Choiseul* gegessen, und ihn eben vor einer halben Stunde verlassen habe! . . . Ha! das Geheimniß ist heraus: . . . unmöglich kann sich ein rechtschaffner Mann so sehr verstellen; . . und ich will diese Nacht in meiner bisherigen Wohnung schlafen.

»*Pour l'amour de Dieu! ne le faites pas.*«

Was hab' ich zu fürchten? Ich verlasse mich auf die Redlichkeit und Unschuld meiner Absichten.

So wie ich dies gesagt, ließ ich den Kutscher nach meinem Hause fahren, woselbst ich, als ich ausgestiegen war, alle meine Papiere zurück gesandt und ein kurzes Billet von dem Grafen vorfand.

»*Vous avez des ennemis, mais n'ayez pas peur; on voit, que vous étes un honnette homme.*«

Sie haben Feinde, aber seyn Sie unbesorgt; man sieht, daß Sie ein ehrlicher Mann sind.

LEBE WOHL, PARIS!

Hätte mir auch dieses letzte Verfahren nicht einen so grossen Widerwillen dagegen beygebracht, unter einer Regierung zu leben, woselbst weder die Person noch die Güter eines noch so unschuldigen Mannes in Sicherheit sind; und woselbst, ohne einen blossen Zufall, ich vielleicht die übrigen Tage meines Lebens in einem elenden Gefängnisse hätte schmachten müssen; ich sage, hätte mich auch diese Betrachtung nicht genöthiget: so würde mich doch Ihr Brief, Eugenius, in welchem die Ursach des Aufschubs Ihrer Reise, Ihre schwere Krankheit, so lebhaft geschildert war, keinen Tag länger in dem Paradiese der Coquetten, dem Elysium der Petitmaitres, und dem Mittelpunkte der Tändeleyen gelassen haben.

Ich ließ meinen Mantelsack packen, nahm schriftlich Abschied von Madame de Rambouillet; schrieb einen Brief an den Grafen de B***, worin ich ihm den ehrlichen La Fleur bestens empfahl, weil ich ihn schon vorher mit seiner Treue und seinem erzgutem Gemüthe bekannt gemacht, und aus vielen Dingen geschlossen hatte, daß La Fleur nicht der Franzose sey, der in England sein Glück machen würde, ... und setzte mich noch denselben Abend auf die Post. So leicht ich mich bey dem allen von jedermann in Paris trennte, selbst Madame Tournelle nicht ausgenommen, so nahe gieng mirs, den guten La Fleur zurück zu lassen. Aber sein Glück wollt' es. Ich hätte ihn freylich ohne Mühe bereden können, mit mir zu ziehen; aber ich möchte nicht gerne der Mann seyn, der seine Bequemlichkeit dem Glücke eines Bedienten vorziehen könnte.

DIE POSTCHAISE.

Ich war nicht sobald in die Postchaise gestiegen, als ich den entworfnen Plan meiner Reise, in wie weit ich denselben ausgeführt, und überhaupt, was ich dadurch für Vortheile erreicht, zu überlegen anfieng.

»In Frankreich verstehen sie das Ding besser.« . . .

Dieser Ausspruch veranlassete meine Reise. . . . Es verdroß mich, daß man zweifelte, ob ich auch berechtigt wäre, es zu behaupten? und faßte den Entschluß: selbst ein Augenzeuge von der Sache zu werden.

Ich glaube wohl, daß der Leser bis jetzo auf der Folterbank der Ungeduld gelegen, zu wissen, was es denn eigentlich war, und ob sies in Frankreich wirklich besser verstunden?

Es ist wol einmal Zeit, daß ers erfahre.

Der streitige Punkt war die unbequeme Gewohnheit, bey Tische Gesundheiten und nach Tische Toasts zu trinken. Folgender Aufsatz von meinem Freunde *Gubbins:*

VOM GESUNDHEIT-TRINKEN.

Ich hoffe bald das Vergnügen zu haben, uns wegen der Abschaffung der abgeschmackten und lästigen Gewohnheit, über Tische Gesundheiten zu trinken, Glück zu wünschen. Ich habe nichts dawider, auf das Wohl unsrer abwesenden Freunde die Gläser zusammen zu stossen und auszuleeren, wenn das Tischtuch abgenommen; aber während dem Essen auf die Gesundheit aller der Personen zu trinken, die am Tisch sitzen, das ist eine abgeschmackte, lächerliche, beschwerliche, elende und unsinnige Gewohnheit.«

»Über dem ist es eine wahre Grobheit und Schimpf für die Gesellschaft, wenn man auf den ersten Ursprung dieser so heilig gehaltenen Gewohnheit zurückgeht. Als die Dänen in vorigen Zeiten England eroberten, hatten sie noch so ihre sonderbaren Sitten und Gebräuche an sich. Einer davon war, daß sie den Engländern, wenn sie mit ihnen zu Tische sassen, zuweilen, unterdessen die letzten tranken, ein Messer in die Kehle oder den Leib stiessen. Dieses konnte freylich den Engländern keinesweges gleichgültig seyn; sie nahmen also die Abrede, einer des andern Beschützer zu sein, wann sie tränken. Wenn ich also auf jemandes Gesundheit trinke; so heißt das nach einer richtigen Paraphrasis so viel: »Lieber Freund! ich besorge, dieser Herr, der hier neben mii sitzt, könnte noch dänisches Blut in den Adern haben, und daher fürchte ich, er möchte, derweile ich trinke, mit seinem Messer über meine Gurgel fahren wollen; erzeigen Sie mir also die Liebe, und lassen ihn nicht aus den Augen, damit ich mit Sicherheit und ohne Gefahr trinken könne.« Die Antwort des Freundes heißt: »Trinken Sie nur ruhig; ich will schon Achtung geben.« Und ich beschliesse diese geheime Unterredung mit: »Ich danke Ihnen mein Freund! Auf Ihre Gesundheit!« Das heißt: »Gott gebe nur, daß Sie so lange leben und gesund bleiben, bis ich meinen Durst gelöschet habe, damit Sie mich vor seinen gottlosen Absichten beschützen können.« Das ist der getreue Verstand der Gesundheiten über Tische. Wirklich ein feines Compliment für alle übrigen in der Gesellschaft, den einzigen ausgenommen, auf dessen Gesundheit ich trinke: meine Herren, ich fürchte, Sie sind alle Meuchelmörder! u. s. w.«

»Laßt uns also dieses Andenken der Grausamkeit und Tyranney mit dem darauf gegründeten Gebrauche verbannen! Warum wollen wir uns den Vorwurf mit Gewalt zuziehen, daß wir ungesittet sind, und keine Lebensart haben? Denn es ist nicht allein abgeschmackt, sondern auch sehr unhöflich, wenn man eine Gewohnheit, die sich auf barbarische Handlungen gründet, hernach noch fortsetzet, wenn gar kein Anlaß mehr dazu vorhanden ist.«

»Aber noch mehr: die Gewohnheit, bey der Mahlzeit Gesundheiten zu trinken, hat ihre eigne Beschwerden. Trinkt man nicht auf das Wohl eines jeden, der gegenwärtig ist: so hält sich der für beleidigt, den man übergangen hat. . . . Es giebt also eigentlich nur zwey Mittel: man muß entweder so oft trinken, als Personen vorhanden . . . und das kann Arbeit werden . . . oder mehrere auf einen Trunk nehmen; aber da kann man Gesundheiten in die weite Welt hinein trinken, ohne daß jemand, oder auch man selbst weis, wie viele noch zu der folgenden Summe gehören; oder man muß die Namen hier nennen. In diesem letzten Falle hab' ich oft angemerkt, daß wenn jemand zwey oder drey aufruft, die Augen der übrigen in dieser Gegend auf den Trinker gerichtet waren, und gleichsam sagten: »Wir hoffen doch nicht, Herr, daß Sie uns vergessen werden!« Nun aber nennt ein braver Mann bis sechs Personen bey einem Glase her, und spart sich ein halb Dutzend aufs folgende Glas, in der Meynung, es recht gut zu machen .... Recht gut auch für die, deren Namen er genannt hat, aber die übrigen sind nun seine Feinde, denn er hat sie zurück gesetzt.«

»Man hält es überall für unhöflich, jemand in einer andern Beschäftigung zu stören, warum denn nicht bey Tische? Ich bringe jemanden seine Gesundheit; er hört es nicht sogleich, weil er mit sonst etwas beschäftigt ist, da soll ich nun aus verkehrter Höflichkeit lauter rufen. ... Diejenigen, die nahe bey mir sitzen, lächeln: was thuts? ich würde keine Lebensart zu besitzen scheinen, wenn ich nicht immer lauter schrye, bis endlich ein mitleidiger Nachbar den Herrn anstoßt, und ihn bemerken läßt, daß der ehrliche Gubbins sich seit einiger Zeit bemühet, seine Gesundheit zu trinken. Nun danket er, und bittet um Entschuldigung, da ich um Verzeihung bitten sollte, daß ich so grob gewesen bin, ihn zu stören.«

»Bey den alten runden Tafeln wars noch eine andere Sache, da konnte man sich wenigstens sehen! aber bey den jetzt eingeführten langen, eckigten Tischen geht das nicht an, und das Gesundheittrinken ist also noch beschwerlicher. Angenommen, es sitzen an einem solchen langen Tische an jeder Seite zehn Personen, und der Erste will die Gesundheit des Neunten, oder der Neunte die Gesundheit des Zweyten trinken, wie soll er es anfangen? Ich höre mir rufen, weis nicht, woher die Stimme kommt; und von Rechtswegen sollten wir uns doch einander ansehen. ... Wir müssen uns also vorne über den Tisch beugen, wobey wir unserer Nachbarn Teller aus unsern Perücken einpudern, oder ausrufen: »Die sechs Herren zu meiner Rechten, oder zu meiner Linken, belieben sich ein wenig zurück zu beugen, daß ich den Herrn N. sehen kann.« Plötzlich ruhet das Werk der Hände, Messer und Gabeln dieser Herrn, und die Ceremonie wird vollzogen.«

»Da ich nicht gerne unhöflich scheine, und mir die Ehre des Gubbins sehr am Herzen liegt, so habe ich mir ein eignes System über das Gesundheittrinken gemacht. Ich mache es also: in einer Gesellschaft überlege ich sorgfältig, wie viele Personen vorhanden, deren Gesundheit ich trinken muß; gesetzt, es sind zwölfe, so theile ich die Gesellschaft in drey Theile; vier Mann auf ein Glas. Dann setze ich mein Glas vor mir hin und laure, bis die Augen desjenigen, den ich aufs erste Glas nehmen will, auf mich gerichtet sind; denn ich habe mirs zum Gesetze gemacht, bey der Mahlzeit niemals mehr zu schreyen, um nicht durch ein unvermuthetes Schrecken meiner Nachbarn Verdauung zu verhindern . . . Nun fasse ich endlich seine Augen . . . geschwinde beuge ich mich gegen ihn mit dem Kopfe; er dankt mir auf gleiche Weise, und damit fahre ich so lange fort, bis ich meine viere zum ersten Glase beysammen habe. Sind solchergestalt die Präliminarien des ersten Trunkes berichtiget, so schreite ich zum Werke selbst, wozu ich dann dreyviertel Zeit weniger gebrauche, als alle übrigen.«

»Neulich war ich bey einem Gastmahle, wo mir das Unglück recht auf dem Fusse folgte. Hören Sie nur die Unglücksfälle, die mir dabey überkamen. Ich habe eben eine Schnitte von einem schönen Truthahn über die Gabel gefaßt, als jemand zu meiner Rechten leise sagt: *ich gebe mir die Ehre, auf Ihre Gesundheit zu trinken, Herr Gubbins;* ich höre nichts davon, und will eben mit dem Bissen in den schon geöfneten Mund fahren, als mich ein geschäftiger Nachbar zur Linken am Ärmel zupft und sagt: Herr Pontoon will Ihre Gesundheit trinken. In der Meynung, er sässe an der Seite, wo man mich zupfte, wende ich mich dahin und sagte: *ich danke ergebenst, mein Herr.* Aber hier saß kein Pontoon; er war an der rechten Hand der Sechste von mir. Schnell kehre ich mich nach dieser Seite, und stosse in der Eile eine Sauciere um, die vor meinem nächsten Nachbar steht, und giesse ihm die Brühe übers Kleid. Man kan leicht denken, daß ich mich nicht wenig schämte . . . . Ich bat ihn tausendmal um Verzeihung, und nahm mir vor, inskünftige behutsamer zu seyn. Ich rührte also meinen Braten eine Zeitlang nicht an, ob etwan eine andere Gesundheit ankommen möchte. Der Bediente, der mich so müßig sitzen sieht, setzt sichs im Kopf, ich müsse wol nicht mehr vom Braten essen wollen, und will mit Teller und Braten zugleich fortgehn; und kaum konnte ich es noch mit aller meiner Mühe retten. Da ich beständig suche, aus meinen widrigen Begebenheiten Vortheil zu ziehen, so stellte ich darüber meine Betrachtungen an, daß ich so erschrocken war, und nun meinen Braten so stille auf dem Teller hatte liegen lassen. Ich fuhr endlich ganz behende mit einem Bissen zum Munde . . . da erscholl es von einer anderen Gegend: Herr Gubbins, Ihr Wohlseyn! Ich wollte den Mann nicht gerne lange warten lassen, und dachte auch, ein paar Worte liessen sich noch wol mit einem Stück Braten im Munde aussprechen . . . Ich sage ergebensten Dank . . . aber mein Herr, das unglückliche Gezische des S . . . Kurz, ich sah meinen Braten wieder auf dem Teller. Zu grossem Glück ward dieses Vorfalls niemand gewahr, als ich, fünf oder sechs Bediente, und der, der meine Gesundheit trank; dieser lächelte, ich war roth und die Bedienten hielten die Tellertücher vors Gesicht. Wie bereits gesagt, ich suche Nutzen aus meinen Unglücksfällen zu ziehen, und faßte den vesten Entschluß, ein andermal geschwinder zu käuen. Aber grausames Geschick! Menschen wissen niemals die Mittelstrasse zu halten, und sind entweder zu langsam oder zu geschwinde . . . Eine neue Stimme ruft mich an: Ihre Gesundheit, Herr Gubbins! Das Unglück beym vorigen Bissen fiel mir ein; ich wollte also geschwinde meinen Braten zermalmen, käuete aber gar zu geschwinde. . . . Ein Stückchen zu braune Haut fiel mir in die Luftröhre, und verursachte mir einen solchen Husten, daß die ganze Gesellschaft in Sorgen gerieth, und böse Folgen fürchtete. Sie hatte auch wol Ursach, denn entweder mußte Gubbins den Truthahn auf die Seite schaffen, oder der Truthahn schafte den ehrlichen Gubbins auf die Seite. Zu meinem Glücke behielt Gubbins die Oberhand, und Braten, Farce und Brühe wurden gesprenget. Ich weis selbst nicht, was ich hätte thun sollen, noch was ich that; nur das weis ich, das ich eine halbe Stunde nach dem Essen, an eben dem Tische, in eben der Gesellschaft auf meinem Stuhle saß. Ich trank ein bis zwey Glas Wein, um mich zu erquicken, faßte wieder Muth, und that der Gesellschaft folgenden Vorschlag: In unserer Stadt soll bey jedem Gastmahle ein Bedienter mit einer bunten Jacke und Kappe hinter dem Wirthe auf einem hohen Schemel stehen, in der einen Hand einen hölzernen Hammer und in der andern ein rundes Brett halten, und wann eine Gesundheit getrunken wird, soll er dreymal aufs Brett klopfen und laut rufen: *Achtung! Ohren aufgethan! Mund rein gemacht! Herr N. trinkt des Herrn N. Gesundheit.* Ist der Trunk geschehen, soll er wieder anklopfen und sagen: *Essensfreyheit!* und so bey jeglicher Gesundheit. Der Vorschlag ward verworfen, dagegen aber ward beliebt und ausgemacht: Ein jeder soll hinführo die Freyheit haben, zu trinken, wann ihn durstet, so wie er sie bisher gehabt hat, zu essen, wann ihn hungert; und es soll hinführo für eben so unhöflich gehalten werden, bey jedem Trunke der Gesellschaft ein thörigtes Zeichen zu geben, als man solches bisher bey jedem Bissen dafür würde gehalten haben. Aber das weise Gesetz unsrer Stadt ist noch nicht allenthalben in England gültig.«

WORT ZUM RÄTHSEL.

...Den er mir und etlichen andern auf einem Caffeehause vorm Drucke vorlas, veranlassete das Gespräch, meinen Ausspruch, die höflich triumphirende Frage: »Sind Sie in Frankreich gewesen?« und meinen plötzlichen Entschluß, mit meinen eignen Ohren zu hören, und mit meinen eignen Augen zu sehen, was ich bisher über diesen Punkt freylich nur von Hörensagen wußte.

Und nun kann ich sagen, ohne eine solche schnippische Frage zu befürchten:

»In Frankreich sind die Gesundheiten abgeschafft, und Toasts sind dort niemals eingeführt gewesen.«

In so weit also habe ich einen Zweck meiner Reise erfüllt.

Ob aber meine Landsleute bey dieser meiner gewissenhaften Relation denken werden: *tant mieux*, oder *tant pis*, das kann ich nicht entscheiden, ob ich gleich mit aller Bescheidenheit mich selbst rühmen darf, daß ich jetzt diese beyden Ausdrücke nach ihrem wahren Sinne kenne.

AMIENS.

Der Postillon fuhr langsam genug, um meine angestellte Betrachtung nicht zu unterbrechen. Das angenehme Lustschloß Chantilly hatte ich gesehen, und ich rathe jedem Reisenden dasselbe zu thun, wenn er ein Liebhaber von schöner Architektur, prächtigen Zimmern und noch prächtigern Möbeln ist. Bis Amiens begegnete mir nichts sehr merkwürdiges. Sehr merkwürdiges wol auch nicht da? sagt der Leser. ... Es was bereits Ein Uhr, als ich hier ankam; ein scharfer Hunger trieb mich an, mich vor allen Dingen nach dem Essen zu erkundigen; ich fragte also den Wirth, was er am geschwindesten herbeyschaffen könnte?

»*Tout ce que vous voulez.*«

Ein prächtiger Küchenzettel, dacht ich.

Aber was haben Sie im Hause bey der Hand?

»*Tout ce que vous voulez.*«

Haben Sie Rebhühner?

»*Non.*«

Schnepfen?

»*Non.*«

Enten?

»*Non.*«

Junge Hühner?

»*Non, Monsieur, qui soient propre à manger.*«

»Mein Herr, abgethan sind keine.«

So ists für einen Reisenden mit Extrapost eben so gut, als ob Sie gar keine hätten.

Haben Sie Fische?

»*Point du tout aujourd'hui.*«

O, sagen Sie mir nur, was ist denn das *Alles*, was Sie haben?

»*Des côtelets de mouton, à la Maintenon.*«

»Hammelcotelets mit einem Überguß a la Maintenon? ». . O, Hunger thut wehe! Geben Sie nur her, Herr Bonifacius!

Der Scherz gieng aus zwey Ursachen verloren; erstlich, verstund er meine Sprache nicht; und zweytens, hätte er sie auch verstanden, und die Komödie nicht gesehen, worin der dicke Bonifacius vorkommt: so konnte er sichs nicht einfallen lassen, daß ich mit dem Namen auf sein hageres Gerippe anspielte.

WELCH EIN LÄRMEN.

Es ist für jedermann, besonders aber für einen Engländer, eine mißliche Sache sich auf eine gute Mahlzeit zu freuen, wenn er durch Frankreich reiset. Kann er mit einem Pfannekuchen, einer Zwiebelsuppe oder einem Fricassee von Fröschen, deren es hier häufig giebt, vorlieb nehmen: so darf er nicht fürchten Hunger zu leiden; setzt er sich aber ein gutes Stück Rindfleisch oder dergleichen in den Kopf, o weh! wie wird sich sein Magen, von Calais an, bis er wieder in Marseille zu Schiffe steigt, betrogen finden.

Mir gieng es noch viel ärger; denn, nachdem ich alle meine Ansprüche auf ein paar Hammelribben eingeschränkt hatte, obgleich meine Immagination durch den prächtigen Küchenzettel des Wirths verleitet worden, auf etwas bessers zu denken: so waren diese Cotelets nicht einmal zu finden. Ein Stück Hammelfleisch von ungefähr drey Pfund, auf welches der Wirth sich mit seinem »*Tout ce que vous voulez*« steifte, war verschwunden.

»*Où diable est le mouton?*«

»*Peste! où est le mouton?*«

»*. . . où est le mouton?*«

Jeder Winkel in der Küche, jeder Nagel in der sogenannten Speisekammer ward durchsucht . . . da war kein Fleisch. Endlich, als ich schon im Begriff stand, wieder anspannen zu lassen, und meinen Hunger bis zur nächsten Station aufsprechen wollte, hatte *Monsieur l'Hôte* dem Haushunde das Stück Fleisch wieder abgejagt. Er hatte zwar schon auf dem Kehricht ein gut Theil davon verzehrt, da aber noch genug zu ein paar *Côtelets à la Maintenon* für mich übrig war, so gab ich zu, daß es zubereitet würde, damit er den armen Hund nicht todt prügeln möchte.

Ich hatte durch das Fenster einen artigen Garten erblickt, und auf die Frage, wie bald das Essen fertig seyn würde? zur Antwort erhalten: *Dans une heure, Monsieur.*

Ist der Garten offen, Herr Wirth?

»*Il n'est pas à moi, mais à un très honnête officier, qui loge tout proche de moi; il sera bien aise de votre compagnie. Je vous avertirai aussitot qu'on peut servir.*«

»Er gehöre nicht ihm, sondern einem sehr braven Officier, seinem nächsten Nachbar. Meine Gesellschaft würde ihm lieb seyn, und er wollte mirs ansagen, wann angerichtet werden könnte.«

Man brachte mich hin: der Officier mit ehrwürdigen grauen Haaren, empfieng mich mit ungemeiner Gefälligkeit und Gesprächigkeit. Ich erfuhr bald von ihm, daß er noch unter Carl dem zwölften als Volontair verschiedenen Feldzügen beygewohnt hatte. Wir kamen auf die *Chère* in meinem Wirthshause; es war ihm bekannt, daß ich nicht viel vorfinden würde, und er bat mich, seine Suppe vorlieb zu nehmen; man würde in einer Viertelstunde anrichten. Aus Überzeugung, daß ich immer bey seinem Tische sowohl, als seiner Gesellschaft gewinnen müßte, nahm ich seine Höflichkeit mit erkenntlichem Danke an; wir waren schon rechte gute Freunde, als er ins Haus gieng, seinem Bedienten zu sagen, daß er zwey Couverts auflegen sollte. Als ich derweile alleine im Garten herum ging, sah ich ein Blasrohr stehen, und den dazu gehörigen Schrott dabey. Ich nahm es in die Hand, und, ohne zielen, schoß ich unter einen Haufen Sperlinge, und traf einen, daß er todt zur Erden fiel; ich nahm ihn eben auf als mein alter freundschaftlicher Officier wieder in den Garten trat.

Was haben Sie da gemacht? mein Herr.

Ich habe einen Sperling geschossen.

Ich kann den plötzlichen Übergang von der gefälligsten Freundlichkeit zum heftigsten Unwillen nicht beschreiben. Indessen sagte er nur ganz kalt:

»Das ist sehr übel gethan!«

Ich wollte mich entschuldigen, daß es nur bloß ein Sperling sey: er aber, ohne mich anzuhören, sagte: »Er pfiff doch, und lebte, und Sie konnten ihn nicht essen.« Damit gieng er mit einem trocknen *à Dieu, Monsieur!* fort, und ließ mich allein stehen. Voller Unwillen auf mich selbst, und voller Hochachtung für diesen Mann, gieng ich nach meinem Wirthshause. Daß ich, so sehr mich gehungert, eine Mahlzeit verloren, mochte hingehen, denn ich hatte jetzt keine Lust zum Essen mehr über: ärger aber wars, daß ich einen so empfindsamen Mann auf mich böse gemacht hatte; und das Ärgste war meine Überzeugung, daß er Recht hätte. Was hatte ich für Beruf, unter einen Haufen Sperlinge zu schiessen, für deren Leben der Vater im Himmel eben so wohl sorget, als für das meinige? Ein Mann, der im offnen Kriege sein Leben so oft gewagt und so manchen Feind erlegt haben mag, hat so ein sanftes gefühlvolles Herz auch gegen geringe unvernünftige Thiere! Yorick! Yorick! was that dir der Sperling?

A B B E V I L L E .

Ich setzte mich voller Gedanken an den Tisch, gab dem Haushunde die Cotelets als seine rechtmäßige, itzt besser für ihn zugerichtete Eroberung, bezahlte den Wirth, und setzte mich wieder in den Wagen.

Ich wäre gern eingeschlafen, aber meine zu unruhigen Gedanken über den Vorfall, und das ewige Klitsch! Klatsch! des Postillons, liessen mich nicht dazu kommen.

Es scheint, daß in Frankreich die Postillons das ausschliessende Privilegium haben, mit ihren Peitschen zu klatschen, und sie verstehn sich auch so gut darauf, daß sie keines Posthorns bedürfen, um, wie die Postillons anderwärts, zu blasen, wenn sie an eine Station kommen.

Klatsch, klitsch, klatsch!

Und da stehn die Postpferde. . . . Aber halt! der Magen will doch sein Recht haben.

Hier finde ich doch eine gute Ente und ein gut Glas Burgunder. . . . So! nun kann ich fahren, so bald man will.

BOULOGNE SUR MER.

Sicher, ich glaube, ich bin schon in England, ohne über den Canal gekommen zu seyn! Welch eine Menge von meinen Landsleuten! Was für Vorzügliches hat denn dieser Ort vor allen französischen Seehäfen?

Diese Frage that ich an den Wirth, der ein Irrländer war.

»Daß er so nahe bey England liegt. . . . Schleichhändler, Bankerottier und dergleichen! . . . Die Gassen wimmeln davon.«

Bezahlen sie richtig?

»Anfangs.«

Und können Sie sich denn überreden lassen, ihnen nachher Credit zu geben?

»Das nicht; aber es kommen so häufig frische Rekruten hier an, welche von ihren Landsleuten berupft werden, sobald sie anlangen, daß wir es wagen können, ihnen zu trauen, wären die Bankerotte auch noch so häufig.«

Himmel! der Dürftige bestiehlt den Elenden! Oder: *Der seiner Sündenschuld wegen Reisende saugt dem unglücklichen und unschuldigen Reisenden den letzten Blutstropfen aus.*

Einen Vorhang vor die Scene! . . . Es beleidigt die Menschlichkeit.

Geschwinde! Postpferde geschafft.

CALAIS.

Noch einmal.

Aber, mein lieber Mons. Dessein, Sie haben mir da einen Wagen verkauft! . . . Doch, es mag darum seyn, ich verzeihe es Ihnen.

»*En honneur, Monsieur, j'ai refusé deux Louis de plus le même jour.*«

Wie bescheiden für einen Gastwirth!

Wann gehet das Paquetboot über, Mons. Dessein?

»*Ce soir, Monsieur.*«

So bestellen Sie mir einen Platz in der Cajüte, und besorgen mir ein paar Flaschen von Ihrem besten Burgunder.

DIE SEE.

Eine todte, todte Stille!

Wie krank ist Mademoiselle Latouche! ... Die See wirkt wie die beste Ipecacuana.

Ich bitte, Mademoiselle, thun Sie sich aus Höflichkeit keinen Zwang an.

»*Non, Monsieur, c'est ce que je ne fais jamais dans des cas pareils.*«

Das merk ich ... aber ... aber ... Gut, ich bin noch so eben durchkommen. Hoho! ich werde ihr kein Compliment mehr machen, ehe wir am Lande sind.

Eine artige Kühlung bringt uns in den Hafen.

DOVER.

Ein jeder Reisender, der bis hieher gekommen ist, und hernach für gut befunden hat, Papier zu besudeln, hat diesen Ort beschrieben. Auf diese kann ich also meine Leser verweisen, oder auf den Shakespear, wenn sie eine poetische Beschreibung davon lesen wollen.

»Sir, Sie können mit einem andern Herrn Extrapost gehen, ohne daß es Ihnen höher zu stehen komme, als mit der ordinairen Kutsche.«

So sagte mir mein Wirth in *Kings-Head*.

Gut, so will ich das thun.

CANTERBURY.

Sir, der Weg ist sehr schlecht; ich muß einen Schilling für die Meile haben. Ein Herr kann nicht wohlfeiler Extrapost fahren, und wir verdienen nichts dabey.«

Was? das ist ja ein offenbarer Betrug! Der Herr, wie heißt er? hat mich angeführt; und wenn nur noch irgend Recht in England ist, so will ich mirs verschaffen.

»Das will auch ich, seyn Sie versichert,« sagte mein Reisegefährte. . . . Er war ein Jurist.

LONDON.

O mein theurester *Eugenius*, ich fliege in deine Arme! ... Laß mich den Besten aller Freunde umfangen!

Wie glücklich bin ich, Dich wieder gesund zu finden! ... Das Glück ist verschwendrisch gütig gegen mich!

DER MENSCH.

Was für eine wunderbare Maschine ist der Mensch! Die Hand der Natur hat sie so zart zusammen gesetzt, daß jedes Element ihre richtige Bewegung verhindern kann. Bald macht die Hitze, daß die Schläge des Herzens zu schnell sind; . . . bald starret jede Fiber vor Kälte. Wo ist der eigentliche Mittelweg zu finden? Sagt mirs, ihr Philosophen, und ich will auch sagen, Ihr seyd nicht unwissend.

Meine Lebensgeister sinken. . . . Mir schwindelts im Kopfe.

Zu Bette. . . . zu Bette!

Ich kann nicht schlafen . . . ein Buch mag vielleicht unterhalten. Kann ein Buch in dieser Stunde der Schmerzen Vergnügen geben?

Ich will meiner Melancholie nachhängen.

Nachdem ich in *Herveys* Betrachtungen gelesen, fiel ich in einen Schlummer, und stufenweise wirkte ein Traum so stark auf mich, daß ich glaubte, ich wäre nicht mehr im Stande der Natur, sondern eine Art von Zuhörer bey einem Gespräche, das meine Seele und mein Körper mit einander hielten; welches ich, da es einen so starken Eindruck auf mich machte, ziemlich wörtlich wiederholen kann.

EIN TRAUM.

Gespräch *zwischen meiner* Seele *und meinem* Körper.

Der Körper.

Nein .... niemals, niemals will ich, Seele, Deinem Eigensinne gehorchen. Wie? ich sollte Dir eine Oberherrschaft übergeben, die ich so viele Jahre über Dich geführt habe? Nachdem Du meinen Befehlen so blindlings gehorcht, soll ich mich den Deinigen unterwerfen, welche mir alles das untersagen, was mir Vergnügen macht, und mich zu dem zwingen wollen, was ich so äußerst verabscheue? Das soll nie geschehen! Nie sollst Du das Vergnügen haben, zu finden, daß ich an dem Ende meiner Laufbahne Deine Einfälle zu Regeln meines Willens mache. Wie? ... ich soll bekennen, so feig bekennen, daß aus meinem Sklaven mein Herr geworden, und soll Deinen Gesetzen folgsam seyn, da Du von Jugend auf nicht den geringsten Anspruch darauf gemacht hast, sie in Ausübung zu bringen? Undankbare Seele! Nachdem Du mit mir die süssesten Vergnügen getheilt hast, soll das Dein Dank seyn, daß Du mir meinen Genuß am Leben verbieten willst, um Dich von deinen panischen Schrecken zu befreyen? Ist das die Erkenntlichkeit, die ich von Dir zu gewarten habe, daß du die Wohnung, in welcher Du so lange Jahre Deinen Aufenthalt gehabt hast, zu zerstören, und die Miethe mit Seufzern, Thränen, Einsamkeit, Kasteyungen, Verachtung, und kurz, mit Leiden an jedem meiner empfindlichen Theile, abzutragen gedenkest? Nein! ... ich will mich Dir mit aller Macht widersetzen, und will, wie ich gewohnt bin, der Befriedigung meiner Sinnen nachgehen, Trotz Dir und Deiner Misanthropie! Aber, ach ... meine Seele erscheint, ... und ich muß hören, ich mag wollen oder nicht.

Die Seele.

Du elender Klumpen! Erdenklooß! Speise der Würmer! Höhle der Schlangen, und Wohnung der Kröten! Du wagest es, den Gesetzen zu widerstreben, welche ich Dir, die kurze Zeit, die wir noch zusammen bleiben werden, vorschreibe, nachdem ich Dir, durch eine unglückliche Gefälligkeit, in einer so langen, so langen Zeit, bey allem nachgesehen habe, was Deine schändlichen Begierden nur heischten. Was ist grösser, Dein Verbrechen, oder Deine Undankbarkeit? Du versagst mir itzt einige wenige Thränen, da ich Dir in einer solchen Reihe von Jahren so unzähliges Vergnügen verschafft habe. Aber ach! eitel und eingebildet ist alle irdische Glückseligkeit! Kannst Du nach so vielen Freuden mir einige Seufzer versagen, eine fruchtbare Einsamkeit nach einem so langen und eitlen Umgange mit der Welt, einige Kasteyungen nach Myriaden von so vergänglichen Ergötzungen, einige Demüthigungen nach so vielem Stolze, kurz, einen Zustand der Reue, so kurz, als unsre Vereinigung noch dauren wird, nach so vielen Jahren eines eitlen oder strafbaren Genusses, von dem ich eines Tages vor dem Stuhle des höchsten Richters Rechenschaft geben muß?

Du verachtungswürdiger Empörer! Du blindes Gefäß von Thon und Erde! Dein Ungehorsam macht Dich meiner Fürsorge so unwürdig, als ich solches der Barmherzigkeit bin, weil ich bisher so unbesonnen partheylich für Dich gewesen. Aber nun sind meine Augen aufgethan: ich erkenne die unumschränkte Gewalt, die ich über Dich hätte haben sollen, und will sie hinführo ausüben. Widersetze Dich also nicht länger meinen Befehlen; und erwarte weiter in dieser Welt nichts, als Betrübniß von mir. Ich gebiete Dir, Dich mit Geduld den härtesten Leiden dieses Lebens zu unterwerfen, da du Deiner Natur nach es nicht mit Vergnügen thun kannst. Könnte ich doch durch Deine

Thränen die Flecken Deiner vergangenen Thaten wegwaschen! ... Möchte doch Deine jetzige Demüthigung das Andenken deines vorigen Stolzes auslöschen. Hast Du nicht Schaden in der Welt gestiftet? Was für eine Ersetzung kanst du darbieten? Deine Predigten? Wer lieset sie? ... und läse sie die ganze Welt, und wären es die besten, können sie die Folgen eines gegebnen Ärgernisses aufheben?

W A C H E N D .

Hier entstund ein Lärmen in der Gasse, welches mich aufweckte, und ich war froh, daß dieses nur ein Traum gewesen; gleichwol arbeitete er so stark auf mein Gemüth, daß solches meine Schwachheit sehr vergrösserte, und ich es kaum aushalten konnte, daran zu denken.

Ich sah, nur zu deutlich sah ichs ein, daß meine Seele selbst im Schlafe Recht hatte. Wie wenig Ursache hab' ich, mit mir selbst zufrieden zu seyn. . . . Wie unrichtig hab' ich nicht die Talente angewendet, die die Natur zu höherm Gebrauche bestimmte! . . . Wie viel unnütz beschriebnes Papier!

O mein Gehirn, Eugenius! mein Gehirn!

† † †

U N D E R I S T N I C H T M E H R

Er ist dahin, sein muntrer Geist, von unerschöpflichen Einfällen! Sein Herz voll sanften menschenfreundlichen Gefühls! Sein Verstand, der die Thorheit des lächerlichen belächelte, und unterdrücktes Verdienst beschützte! Alles ist dahin für uns!

Der unbekannte Freund vereint sich mit dem, der Dich kannte, zollt Dir eine zärtliche Thräne, oder seufzt bey dem Gedanken Deines Grabes:

A C H , D E R G U T E Y O R I C K !

ANHANG.

EDITORISCHE NOTIZ.

Der vorliegende Band gibt den Text von *Yoricks empfindsamer Reise durch Frankreich und Italien* so wieder, wie Sternes Roman in die Geschichte der deutschen Literatur eingegangen ist — in der klassisch gewordenen Übersetzung von Johann Joachim Christoph Bode, die 1768, noch im gleichen Jahr wie das englische Original, bei Johann Heinrich Cramer in Hamburg und Bremen herauskam.

Ein Jahr nach der *Sentimental Journey* erschien 1769 eine Fortsetzung von nahezu gleichem Umfang wie der ursprüngliche Text unter dem Pseudonym Eugenius. Da Sterne selbst schon in seinem Roman *Tristram Shandy* und auch in der *Sentimental Journey* mit diesem Namen seinen Freund John Hall-Stevenson (1718–1785) bezeichnet hatte, hielt man diesen lange Zeit für den Verfasser der Fortsetzung — eine Zuschreibung, die durch Überlegungen von Lodwick Hartley an Wahrscheinlichkeit verloren hat, ohne daß ein anderer mutmaßlicher Verfasser in Sicht gekommen wäre. Die Fortsetzung kann daher heute als das Werk eines Anonymus gelten. (Vgl. Lodwick Hartley, »Yorick's Sentimental Journey Continued. A Reconsideration of the Authorship«, in: *The South Atlantic Quarterly*, Bd. LXX, Nr. 2, Frühjahr 1971, S. 180–190).

J. J. Chr. Bode nahm die Übersetzung dieser Fortsetzung gleich nach ihrem Erscheinen in Angriff. Nachdem die beiden ersten Auflagen der *Empfindsamen Reise* 1768 und 1769 in zwei Bänden, also ohne die Fortsetzung, erschienen waren, brachte erstmals die dritte Auflage in einem dritten und vierten Band auch Bodes Version der Fortsetzung.

So sehr sich Bode bei der Arbeit an Sternes Roman um eine getreue Wiedergabe des Originals bemüht hatte, so frei verhielt er sich gegenüber der »Fortsetzung von Freundeshand«. An vielen Stellen, wo diese allzu sehr unter dem Niveau von Sternes erstem Teil blieb, griff er modifizierend (und im allgemeinen verbessernd) ein, nahm sich hier und da auch die Freiheit, ganze Kapitel zu streichen und durch eigene Texte zu ersetzen. Eine genaue Analyse des Verhältnisses zwischen Bodes Fassung der Fortsetzung und dem englischen Original ginge über den Rahmen dieser Notiz hinaus. Eine ausführliche Darstellung findet sich bei Harvey Waterman Thayer, *Laurence Sterne in Germany*, New York, London 1905, S. 47–53.

Grundlage unserer Ausgabe ist die vierte Auflage der *Empfindsamen Reise.* Als Erscheinungsort wird auf den Titelseiten der einzelnen Bände, anders als bei den drei vorangegangenen Auflagen, nur Bremen genannt, als Erscheinungsjahr für die beiden ersten Bände mit Sternes Text 1776, für die beiden Bände mit der Fortsetzung von Freundeshand 1777. Ein Vergleich zwischen der dritten und der vierten Auflage ergab, daß diese letztere im allgemeinen den zuverlässigeren Text bietet, allerdings, da sie neu umbrochen und stellenweise neu gesetzt wurde, auch neue Fehler enthält, die die dritte Ausgabe nicht aufweist. Nur offenkundige Druckfehler wurden unter Berücksichtigung der dritten Auflage und des englischen Originals korrigiert. Inkonsequenzen in Orthographie und Zeichensetzung wurden dagegen nicht beseitigt. Auch die vom heutigen Gebrauch teilweise abweichende Schreibung der französischen Passagen wurde beibehalten.

Die folgenden Noten geben soweit dies der Text nicht selbst tut, eine Übersetzung der fremdsprachigen, meist französischen Wendungen, und liefern außerdem einige Hinweise, die manchem Leser zum Verständnis gewisser Zusammenhänge nützlich erscheinen mögen.

NOTEN.

Den vier Bänden der ursprünglichen Ausgabe von *Yoricks empfindsamer Reise* nebst ihrer Fortsetzung entsprechen in unserer Ausgabe die folgenden Abschnitte: Band 1 — Seite 5–116; Band 2 — Seite 117 bis 207; Band 3 — Seite 211–293; Band 4 — Seite 294–404.

Seite 6.
Wardein — eigentlich: Münzprüfer.

Seite 7.
Herr Weiß — Von dieser Übersetzung ist offenbar nichts bekannt geworden.
mit einigen unvollkommenen Anekdoten — Bodes Quelle für seine biographische Skizze war ein Artikel von Dr. John Hill im *Royal Female Magazine*, April 1760, der im *London Chronicle*, 5. Mai 1760, unter dem Titel »Anecdotes of a fashionable Author« nachgedruckt wurde.
die Baracken in Dublin — gemeint sind Kasernen (engl. *barracks*). In Wirklichkeit wurde Sterne am 24. November 1713 im südirischen Clonmel geboren.

Seite 8.
Yoricks Predigten — *The Sermons of Mr. Yorick* erschienen zuerst 1760. Eine deutsche Übersetzung kam 1766–1767 in Zürich heraus.
Tristram — Laurence Sternes Roman *The Life and Opinions of Tristram Shandy, Gentleman* erschien in neun Bänden 1760–1767. Eine erste deutsche Übersetzung aus den Jahren 1763–1767 erregte kein großes Aufsehen. Bodes Übersetzung, *Tristram Shandi's Leben und Meinungen*, wurde 1774 veröffentlicht.

Seite 12.
Dodsleys — James und Robert Dodsley waren Sternes erste Verleger in London.

Seite 13.
des Verfassers Tod — Sterne starb am 18. März 1768, wenige Wochen nach dem Erscheinen der *Empfindsamen Reise* im Februar 1768.

Seite 14.
Da sich Sterne ... selbst geschildert — in *Tristram Shandy*, Band 1, Kapitel 11.
Gaieté de cœur — Herzensfröhlichkeit.

Seite 16.
von einem witzigen Franzosen — La Rochefoucauld, aus dessen Maximen Sterne hier zitiert.

Seite 17.
den strengen Tadel eines Recensenten — der Braunschweiger Pastor Martin Thomas Christoph Mittelstedt in den *Braunschweiger Intelligenzblättern.* Mittelstedt hatte selbst eine Übersetzung der *Sentimental Journey* angefertigt: *Versuch über die menschliche Natur in Herrn Yoricks, Verfasser des Tristram Shandy, Reisen durch Frankreich und Italien*, Braunschweig 1769.

Seite 18.
der Herr Verfasser des Hamburgischen Correspondenten — im *Hamburgischen Unpartheyischen Correspondenten* vom 29. Oktober 1768.
Ebert — Johann Arnold Ebert, Dichter und Übersetzer (1723–1795).

Seite 19.
einer von Sternes vertrauten Freunden — vgl. die Editorische Notiz in diesem Band S. 407–408.

Seite 24.
Elisa — Elizabeth Draper (1744–1778), die junge Frau eines Angestellten der East India Company, in die sich Sterne im Januar 1767 verliebte. Anfang April 1767 mußte Eliza, die sich etwa zwei Jahre in England aufgehalten hatte, zu ihrem Mann nach Bombay zu-

rückkehren. Nach ihrer Abreise begann Sterne sein (erst 1904 veröffentlichtes) »Tagebuch an Eliza«, in dem es unter dem Datum des 17. Juni heißt: »Ich habe Deinen Namen, *Eliza!* und dein Bild in mein Werk [die *Empfindsame Reise*] aufgenommen — wo sie weiterleben werden — wenn Du und ich auf ewig ruhen. — Irgendein Kommentator oder Ausleger meiner Werke wird hier die Gelegenheit ergreifen, von der langen und treuen Freundschaft zu sprechen, die zwischen Yorick und der von ihm genannten Dame bestand.« Zit. n. Laurence Sterne, *Briefe und Dokumente*, hrsg. v. Siegfried Schmitz, München: Winkler 1965, S. 147.

Seite 26.
physikalische Precieuse — Salondame, die sich auf ihr Halbwissen etwas einbildet.

Seite 28.
Guido — Guido Reni, italienischer Maler (1575–1642).

Seite 35.
cum beneficio Cleri — mit dem Vorrecht des Klerus.

Seite 36.
besoin de voyager — Reisebedürfnis.

Seite 39.
Vis-à-vis — ein Wagen, in dem die Reisenden einander gegenübersitzen.

Seite 41.
C'est bien vrai. — Das ist sehr wahr.
d'un homme d'esprit — (die Achtung) eines geistreichen Mannes.

Seite 42.
en profil . . . en face — von der Seite . . . von vorn.

Seite 43.
diablirt — geflucht; vgl. dazu Seite 78 und 79.

Seite 45.
Bon Ton — der »gute Ton«.
Esdras — angeblich der Verfasser zweier Bücher der Apokryphen. In II Esdras X, 31 begrüßt ein Engel den Propheten mit den von Sterne zitierten Worten.
Vous n'étes pas de Londres? — Sie sind doch nicht aus London?
Apparamment vous étes Flamancde? — Offenbar sind Sie Flämin?
Peut-étre de Lille? — Vielleicht aus Lille?
pour cela — was das angeht.
Et Madame a son Mari? — Madame sind verheiratet?

Seite 59.
Pours und Contres — Für und Wider.

Seite 62.
von Dan bis Berseba — diese beiden Orte lagen an den entgegengesetzten Grenzen des Landes Kanaan; sinngemäß: von einem Ende des Landes zum anderen.

Seite 63.
Smelfungus — So nennt Sterne Tobias Smollet, der sich in seinen *Travels Through France and Italy* (1766) immer wieder abfällig über diese Länder, ihre Bewohner und ihre Sehenswürdigkeiten geäußert hatte.

Seite 64.
St. Bartholomäus — einer der Apostel Jesu, der später in Armenien predigte und dem dort die Haut bei lebendigem Leibe abgezogen worden sein soll, bevor man ihn kreuzigte.
Mundungus — wahrscheinlich Sternes Name für Samuel Sharp, den Verfasser von *Letters from Italy* (1766).

Seite 65.
qu'un Mylord Anglois . . . — da überreichte ein englischer Herr dem Kammermädchen einen Taler. . . . Um so schlimmer für das Fräulein.

tant mieux — um so besser.
Pardonnez-moi — Entschuldigen Sie.

Seite 67.
Modo . . . Casu . . . Genus — im englischen Original heißt es:
mood, case, gender; Stimmung, Lage, Geschlecht.

Seite 68.
comme il plaisoit à Dieu — wie es Gott gefiel.
Compagnon de voyage — Reisegefährte.
O qu'oui — O ja.
Complexionalphilosophie — Komplexion: Aussehen (und Charakter) eines Menschen.
zu einem von der besseren Gattung gezischt — im englischen Original: *for shaming me into one of a better kind;* durch Beschämung zu einem Besseren gemacht.

Seite 71.
C'est un garçon de bonne fortune — Dieser Junge hat Glück.

Seite 75.
place aux Dames! — Platz für die Damen!

Seite 76.
Prenez-en . . . — Nehmt davon.
Vive le Roi! — Es lebe der König.
pour l'amour de Dieu — um der Liebe Gottes willen.
Mon cher & très charitable Monsieur! — Mein lieber, allermildtätigster Herr!
Pauvre honteux — armer Schlucker.

Seite 77.
Dieu vous benisse . . . — Gott segne euch . . . Und der liebe Gott segne Sie ebenfalls.

Seite 78.
Diable! — Teufel!
c'est le cheval le plus opiniâtre du monde. — es ist das eigensinnigste Pferd der Welt.

Seite 79.
Peste! — Pest!
mal à propos — unschicklich.
Dubletten — ein Pasch beim Würfelspiel.

Seite 86.
penchant — Neigung.

Seite 89.
Fille de chambre, Maitre d'hotel — Kammermädchen, Oberkellner.

Seite 90.
au desespoir — ganz verzweifelt wegen.
en egard vis-à-vis d'une femme — (der es) an Achtung gegen eine Frau (mangeln lassen könnte).
Quelle etourderie! — Welcher Leichtsinn!

Seite 91.
par hazard — zufällig.

Seite 92.
Le Diable l'emporte! — Hol' ihn der Teufel!
La voila — Da ist er! (der Brief).

Seite 93.
Madame, ich bin von dem heftigsten Schmerz erfüllt & zu gleicher Zeit in tiefe Verzweiflung gestürzt durch die unerwartete Rückkehr des Korporals, die unsere Zusammenkunft heute abend zur unmöglichsten Sache von der Welt macht. — Aber es lebe die Freude! & meine einzige wird es sein, an Sie zu denken. — Die Liebe ist nichts ohne Empfindung. — Und noch weniger ist die Empfindung ohne Liebe. — Es heißt ja, man soll nie verzweifeln. — Es heißt auch, daß der Herr Korporal am Mittwoch auf Wache zieht: dann bin ich an der Reihe.
Immer der Reihe nach.
Bis dahin ... es lebe die Liebe! & es lebe der kleine Unterschied! — Ich bin, *Madame*, voll des höchsten

Respekts und der zärtlichsten Empfindung ganz der Ihre, *Jacques Roque.*

Seite 94.
me voici! mes enfans — da bin ich, Kinder!
Ach, armer Yorick — vgl. Shakespeare, *Hamlet*, V, 1.

Seite 98.
Mais prenez garde — Aber geben Sie acht.

Seite 99.
Attendez! — Warten Sie!

Seite 100.
Eugenius — Vgl. die editorische Notiz zu diesem Band Seite 407–408.

Seite 102.
Damit fing ich ein neues Steige an — im englischen Original: *so I began a fresh score;* so fing ich an von neuem zu zählen.
das salische Gesetz — ihm zufolge waren in Frankreich ausschließlich die männlichen Angehörigen des Herrscherhauses zur Thronfolge berechtigt.

Seite 105.
M'en croyez-vous capable? — Trauen Sie mir so etwas zu?

Seite 108.
Cicisbeo — vom Ehemann anerkannter Hausfreund und Begleiter der Ehefrau.

Seite 109.
Zaser — landschaftlich für: Faser.

Seite 112.
Apostrophe — Hinwendung innerhalb der Rede an einen nicht Anwesenden.

Seite 114.
Haussez les Mains, Monsieur l'Abbé! — Die Hände hoch, Herr Abbé!
Quelle grossiereté! — Welche Grobheit!

Seite 115.
Le Pour & le Contre se trouvent ... — Gutes und Schlechtes findet sich in jeder Nation.

Seite 117.
den Rath, den Polonius ... seinem Sohne ertheilet — vgl. Shakespeare, *Hamlet*, I, 3.
les Egarements du Cœur & de l'Esprit — auch der Titel eines Romans von Crébillon dem Jüngeren, erschienen 1736–1738.

Seite 118.
Le Dieu m'en garde! — Gott behüte mich davor!

Seite 119.
En verité, Monsieur ... — Wahrhaftig, Monsieur, ich werde das Geld auf die Seite legen.

Seite 123.
apparament ... certes ... au moins — offenbar ... gewiß ... wenigstens.
Cela n'empeche pas — Das ändert nichts daran.

Seite 124.
Pardi ... ces Messieurs Anglois ... — Bei Gott, diese Herrn Engländer sind sehr ungewöhnliche Leute.

Seite 136.
C'est une autre affaire — Das ist etwas anderes.

Seite 137.
Chevalier de St. Louis — der Ludwigsorden wurde 1693 von Ludwig XIV. für militärische Verdienste gestiftet.

Seite 144.
et ayez la bonte ... — und haben Sie die Güte, mein lieber Freund, mir diese Ehre zu erweisen.

Seite 145.
C'est bien dit — Das ist gut gesagt.
He bien Monsieur l'Anglois — Nun, Herr Engländer.

Seite 146.
ni encore . . . par hazard — und auch nicht . . . zufällig.

Seite 149.
Et, Monsieur, est-il Yorick? . . . — Nun, Monsieur, er ist Yorick? . . . Der bin ich . . . Ihr? . . . Ich selbst, der ich die Ehre habe, mit Euch zu sprechen, Herr Graf. . . . Mein Gott! . . . Ihr seid Yorick!

Seite 151.
Un homme qui rit . . . — Ein Mann, der lacht, wird niemals gefährlich sein.
Pardonnez-moi . . . — Verzeihen Sie mir, Herr Graf.
Et vous plaisantez? — Und Sie machen Spaß?

Seite 152.
Voila un persiflage! — Was für eine Spöttelei!

Seite 155.
Mais passe, pour cela — Aber lassen wir das.
Vraiment . . . les François sont polis — Wirklich, die Franzosen sind höflich.

Seite 157.
Mais vous plaisantez — Aber Sie scherzen.

Seite 163.
Murquy — ein gebrochener Akkord.

Seite 165.
Voyez vous, Monsieur — Sehen Sie doch, Monsieur.

Seite 166.
et tout cela — und alles das.
en conscience — vertraulich.

Seite 168.
C'est deroger à la noblesse . . . et encore — Das geht gegen den Adel . . . Und doch . . .

Seite 170.
pour s'adoniser — um sich herauszuputzen.

Seite 171.
bien brodé — schön gestickt.
pour faire le galant . . . — um bei seiner Geliebten den Kavalier zu machen.

Seite 174.
Gruter oder Hackspan — Jan Gruytère (1560–1627) und Jacob Spon (1647–1695), zwei Altertumskundige.

Seite 180.
Juste ciel! — Gerechter Himmel!
Gage d'amour — Liebespfand.

Seite 188.
müßte plus badinant *sitzen* — müßte mehr Spiel haben.
Pardi! ce Monsieur Yorick . . . — Bei Gott! dieser Herr Yorick hat soviel Verstand wie wir . . . Er argumentiert gut . . . Er ist ein guter Kerl.

Seite 189.
mein Freund, Herr Shandy — im 9. Band seines *Tristram Shandy* hatte Sterne die Geschichte Marias schon einmal erzählt.

Seite 211.
Splitterrichter — der nörgelnde Kritiker.

Seite 212.
Egarémens du cœur — vgl. Note zu Seite 117.
Ah, Monseigneur! . . . — Ah, mein Herr! . . . ah, Madame! . . . der Herr Engländer . . . er hält mich! er hält mich!

Seite 216.
Zuwerfung der Häfen zu Dünkirchen und Mardyck — nach dem Utrechter Frieden von 1713 mußten die Franzosen den Hafen von Dünkirchen und 1716 auch den des wenige Kilometer entfernten Mardyck auffüllen. 1783 wurde der Hafen von Dünkirchen wiederhergestellt.

Seite 231.
Assignation — Geldanweisung.

Seite 238.
Grand Roi — ihr Großer König.
le grand Monarque — der große Monarch.
C'est la politesse Angloise — vgl. dazu Seite 221.

Seite 239.
Hé bien, Monsieur? ... — Nun, Monsieur? ... Ausgezeichnet, Madame.
D'abord Messieurs — Sofort, meine Herrn.

Seite 241.
Tedel Unversehrt — nicht nachweisbar.

Seite 242.
Tenniers — der flämische Maler David Teniers (1610 bis 1690) war für seine realistischen Genrebilder bekannt.

Seite 243.
O qu'oui, Monsieur — O ja, meine Herrn.
pour faire ses etudes — um zu studieren.
Dieu me le pardonne! — Gott vergebe mir!
ora pro nobis — bitte für uns.
Clelia — der zehnbändige Roman *Clélie, Histoire romaine* (erschienen 1654–1660) von Madeleine de Scudéry (1607–1701)

Seite 244.
Ne sit ancillae tibi amor pudori — Schäme dich der Liebe zur Sklavin ja nicht. Horaz, Oden II, 4; zit. n. Horaz, *Sämtl. Werke*, hrsg. v. H. Färber, München, Zürich 1982 (9. Aufl.)
Reine — Königin.

Seite 245.
Non Monsieur, mais ... — Nein, mein Herr, aber der Herr möge mir verzeihen, die Größe.

Seite 247.
Beneficium — Pfründe.
Elu — Wahlbeamter im Ancien Régime.
la fille d'un honnête Païsan — die Tochter eines ehrbaren Bauern.

Seite 248.
auf catonique Weise ... platonique ... — auf catonische Weise ... platonisch, wenn Sie gestatten, Madame ... Ja, ja, Monsieur, platonisch, aber äußerst lebhaft.
Mon Mari — Mein Mann.

Seite 249.
Tres volontiers, Monsieur! — Sehr gern, mein Herr!

Seite 251.
Six Livres neuf Sous ... — Sechs *livres*, neun *sous*, mein Herr! ... Da sind sie!

Seite 252.
Bureau d'adresse — Adressenvermittlung.

Seite 253.
Madame la fortune m'a jetté ... — Madame, das Schicksal hat mich unvermutet noch einmal in Ihr Viertel verschlagen ... Wie geht es Ihnen, Madame? ... Wunderbar, Monsieur; entzückt, Sie zu sehen.

Seite 254.
les filles d'honneur, filles de joye ... — die Hoffräulein, die Freudenmädchen mit den Herrn Engländern, den deutschen Baronen, & den italienischen Marquis.
Sçavez-vous deja? — Wissen Sie schon?
Atlantisschreiber — gemeint ist wahrscheinlich Olof Rudbeck (1630–1702), der schwedische Verfasser des zu seiner Zeit viel gelesenen Monumentalwerks *Atland Eller Manheim* (Atlantis oder Menschenheim).
le gans — Handschuhe.
Cicisbeo — vgl. Note zu Seite 108.

Seite 255.
Decence — Anstand.

Seite 256.
Bon homme — Biedermann.
Mon Dieu! ... qu'est ce, que vous avez? ... — Mein Gott! ... Was haben Sie? ... Wahrhaftig Madame, ich habe nichts.
Comment ... avec des rubans noirs ... — Wie, mit schwarzen Bändern, ohne Trauer zu tragen?

Seite 258.
Merveille — großartig.
Daniel — der Protagonist des alttestamentarischen Danielbuches, der sich am Hofe des Nebukadnezar als Traumdeuter betätigte.

Seite 259.
Petit Souper élegant — festliche Mahlzeit im kleinen Kreis.
vive la bagatelle! — vgl. das Kapitel »Der Brief«, S. 93, und die zugehörige Note.
à la grecque — auf griechische Manier; nach Art von Spielern und Betrügern.
à la mousquetaire — nach Art der Musketiere; bei Handschuhen: mit langen Stulpen.

Seite 260.
Madame le Chevalier s'y trouve — Madame, der Chevalier ist da.

Seite 262.
Ha! que j'aime ... — Ha! wie sehr liebe ich die Handschuhe *à la mousquetaire.* Vgl. die Noten zu Seite 259.

Seite 263.
être retroussé — *retrousser:* aufkrämpeln, schürzen.

Seite 264.
Marechaussé — die Gendarmerie im Ancien Régime.
Chasseurs — Jäger beim Militär.

Seite 266.
mit Popen zu sagen — es folgt ein Zitat aus Alexanders Popes Übersetzung der *Odyssee* (aus dem Beginn des 1. Gesanges).
l'on fait noces ici — Hier kann man heiraten/Hochzeit feiern.

Seite 267.
Pauvre Monsieur Anglois ... — Der arme Engländer hat einen Schwips.

Seite 268.
Punctilio — das genaue Reglement.

Seite 274.
Maitre Perruquier — Perückenmachermeister.
Valet de chambre — Kammerdiener.

Seite 281.
o mon bon Monsieur — o mein lieber Herr.
Helas! ... Dieu en aura soin — Ach ... Gott wird sich seiner annehmen.

Seite 283.
A la fin, Dieu merci ... — Endlich, Gott sei Dank, da ist mein Herr.

Seite 288.
Corydon — Sohn des Tartaros, ein mythischer Riese.
Phyllis — die Tochter des thrakischen Königs Sithon; sie wurde von ihrem Verlobten Demophon, dem Sohn des Theseus, sitzen gelassen und erhängte sich deswegen.

Seite 294.
J'en suis ravie — Ich bin entzückt.
C'est domage — Das ist schade.

Seite 295.
Canthariden — Das aus der Spanischen Fliege gewonnene Kantharidin, ein Aphrodisiakum.

Seite 296.
Codicill — letztwillige Verfügung.

Seite 298.
double entendre — eine Zweideutigkeit.

Seite 300.
barattiren — eintauschen.

Seite 301.
Peccadillo's — kleine Sünden.

Seite 302.
die cyprische Göttin — Aphrodite, die Göttin der Liebe und der Schönheit.

Seite 303.
Avanz — Gewinn.
Nostrum — Geheimrezept.

Seite 305.
Banko — Papiergeld, Bankwährung.

Seite 308.
besser zu einem Liebhaber für die Königin Dido — die im Mythos mit den Zügen einer Virago ausgestattete Beherrscherin Karthagos versuchte ihren geliebten Aeneas mit allen Mitteln zum Bleiben zu bewegen.
das heilige Feuer der Göttin Vesta — es wurde von den Vestalinnen gehütet, die sich zu dreißigjähriger Jungfernschaft verpflichtet hatten.

Seite 310.
Miss Judith Mayor . . . Miss Philippine-Damiens — zwei Romane von Johann Balthasar Koelbele (1722 bis 1778): *Begebenheiten der Jungfer Meyer'n* (1765) und *Die Begebenheiten der Philippine Damien* (1769).

Seite 312.
Cyropädie — nach Xenophons *Kyropaideia* eine Tugendlehre für den Herrscher.

Seite 313.
petit-ecu — Almosentaler.

Seite 316.
Non certainement . . . — Nein, gewiß nicht: das ist etwas anderes.

Seite 322.
petits soupers — Mahlzeiten im vertrauten Kreis.

Seite 329.
Bourdaloue — Die Predigten des Jesuiten Louis Bourdaloue (1632–1704) wurden auch im 18. Jahrhundert noch viel gelesen.
Mercüre — die 1672 gegründete Literatur- und Kulturzeitschrift *Mercure de France*.
Si Monsieur vouloit me pardonner — Wenn Monsieur mich entschuldigen wollen!

Seite 331.
mal propre — unsauber.
J'en trouverai d'abord . . . — Ich werde das gleich finden, Monsieur!
Tartini — Giuseppe Tartini (1692–1770), Komponist und Violinlehrer (»Maestro delle nazioni«).
Je vous donnerai — Ich werde Ihnen den Geliebten Besieger vorspielen.

Seite 332.
Elisa — vgl. Note zu Seite 24.

Seite 334.
Amen pour moi — Da stimme ich zu.

Seite 346.
Madame de Rambouillet? . . . c'est moi-même. — Madame de Rombouillet ? das bin ich selbst.
Vous étes donc Mr. Yorick? . . . — Sie also sind Mr. Yorick ? . . . & wie kam es, daß Sie mich nicht besucht haben ?
Il faut souper avec moi — Sie müssen mit mir speisen.

Seite 350.
Oh, la vilaine bou . . . gresse! — O, dieses Luder!

Seite 353.
cul de sac de l'oratoire — Sackgasse an der Kapelle der Oratorianer in Paris.

Seite 354.
pet en l'air — eine kurze Jacke; wörtlich: ein Furz in die Luft.
Hudibras — Verssatire von Samuel Butler (1620–1680), erschienen 1663–1678.
voila le nom . . . — da haben wir den Namen.
c'est un pet pas . . . — Das ist ein Furz, nicht in die Luft, sondern in den *cul de sac de l'oratoire*.

Seite 357.
Schor — Haarschneider.

Seite 363.
Que diable! — Teufel auch!

Seite 364.
Petit-maitres — Stutzer.
wie häufig eure Hekatomben! — Wie groß die Zahl derer, die euch zum Opfer fallen!

Seite 369.
Lord Grimstone . . . Das Advokaten-Glück — William Luckyn Grimston (1683–1756) veröffentlichte 1705 das Stück *The Lawyer's Fortune, or Love in a Hollow Tree*, über das neben vielen anderen auch Pope und Swift gespottet haben.

Seite 373.
nescire quod, antequam . . . — wer nicht weiß, was gewesen ist, bevor er geboren wurde, der wird immer ein Knabe bleiben.

Seite 374.
die grössesten Frau Gevatterin, wie gehts? — im engl. Original: *gossips;* Klatschbrüder.

Seite 375.
non plus ultra — die höchste Stufe.

Seite 376.
Lettre de chachet — geheimer königlicher Haftbefehl.

Seite 378.
Pour l'amour de Dieu! ... — Um der Liebe Gottes willen! tut das nicht!

Seite 388.
Tout ce que vous voulez — Alles, was Sie wollen.
Point du tout aujourd'hui — Heute gar keine.

Seite 390.
Où diable est le mouton? ... — Wo zum Teufel ist das Hammelfleisch? Pest, wo ist das Hammelfleisch? ..., wo ist das Hammelfleisch?
Monsieur l'Hôte — der Herr Wirt.

Seite 391.
Dans une heure ... — In einer Stunde, Monsieur.
die Chère — die reichen Vorräte.

Seite 395.
En honneur, Monsieur ... — Bei meiner Ehre, Monsieur, ich habe am selben Tag zwei Louisdors mehr abgelehnt.
Ce soir — heute abend.

Seite 396.
Ipecacuana — eine tropische Krautpflanze, deren Wurzel als Brechmittel benutzt wird.
Non Monsieur, c'est ce que ... — Nein, Monsieur, das tue ich in ähnlichen Fällen nie.

Seite 400
Herveys Betrachtungen — Die *Meditations and Contemplations* (erschienen 1745/46) von James Hervey (1714 bis 1758).

INHALT.

YORICKS EMPFINDSAME REISE DURCH FRANKREICH UND ITALIEN von Laurence Sterne nebst einer Fortsetzung von Freundeshand in der Übersetzung Johann Joachim Christoph Bodes ist am 14. Juni 1986 als achtzehnter Band der ANDEREN BIBLIOTHEK bei der Greno Verlagsgesellschaft m.b.H. in Nördlingen erschienen.

Unter dem Titel A SENTIMENTAL JOURNEY THROUGH FRANCE AND ITALY BY MR. YORICK wurde die englische Originalausgabe von Sternes Roman zuerst 1768 für T. Becket und P. A. de Hondt in London gedruckt. Die »Fortsetzung von Freundeshand« unter dem Pseudonym »By Eugenius« kam 1769 in London heraus, ohne jeden Hinweis auf einen Verleger oder Buchhändler. Die vorliegende Ausgabe folgt in Wortlaut und Schreibung der vierten Auflage von Bodes Übersetzung, die 1776 und 1777 in vier Bänden bei Johann Heinrich Cramer in Bremen erschienen ist.

Dieses Buch wurde in der Werkstatt von Franz Greno in Nördlingen aus der Korpus Bodoni Monotype gesetzt und auf einer Condor Schnellpresse gedruckt. Das holzfreie mattgeglättete 80g/qm Werkdruckpapier stammt aus der Papierfabrik Niefern. Den Einband besorgte die Buchbinderei G. Lachenmaier in Reutlingen. Einbandpapier nach einem Entwurf von Marie Claude Bugeaud. 1. bis 10. Tausend, Juni 1986.

ISBN 3921568781. Printed in Germany.

Von jedem Band der ANDEREN BIBLIOTHEK gibt es eine Vorzugsausgabe mit den Nummern 1–999. Informationen bietet das zu jedem Band der ANDEREN BIBLIOTHEK erscheinende Magazin.